海派经济学

Journal of Economics of Shanghai School

主办单位

中国经济规律研究会
上海财经大学海派经济学研究中心
海派经济学南京研究所

支持单位

世界政治经济学学会
全国马克思主义经济学说史学会

目录

论　文

世界政治经济学学会第13届论坛专题

信　息

CONTENTS

Paper

The 13th World Political Economy Annual Conference

Information

新时代我国银行业深化开放与风险防范研究
——基于程恩富“金融业对等开放”原则

张嘉昕 王庆琦

内容提要 随着我国金融业对外开放步伐的加快,外资银行对我国的渗透日益明显。在国际比较视野下的研究发现:以美国为代表的发达国家银行业保护主义明显,严格限制外资的持股比例;而发展中国家银行业开放过程中则经历了惨痛的教训。在我国基本国情的前提下,并结合中美银行业对外开放的数据对比分析可见,中国银行业的开放程度已经较高。因此,现阶段银行业应谨慎对待外资持股比例问题,并加强金融业的监管,这对国民经济安全和可持续发展具有重要意义。在此基础上,我们提出了基于程恩富教授“金融业对等开放”原则下的政策建议。

关键词 银行业开放 外资银行 对等开放 总体国家安全观 顶层权力
中图分类号 F832.1

改革开放 40 年来,我国社会主义经济建设取得了巨大成就,我国在全球经济一体化进程中的地位也愈发显著。随着对外开放进程的深入,外资银行在中国银行业的影响也不断扩大。1979 年,第一家外资银行的代表处“日本输出入银行代表处”在北京设立,拉开外资银行在我国开展业务的序幕。2001 年我国加入世贸组织,标志着我国对外开放水平进入新阶段。五年后,我国兑现当初“入世”承诺,取消了对一大批外资银行的业务限制,外资银行很快进入中国金融市场。随着国际金融体系之间的相互渗透,外资银行已经从起初的零零散散发展成为在中国金融市场具有重要影响力的因素。

当前,发达资本主义国家推行新帝国主义霸权,侵蚀其他的金融部门,从而控制该国的经济命门。而外资银行在我国继续发展势必会冲击国有银行的

收稿日期:2018—10—15

作者简介:张嘉昕(1981—),吉林大学经济学院教授,博士生导师,主要研究方向为政治经济学。王庆琦(1993—),吉林大学经济学院博士研究生,主要研究方向为政治经济学。

基金项目:本文系教育部人文社会科学研究青年基金“新常态下我国劳动关系协调机制创新与国际比较研究”(16YJC710050)、吉林大学劳动关系专项课题“国际比较视野下我国劳动关系协调机制创新研究”(2016LD004)、“十三五”吉林省教育厅科学研究项目“腐败问题影响因素的经济学研究”(JJKH20170901SK)的阶段性研究成果、教育部哲学社会科学研究重大课题攻关项目“打好防范化解重大风险、精准脱贫、污染防治攻坚战研究”(18JZD031)。

业务，稍有不慎还会影响到我国金融业的安全。因而，如何制定行之有效的金融开放政策、把握银行业开放程度以及加强监管是我们必须面对的问题。2017年4月26日，习近平总书记在中共中央政治局第四十次集体学习中强调："金融安全是国家安全的重要组成部分"，将金融安全问题提升至新高度。习近平总书记指出："金融活，经济活；金融稳，经济稳。"（宋岩，2017）同年7月，习近平总书记在全国金融工作会议指出："金融是国家重要的核心竞争力"，针对金融开放（包括放宽股权限制），"我们要借鉴美国等国家的做法，在实践中完善外资安全审查等机制"（王萌萌，2017）。

党的十九大报告提出了"坚持总体国家安全观"，这是基于新时代背景下为保证国民经济稳定发展而提出的治国方略。现阶段我们既要坚持国家安全，又要保障人民安全；既要积极促成国际金融合作，又要秉持自主对等的金融开放理念。基于新时代我国基本国情以及历史经验，不难发现：过度地降低外资银行的准入门槛会增加本国银行业的内部风险。改革开放以来，中国没有爆发系统性金融危机的主要原因是严格把控外资银行在我国银行业的持股比例，国际资本规模较小，难以操控我国金融领域。正如程恩富教授指出，如果对外开放我国金融领域的股权限制，那么西方资本主义国家就会趁机对我国股市造成打压。我国仍处于社会主义初级阶段，金融业相对于发达国家还比较落后，面对复杂的国际金融局势，中国应保持审慎的原则，把国家利益放在首位，监控外资银行控股持股比例，保证本国银行业的主动权。

一、发达国家银行业的"开放"与保护

发达国家以其金融自由度高自诩，但它们是以名义上的金融开放对外资进行种种限制，看似自由开放的西方世界实际上具有很强的保护主义行为，发达国家的大部分银行限制外资持股或者控股，以确保本国银行可以平稳开展业务。以下我们将对发达国家银行业的控股结构进行具体分析。

（一）美国

美国作为当今世界头号强国，一方面采取对外开放和拓展外国金融市场的政策，另一方面也坚持保护主义，对本国金融市场的准入权限严格把控。1991年，美国出台《外资银行监管促进法》，它通过禁止外资银行在美国境内吸收美国居民存款、禁止外资银行加入美国联邦存款保险系统等一系列举措，使境外机构难以进入美国金融市场。2008年，美国财政部颁布《关于外国人兼并收购的条例》，对外资的进入与并购提出了十分严苛的要求。美国金融政策对外的口号越是高调，对内则越是严加管控。美国已经成功地将外资银行边缘化，使之难以触碰美国银行业的主流业务，从法律层面剥夺了外资银行与本国银行开展平等竞争的条件。最终的结果无非两种：一是外资银行毫无资

格进入美国银行业;二是即便有机会进入,生存周期也很短。为防止美国的金融资源落入外资手里,美国对外资入股本土银行业的占有比例也极其严苛,明确规定:美国有分支机构或代理机构的外资银行,在取得一家银行或银行控股公司5%股权之前,都必须得到美联储的批准。图1所描述的是2017年美国三大银行——富国银行、摩根大通银行、美国银行的大股东占比情况,可以看出:美国富国银行、摩根大通银行以及美国银行持股比例为5%以上的大股东均为美国本土金融集团,并且这三大银行的大股东构成基本重合。可见,美国银行业股权较为分散,同时各大银行的主要股东基本为美资控制的投资基金公司,外资金融机构参股比例较少。

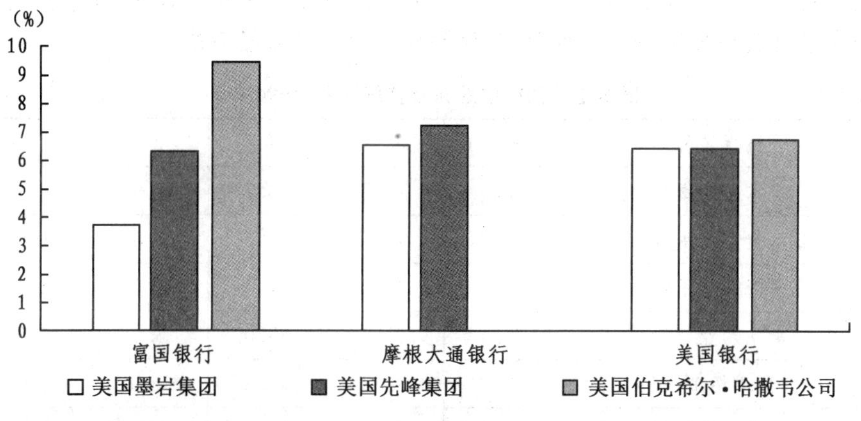

资料来源:Wind数据库。

图1　2017年美国三大银行大股东占比情况

同时,美国监管机构的评定标准也是极其不透明。它们通过主观的评判方法来裁决外资并购是否在美国金融安全的范围之内,外国资本一旦在美国企业持股超过10%,都会被外国投资委员会审查,而审查的结果基本都是不通过。另外,美国通过信用评级机构间接打压其他国家的金融市场。如1997年,美国穆迪公开宣布对山一证券降级,直接导致其股价暴跌和倒闭,而美国的美林公司趁机接管了山一证券,从而以极少的成本成功进入日本证券市场。美国所掌控的国际评级的话语权直接关系到其占有国际信用资源的能力,通过采取不断打压债权国的信用等级的方式来获取巨额利润,从而维护了美元的强势地位。

(二)日本

日本银行业在经历了20世纪80年代的繁荣时期后,于90年代进入困难时期,由于国民经济陷入停滞,很多银行发生严重亏损。当前日本银行业处于金融复苏阶段,随着不良金融贷款率降低到4%的目标接近完成,日本政府宣称其金融再生计划实现,银行业基本走出困境。从历史角度看,由于日本政府对日本经济实行长期干预，外加上企业集团与银行业存在密切的关联，日本银行业形成了一种特殊的股权架构情况。

由表1可知，1996年日本主要的9家银行的股东是由金融机构、其他法人、个人和外国企业四类构成，其中金融机构与其他法人加总的比重超过80%，个人和外国企业加总的比重占15%左右。当前，日本经济虽然得到好转，金融业开始重现生机，但日本银行的股东构成情况与1996年相比几乎没有差别，日本大型企业和主要银行依旧紧密关联。可以说，日本本土的大型企业控制了绝大部分银行，通过采取高度集权的股权模式使得银行业的行为与目标符合企业集团的利益。同时，日本银行业的股权较为分散，并呈现相互持股的特点。总而言之，日本银行业的股权模式决定了企业经营的核心是银行，企业通过股权控制整个银行业，从而形成更加紧密的经济体。

表1　　日本主要银行的股东及持股比例(1996年)　　单位:%

银行名称	金融机构	其他法人	小计	个人	外国人
日本兴业银行	43.0	50.7	93.7	1.9	4.4
日本长期信用银行	46.3	49.4	95.7	2.5	1.8
日本债券信用银行	63.4	30.7	94.1	4.0	2.0
第一劝业银行	36.4	51.6	88.0	6.4	5.2
北海道拓殖银行	36.9	38.2	75.3	18.1	6.6
东京三菱银行	55.1	33.1	88.2	4.9	6.9
樱花银行	35.8	50.0	85.8	7.3	6.2
富士银行	31.8	58.4	90.1	5.0	4.7
住友银行	30.2	56.8	87.0	5.3	7.6

资料来源：罗清，日本金融的繁荣、危机与变革，北京：中国金融出版社，2000年。

(三)欧盟

我们对欧盟的代表性国家——德国和英国——的银行业股权结构进行说明。2016年底，德意志银行公开了其股东情况。2016年，BlackRock与Wilmington分别持股5.95%，Paramount Services Holdings Ltd(注册地：英属维京群岛)和Supreme Universal Holdings Ltd(注册地：开曼群岛)分别持股3.05%。中国海南交管控股有限公司在2017年2月持3.04%的股份。在德意志银行的全部投资者中，德资占56%，20%来自欧盟其他国家，18%为美资。回眸2009年，德国商业银行的股东情况发生重要变化，由于德国第二、第三大银行合并，德国安联保险集团持股合并后的银行近30%股份，成为最大股东。此外，德国政府在2009—2012年对本国商业银行持股均超过25%。2016年底，德国政府持有本国商业银行股份15%以上，德意志银行、Black-

Rock 持股都低于 5%，其他机构投资者占 45%。再看英国，2017 年，英国两大商业银行——汇丰控股和巴克莱银行公布了股东配比情况。由图 2 可见，汇丰控股的两大股东分别为 BlackRock 和平安资产管理有限责任公司，共占比 12.02%，二者均为外资；巴克莱银行有四大股东持股比例在 5%以上，共占比 25.95%，并且均属外资（周琼，2017）。

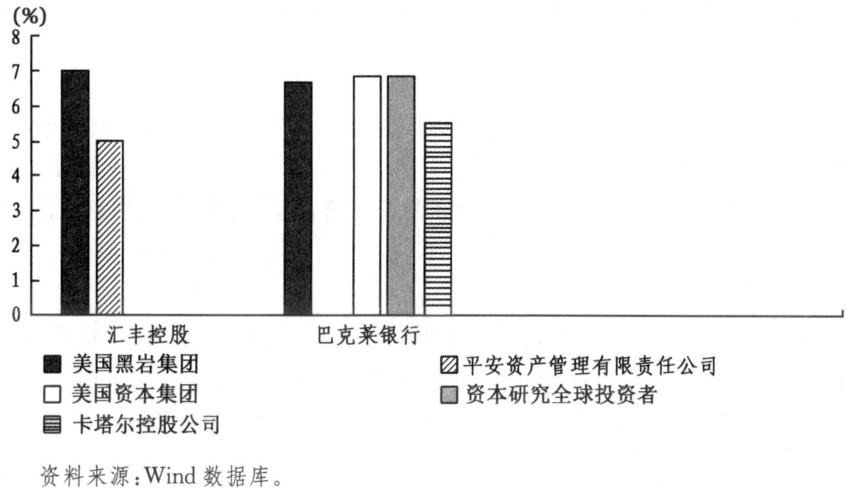

资料来源：Wind 数据库。

图 2　2017 年英国两大金融机构大股东占比情况

最近两年，欧盟的经济一体化进程出现了重要波折，如欧盟先后经历了英国脱欧、德国的牙买加联盟谈判、苏格兰公投和意大利的五星运动等事件，这说明欧盟内部存在分歧，各自的利益冲突不容忽视。与发达国家金融危机如影随形的“逆全球化”现象（如特朗普政府挑起的与欧盟国家的贸易争端）很可能会使欧盟主要国家加强金融管控，尤其是限制外资对本国银行的持股比例。

(四)总结

通过对主要发达地区银行业股权构成情况的分析，可以得到如下结论：(1)美国银行业的股权较为分散，绝大多数为美国资本控制的资产管理公司，对外资进入进行严格的限制和管控。一旦金融危机爆发，政府也会以投资优先股的方式向各大银行注资，但是政府正常情况下不会持有普通股。(2)日本银行业普遍由日本本土的金融集团控制，外资占比较少，并且呈现出进一步加强的趋势；同时银行也是日本企业运营的核心内容，本国企业通过控制银行的股权来操控整个银行业。(3)德国政府直接对本国银行持有较高的比例，并且德国银行业的主要持股方来自德资。而英国银行业股权国际化的程度相对较高，部分银行的国外投资者比重超过本国投资者。在欧盟内部分歧加深以及特朗普政府对欧盟国家利益冲突愈发明显的情况下，欧盟国家的银行业很可能会走向加强保护且限制甚至排斥外资的局面。

综上所述，发达地区的银行业整体上对外资具有明显的管制，在严格限制外资对本国的持股比例方面拥有严格的法律体系，保障了银行业对外开放顺利进行。同时，发达国家银行业的股权结构一般较为分散，这有利于本国银行业平稳发展和金融市场繁荣稳定。

二、发展中国家银行业开放的经验教训

当前，银行业作为一国的战略性行业是国际资本力争控制的重点领域，同时银行业的覆盖范围广泛，直接关系到各行各业以及民众的利益。从历史的角度出发，我们发现，过度开放本国的银行业在短期内可能会促进经济繁荣，但从长远来看，如果没有很好的监管等配套措施，也很可能带来严重的社会经济问题。

(一)阿根廷

阿根廷曾以金融自由度高闻名于世，银行、证券领域开放程度较高，国有资本全面对外开放，国民经济的私有化程度举世闻名。1997年，外国资本已经控制了阿根廷银行业52%的股份，这一数字在1998年飙升至67%，此时阿根廷资产规模最大的前10家银行中有8家被外国资本控股主导。随着当局放弃保护本国民族经济，大力推行金融自由化，大幅度降低银行业准入门槛，导致外资在本国日益做大，政府对资本市场的监管和控制流于形式，金融控制权旁落于西方国家，这一恶果最终在2001年的金融危机时全面体现出来。

在金融危机爆发时，外资银行和被外资操控的本国银行根本就没有发挥金融稳定器的作用，而是与政府官僚和国内大商人相互串通，通过大量资本外逃和大规模洗钱活动迅速抽身，这无疑加重了金融危机的程度。短短两年内，这个曾被誉为拉丁美洲粮仓且具有丰富自然禀赋的国家迅速衰落。社会贫苦问题愈发严重，政局动荡不安，曾出现一个月内五位总统更迭。2001年10月至次年3月，约150万人民陷入赤贫，社会贫困人口比率达到42.6%，2002年10月，更升至57%。经济萎缩与社会福利衰退对老人和儿童的影响最为明显。儿童贫困率高达67%，8%的医院无法得到正常的药品供应（杨斌，2018）。

(二)墨西哥

第二次世界大战结束至20世纪80年代初期，国有经济一直在墨西哥处于主导地位，社会经济稳定。1982年，当局曾将60家私有银行中的58家国有化，政府由此取得了对银行业的绝对控制权。然而，在新自由主义思潮的影响和世界银行的直接干预下，新一届政府为争取解决债务危机于1988年推动了国有经济私有化进程。尤其是在银行业领域，大幅降低了外资准入门槛并取消了外资在本国银行持股比例的限制。从1990年起，当局颁布《股票市场

法》《金融集团法》等为外资进入金融业保驾护航，当财政部于 1994 年向 18 家外国商业银行提供许可证时，标志着墨西哥政府的银行业保护政策被正式终结。

为了获取高额利益，当局热衷于直接对外资出售国有银行的股份，而对后续监管漠不关心。这些被外资把控的银行对生产领域兴趣不大，而是将大部分资金用于证券市场投机，这意味着一旦发生金融危机，墨西哥银行业无法发挥应有作用。正是由于银行业对生产领域缺乏支持，国家实体经济萎缩于 1994 年陷入金融危机。然而，当金融市场上发生波动时（首先体现在墨西哥比索汇率的巨大震荡），墨西哥银行业的外资迅速地进行大规模资本外逃，这对金融危机起到了推波助澜的效应，人民对本国银行业完全丧失了信心。这场金融危机使国家损失 420 亿美元，通货膨胀率达到 50%，工薪阶层的收入整体下降 60%，35%的民众陷入贫困（王丽颖，2015）。

（三）泰国

1989 年起，泰国开始实施金融自由化政策，对国外的投资者开放本国银行业的业务经营限制和持股比例限制。1990—1995 年，涌入的境外资金从 91 亿美元上升至 219 亿美元（李永明，2011）。1993 年，当局允许外资在曼谷期权金融中心进行期权交易。1995 年，政府设立目标：力争于 2000 年前实现外资在本国的自由流动。这是一个脱离实际的规划，因为泰国经济当时没有达到金融自由化的条件。这主要表现在：其一，泰铢与美元挂钩程度较大，不能充分反映泰铢的真实汇率水平。其二，泰铢的存贷款利率水平过高，同比超过国际市场 2 倍。

表 2 总结了 20 世纪 90 年代中期，各类收入水平国家的银行业开放程度，其中泰国人均 GDP 这一指标的数据为 2 414 美元，银行业开放程度指标为 97.8%。泰国整体属于中等偏下的发展水平，但其银行业开放程度已经超过高收入国家。此种收入水平与金融开放程度不匹配的现象违背了经济规律，使得泰国在 1997 年亚洲金融风暴中损失惨重，国民经济发展大幅度倒退，政局陷入长期动荡，生产建设停滞不前，人民生活水平一落千丈。

表 2　　不同收入水平国家的银行业深化程度比较　　单位：美元

指标	高收入国家	中上收入国家	中下收入国家
人均 GDP	23 090	4 370	1 590
银行开放程度	93.5%	84.5%	73.8%

资料来源：吴元作，金融深化过度——泰国金融危机成因探析，《国际金融研究》，1998 年，第 2 期，第 26—29 页。

（四）总结

以上发展中国家不切实际的银行业对外开放过程说明了以下问题：首先，

发展中国家的经济基础薄弱，如果盲目地推行大规模私有化，势必导致民族经济被外资控制，政府失去对国民经济的控制力。其次，政府应当对金融业进行有效监管。在上文银行业对外开放的例子中，政府受新自由主义经济思潮的影响，一味强调自由市场机制的作用，对外资入侵采取放任态度，最终导致了金融危机的爆发。最后，任何一个国家的经济发展水平与金融开放程度不匹配的操作都是脱离实际的，而发展中国家由于缺乏足够的资本市场运作经验，会使这种操作带来更为严重的恶果。

实际上，诸如以上的经验教训还有很多。目前，全球金融开放成功的案例均为国内银行走向国外，在外国建立一套完整的金融体系和制度，而没有一个反向的成功案例。据世界银行统计，1980－2000年，实施了“华盛顿共识”这类金融自由化方案的105个发展中国家的平均经济增长率只有0.8%。事实胜于雄辩，发展中国家过早过快提高银行业开放程度未必会对社会经济发展产生促进作用，而一旦对开放程度把握不准确，很容易导致金融危机。我国应充分吸取他国经验教训，坚持我国银行业独立自主的发展思路。

三、我国银行业的开放度分析

（一）我国银行业开放的历史与现状

改革开放以来，我国银行业对外开放的程度有了很大提升，大体上可以划分为三个阶段。第一阶段为改革开放伊始到加入世贸组织之前。这一时期，我国银行业通过引入外资实现了对企业金融服务功能的提升。自1980年日本输出入银行在北京设立了第一家外资银行代表处之后，外资银行不断涌入，至1993年，外资银行在我国共设立了76家营业性机构（王淦银，2013）。1994年，政府颁布《外资金融机构管理条例》，标志着外资银行在我国的发展进入规范化的发展轨道。

第二阶段为“入世”后至2008年金融危机爆发之前。这一时期我国逐步履行承诺，采取了一系列深化对外开放的政策。2002年，政府颁布《中华人民共和国外资金融机构管理条例》，取消了部分地区对外资业务的限制。至2002年，外资银行在我国共设立了180家营业性机构，211家代表处（宋耀、张伟，2003）。2003年，银监会正式成立，在随后的三年内相继开放了全国16个城市的外资银行人民币业务。2004年，政府颁布《外资金融机构管理条例》（修订版）及其实施细则。同年，香港上海汇丰银行以19.9%的股份入股交通银行。尔后，外资银行的覆盖范围逐渐扩大，以战略投资者的身份进入我国银行业。2005年，苏格兰皇家银行、瑞银集团、亚洲开发银行和新加坡淡马锡控股以51.75亿美元的价格入股中国银行，收购价格为1.22元（王佩、赵宝珍，2010）。上市后，按照2007年5月10日盘中价格6.26元计算，四家外资银行净赚 2 419 亿元人民币。2006 年，美国高盛、德国安邦集团及美国运通公司出资 37.8 亿美元（折合人民币约 295 亿元）入股中国工商银行，收购工行近 10%的股份，收购价格为 1.16 元。上市后，按照 2007 年 1 月 4 日盘中价格 6.77 元计算，三家外资银行在不到一年的时间内净赚 2 460 亿元人民币。同样的情况也发生在交通银行、兴业银行等大型银行以及渤海银行等地方银行内部。

第三阶段为 2008 年金融危机至今。为维护我国金融市场稳定，政府加强了监管力度，将重点放在银行业风险防范方面，银行业对外开放进程有所放缓。由图 3 可见，2007 年在华外资银行总资产占我国银行业总资产的比重为 2.36%，2008 年金融危机爆发之后这一数字开始下降，2009 年降至 1.7%。最近几年，外资银行比重一直在较低的水平，但外资银行总资产呈上升趋势。如图 4 所示，2015 年外资银行总资产较 2003 年增长近 7 倍。至 2015 年，15 个国家和地区的银行在华共设立了 37 家外资银行、2 家合资银行和 1 家外商独资财务公司，外国银行分行数量达 114 家，支行总数多达 580 家（见表 3）。（史晨昱，2016）

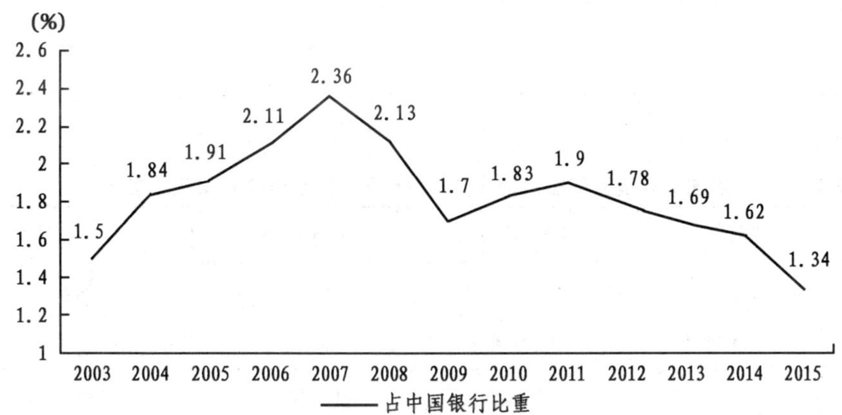

图 3　2003—2015 年外资银行总资产占我国银行业总资产比重情况

资料来源：CBRC 2015 Annual Report.

表 3　　**中国外资银行机构(截至 2015 年)**　　单位：家

	外国银行	独资银行	合资银行	独资财务银行	合计
法人机构总行	—	37	2	1	40
法人机构分行及附属机构	—	306	4	—	310
外国银行分行	114	—	—	—	114
支行	23	542	15	—	580
总计	137	885	21	1	1 044

资料来源：CBRC 2015 Annual Report.

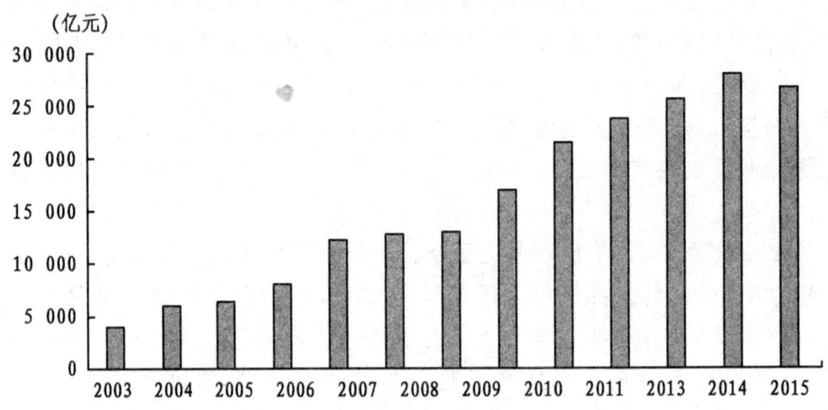

图4　2003—2015年外资银行总资产变化情况

资料来源:CBRC 2015 Annual Report.

2017年底,中国银行业的总资产突破250万亿元,已有外资银行法人机构39家,直属银行分行121家(董希淼、张涛,2018)。就资产规模而言,我国银行业已经位居世界首位,是美国银行业资产规模的两倍,比欧盟银行业的总资产规模还要大。表4列出了外资银行持股中资银行比例的情况,截至2017年第三季度末,各地方商业银行的外资持股比例保持着较高水平,大多外资股东为我国地方银行的主要股东,外资控股现象明显。

表4　我国部分地方商业银行外资持股比例(截至2017年第三季度末)

中资银行	外资股东	持股比例	股东位次
渤海银行	渣打银行	19.99%	第二
恒丰银行	新加坡大华银行	13.18%	第二
北京银行	荷兰ING银行	13.64%	第一
南京银行	法国巴黎银行	18.63%	第一
宁波银行	新加坡华侨银行	20%	第一(并列)
天津银行	澳新银行	11.95%	第二
齐鲁银行	澳大利亚联邦银行	20%	第一
成都银行	马来西亚丰隆银行	19.99%	第二
上海银行	西班牙桑坦德银行	6.48%	第二
西安银行	加拿大丰业银行	20%	第一

资料来源:Wind数据库。

同时,我国监管机构在对外开放政策方面也起到了强大的推动作用。2017 年 3 月,我国原银监会下发文件,提出在风险可控制的前提下允许外商独资银行、中外合资银行依法投资境内银行机构。同年,中美达成贸易协定,中国将允许外资金融服务机构提供信用评级服务,并将采取措施为美国电子支付服务供应商提供市场准入。2018 年 4 月 11 日,博鳌亚洲论坛上宣布了中国金融开放的 12 项具体措施,其中一条为"大幅度地扩大外资银行的业务范围"。6 月 8 日,银保监会决定取消中资银行与金融资产管理公司的外资持股比例限制,取而代之的是实施内外资一致的配比规则。而按此前规定,外资银行单独控股中国银行不得超过 20%,联合控股中国银行不得超过 25%。可见,以上一系列的政策措施又将外资银行在我国的市场影响力推向了新的高度。

(二)中美四大银行股权结构的对比分析

美国对外宣传新自由主义思想,敦促世界各国推进全面私有化和加快金融自由化进度,这给拉美国家、东欧国家和亚洲国家带来了严重的金融灾难。而美国政府却对本国银行业持高度封闭的监管态度。据 2018 年福布斯的全球上市公司 2000 强数据,美国四大银行分别为摩根大通银行、美国银行、富国银行和花旗银行,中国四大银行排名分别为中国工商银行、中国建设银行、中国农业银行和中国银行。通过表 5 至表 8,我们对两国四大银行的股权分配情况进行深入对比,以说明我国银行业的开放程度。

表 5　　摩根大通银行与中国工商银行前十大股东股权情况

摩根大通银行				
序号	名　称	性质	股权数量(单位:股)	股权比例
1	The Vanguard Group, Inc.	美资	2.46 亿	7.18%
2	SSGA Funds Management, Inc.	美资	1.68 亿	4.89%
3	BlackRock Fund Advisors	美资	1.50 亿	4.38%
4	Fidelity Management & Research Co.	美资	8 387.40 万	2.44%
5	T. Rowe Price Associates, Inc.	美资	7 436.34 万	2.17%
6	Capital Research & Management Co. (World Investors)	美资	6 830.12 万	1.99%
7	Wellington Management Co. LLP	美资	5 673.74 万	1.65%
8	Northern Trust Investments, Inc.	美资	4 865.86 万	1.42%
9	Massachusetts Financial Services Co.	美资	4 558.15 万	1.33%
10	Geode Capital Management LLC	美资	3 711.23 万	1.08%

续表

中国工商银行				
序号	名　称	性质	股权数量(单位:股)	股权比例
1	中央汇金投资有限责任公司	国资	12 371 785.3 万	34.71%
2	中华人民共和国财政部	国资	12 331 645.19 万	34.60%
3	香港中央结算代理人有限公司	外资	8 672 157.03 万	24.33%
4	中国平安人寿保险股份有限公司	国资	368 733.07 万	1.03%
5	中国证券金融股份有限公司	国资	236 284.16 万	0.66%
6	梧桐树投资平台有限责任公司	国资	142 078.10 万	0.40%
7	中央汇金资产管理有限责任公司	国资	101 392.17 万	0.28%
8	中国人寿保险股份有限公司	国资	38 857.00 万	0.11%
9	中国人寿保险股份有限公司	国资	29 088.25 万	0.08%

资料来源:http://quotes.money.163.com/f10/gdfx_601398.html#01d02.

表6　美国银行与中国建设银行前十大股东股权情况

美国银行				
序号	名　称	性质	股权数量(单位:股)	股权比例
1	Berkshire Hathaway, Inc. (Investment Management)	美资	6.79 亿	6.60%
2	The Vanguard Group, Inc.	美资	6.54 亿	6.36%
3	SSgA Funds Management, Inc.	美资	4.44 亿	4.31%
4	BlackRock Fund Advisors	美资	4.28 亿	4.16%
5	Fidelity Management & Research Co.	美资	3.29 亿	3.20%
6	Wellington Management Co. LLP	美资	1.90 亿	1.84%
7	Dodge & Cox	美资	1.47 亿	1.43%
8	JPMorgan Investment Management, Inc.	美资	1.22 亿	1.19%
9	Norges Bank Investment Management	外资	1.12 亿	1.09%
10	Northern Trust Investments, Inc.	美资	1.09 亿	1.06%
中国建设银行				
1	中央汇金投资有限责任公司	国资	142 786 343.66 万	57.11%
2	香港中央结算(代理人)有限公司	外资	9 185 911.94 万	36.74%
3	中国证券金融股份有限公司	国资	208 571.63 万	0.83%
4	中国宝武钢铁集团有限公司	国资	200 000.00 万	0.80%
5	国家电网有限公司	国资	161 141.37 万	0.64%

续表

6	中国长江电力股份有限公司	国资	98 461.30万	0.39%
7	益嘉投资有限责任公司	国资	85 600.00万	0.34%
8	中央汇金资产管理有限责任公司	国资	49 663.98万	0.20%
9	香港中央结算有限公司	外资	30 385.19万	0.12%
10	澳门金融管理局	外资	13 383.90万	0.05%

资料来源:http://quotes.money.163.com/f10/gdfx_601939.html#01d02.

表7 富国银行与中国农业银行前十大股东股权情况

富国银行				
序号	名　称	性质	股权数量(单位:股)	股权比例
1	Berkshire Hathaway, Inc. (Investment Management)	美资	4.58亿	9.39%
2	The Vanguard Group, Inc.	美资	3.12亿	6.41%
3	SSGA Funds Management, Inc.	美资	2.02亿	4.14%
4	BlackRock Fund Advisors	美资	1.93亿	3.96%
5	Capital Research & Management Co. (World Investors)	美资	1.50亿	3.07%
6	Fidelity Management & Research Co.	美资	1.23亿	2.53%
7	Dodge & Cox	美资	7 068.97万	1.45%
8	T. Rowe Price Associates, Inc.	美资	7 014.59万	1.44%
9	Northern Trust Investments, Inc.	美资	5 834.17万	1.20%
10	StateFarm Investment Management Corp.	美资	5 503.90万	1.13%
中国农业银行				
1	中央汇金投资有限责任公司	国资	13 000 510.3万	40.03%
2	中华人民共和国财政部	国资	12 736 176.4万	39.21%
3	香港中央结算(代理人)有限公司	外资	3 056 258.95万	9.41%
4	全国社会保障基金理事会	国资	979 705.88万	3.02%
5	中央汇金资产管理有限责任公司	国资	125 543.47万	0.39%
6	中国证券金融股份有限公司	国资	105 479.38万	0.32%
7	梧桐树投资平台有限责任公司	国资	98 072.37万	0.30%
8	中国人寿保险股份有限公司	国资	89 566.22万	0.28%
9	中国双维投资有限公司	国资	74 626.80万	0.23%
10	中国铁路建设投资公司	国资	74 297.40万	0.23%

资料来源:http://quotes.money.163.com/f10/gdfx_601288.html#01d01.

表8　花旗银行与中国银行前十大股东股权情况

花旗银行				
序号	名　称	性质	股权数量(单位:股)	股权比例
1	The Vanguard Group,Inc.	美资	1.77亿	6.90%
2	SSGA Funds Management,Inc.	美资	1.22亿	4.76%
3	BlackRock Fund Advisors	美资	1.17亿	4.54%
4	Fidelity Management & Research Co.	美资	9 919.81万	3.86%
5	Wellington Management Co. LLP	美资	4 292.07万	1.67%
6	Harris Associates LP	美资	4 066.37万	1.58%
7	T. Rowe Price Associates,Inc.	美资	3 804.93万	1.48%
8	Invesco Advisers,Inc.	美资	3 536.00万	1.38%
9	Massachusetts Financial Services Co.	美资	3 339.12万	1.30%
10	Northern Trust Investments,Inc.	美资	3 314.50万	1.29%
中国银行				
1	中央汇金投资有限责任公司	国资	18 846 153.36万	64.02%
2	香港中央结算(代理人)有限公司	外资	8 193 200.33万	27.83%
3	中国证券金融股份有限公司	国资	815 375.56万	2.77%
4	中央汇金资产管理有限责任公司	国资	181 002.45万	0.61%
5	梧桐树投资平台有限责任公司	国资	106 005.94万	0.36%
6	MUFG Bank Ltd.	外资	52 035.72万	0.18%
7	香港中央结算有限公司	外资	44 255.56万	0.15%
8	华泰证券股份有限公司	国资	22 111.03万	0.08%
9	安邦财产保险股份有限公司	国资	20 801.90万	0.07%
10	中国人寿保险股份有限公司—	国资	20 411.64万	0.07%

资料来源:http://quotes.money.163.com/f10/gdfx_601988.html#01d02.

(注:美国四大银行数据截至2018年4月5日,中国四大银行数据截至2018年3月31日。)

根据表5至表8的数据整理,可以作出如下判断,中国银行业相对于美国而言开放度较高,并且股权分配较为集中。如表5所示,美国排名第一的摩根大通银行前十大股东均为美资,而中国工商银行前十大股东中,香港中央结算代理人有限公司为外资股东,并且位列十大股东第三名。从两国银行总体角度来看,美国四大银行中只有美国银行排名第九的股东挪威央行投资管理公司(Norges Bank Investment Management)为外资性质,而中国四大银行中,每个银行的前十大股东均存在至少一个外资性质的股东,并且排在该银行股东前五名的位置。此外,从外资持股比的角度看,美国银行的股东挪威央行投资管理公司(Norges Bank Investment Management)仅占美国银行总股份的1.09%。反观我国四大银行外资股东占比情况,在仅有一位外资股东的中国工商银行中,香港中央结算代理人有限公司占到该银行股份的24.33%,与挪威央行投资管理公司(Norges Bank Investment Management)的数据相差超过20倍,而中国建设银行的三位外资股东的总占比更是达到36.91%,与挪威央行投资管理公司的数据相差超过30倍。

我国尚处于社会主义初级阶段,正如习近平总书记在十九大报告中指出:“我国仍处于并将长期处于社会主义初级阶段的基本国情没有变。”(中共中央宣传部,2018)这说明,我国社会经济基础还比较薄弱,抵御金融风险的能力远不及发达国家。不应忽视的是,中国2015年股市大波动的影响并未消除,各领域的各类债务水平很高,存在爆发系统性金融风险的可能。前文分析说明,中国银行业的开放程度已经高于美国,若此时进一步扩大银行业对外开放程度,很可能会造成国内金融市场动荡。政府和各类监管部门应当保持冷静的头脑,坚持独立自主原则,将金融领域的话语权牢牢掌握在自己手中。

四、基于“金融业对等开放”原则的政策建议

一国银行业的运行和发展情况直接关系到该国社会经济发展水平。一旦一国的银行业被外资操控,极有可能丧失经济发展主动权。基于前文对发达国家银行业持股分布状况以及发展中国家银行业开放过程中经验教训的分析,并结合我国银行业开放程度现状,下文将阐述中国银行业对外开放的基本思路与政策建议。程恩富教授所提出的“金融业对等开发”原则为我们提供了很好的思路。

(一)基本思路:自主对等开放

对于《政府工作报告》(2018)中放宽我国金融业对外开放程度的表述,一些学者建议修改“取消外资银行对银行和证券等金融企业的股比限制”。这是基于我国基本国情及金融业发展现状所做出的判断。有学者撰文《不能逾越的改制底线:国家主权与国家安全》(张宏良,2018)强调了国家之间的开放程度必须对等。开放市场必须是以双方共同开放为基础,并非一国单方面签署对外开放的协议。当前,每年的国际游资多达数十万亿美元,任何一个国家的对外开放政策稍有不慎,就可能引发本国严重的金融危机。

世界贸易组织曾明确规定了国与国之间要实行公平对等开放原则,当前以美国为首的发达国家集团是否对中国金融业实施对等的开放政策是一个很

大的疑问。根据前文分析，美国银行业的对外开放程度不及我国，这种实质上的不对等带来的后果将是我们难以预见的。在2018年的中美贸易战第一轮谈判中，美方直接提出了让我国开放金融服务业市场准入的要求，我们以往的扩大进口的方式不再奏效，谈判的结果为我国开放保险市场以及进口汽车市场，中美贸易争端很可能会继续激化。

我们不能进行逾越当前社会经济发展水平的金融开放。作为发展中大国，我国人均GDP不到1万美元，而美国、日本等发达国家都是在人均GDP达4万美元左右时才实施一定程度渐进的金融开放。历史经验表明，发展中国家在仍处于中等收入阶段便大规模开放金融领域，很容易引发经济危机。当前，中国国有金融机构的资产总值占总金融资产的一半以上，在国民经济发展中的战略地位极为重要。如果外国资本对国有金融机构持股或者绝对控股，那么我国关于在国企混改上所提出的国资可以独资、全资、绝对控股、相对控股的说法就有可能失去实际意义，更会为经济发生系统性风险埋下隐患。因此，我国应坚持自主对等开放的基本思想，不断保证我国金融安全措施的完备性。

(二)具体政策

1. 政府部门:坚持国家总体安全观至上

国家安全是维护全国各民族人民根本利益的关键，是国家经济实现稳定发展的重要保障。习近平总书记十分关注我国金融安全，强调“要守住不发生系统性金融风险底线”。程恩富教授撰文《坚持国家总体安全观 审慎开展金融业对等开放》指出，中国处于工业化中期需要加强政府对经济的干预。立足于我国的基本国情，我们应始终把国家安全观放在首要位置。首先，对外国投资加强审查和监管。我们应充分借鉴美国的外国投资审查制度，如当外国投资委员会的成员认为该外资引入会影响到国家安全，抑或是该项目是国外政府控制的项目等情况，政府部门应迅速对该投资并购项目进行审核。其次，要加大对盐业、城市用水和稀土等战略性产业和资源的保护，形成国家控制的产业集团，保持盐业专卖制度，实行国有控制的城市水务工程建设和管理模式。最后，国家应在互联网业持有一定的股份。当前，中国主要门户网站几乎均被外资持股，公司的主要资产存在于海外，长期下去便会造成更大的资本流失，而我国在经济、政治和文化的重要信息将不再成为外国公司的秘密，金融自主性无从谈起，国民经济安全将受到严重威胁。

中国特色的金融体系构建必须要遵守宪法，如程恩富教授指出，改革要遵守《中华人民共和国宪法》，并与党中央保持一致。宪法总则第七条明确规定：“国有经济，即社会主义全民所有制经济，是国民经济中的主导力量。”银行业正是国有经济中的重要组成部分。苏联曾是超级大国，拥有强大的军事实力，但其金融领域的全面私有化使这个巨人迅速倒下，人民生活水平一落千丈。

1985年，美国逼迫日本签署《广场协议》，导致日本国有企业出现大范围的空洞化现象，日本经济进入长期萧条。可见，政府应始终坚持国家总体安全观至上的原则，严格限制外国资本进入我国国有银行的门槛，警惕帝国主义对我国金融部门的入侵，为中国特色社会主义经济建设提供稳定可靠的金融支持。

2. 监管机构：构建“顶层权力”监管体系

新华社特约评论员曾对中国的“顶层权力”进行深入分析，认为我国诸多经济问题是由于缺乏“顶层权力”的掌控能力所造成，为实现中华民族伟大复兴，必须夺回“顶层权力”。在现代化市场经济体系中，经济的顶层权力由“货币发行权”“资产定价权”和“汇率定价权”构成。如果一个国家失去了对顶层权力的掌控力，便意味着它成为外国资本的殖民地。

在“货币发行权”方面，中央银行应努力推行自主货币发行机制。据统计，我国在2010年新增发行的人民币中，94%是由于美元的流入导致的，美元通过操纵我国基础货币发行机制的方式进行经济侵略。现阶段，央行对国际资本实行宽松政策，而对国内企业则实行紧缩政策。自人民币汇率改革以来，外国基础货币持续投入我国，美元持有者不断将手中的资金兑换成人民币并作为资本在中国进行投资，致使人民币需求量不断增加，而央行只能对内采取降低商业银行的贷款额度、减少实体经济资金流动的政策。尽管我国尚未爆发严重的金融危机，但央行的货币发行权还没有真正意义上掌握在自己手中。这一深层次原因正如时任总理朱镕基于20世纪90年代所形容的那样：国外金融投机力量还没有大规模进入。一旦外资大规模进入我国银行业领域，就会以更巧妙的办法和更娴熟的投机行为行事。为此，我们要摆脱美国及美元操纵下的货币发行权，时刻警惕美元等外国基础货币的渐进性入侵，大力推行国内自主货币发行机制。

在“资产定价权”方面，我国监管机构应加强对资本项目的管制，严控外资在我国金融市场的参股比例。人民币资产价格主要包括股票价格、债券价格、房地产价格等资产价格。自2008年金融危机爆发后，我国经济持续出现民间利率上升、实体经济不景气、房地产价格虚高等现象。以房地产价格为例，据2018年5月全国的房贷监测数据显示，全国首套房贷的平均利率创新高达到5.6%，同比增长20%。而央行与证监会在政策上的不统一也值得关注。一方面，由于外国资金不断流入，央行只能被迫挤压国内资本市场；另一方面，为防止股指的局部超跌而引起社会不稳定，证监会又依靠吸引外资来提高国际资本收益率，长期势必影响我国经济发展水平。银行在一定程度上讲属于高负债行业，资本充足率大致维持在7%左右，远低于实体工业企业，一旦面临外资收购问题，银行由于净资产占比的劣势更容易被收购。因此，政府应降低海外资本在我国的话语权，对外实行“非国民待遇准则”，形成高度一致的对外政策，杜绝金融大跃进式发展模式，将资产定价权服务于国家现代化的进程中。

在“汇率定价权”方面，我国应制定明确的人民币汇率浮动机制。1971年，美元与黄金脱钩，金本位制被废除，美元成为世界货币。2005年7月，我国启动汇率改革，从此美国政府对人民币汇率的定价权具有很大影响力。人民币的持续升值引来了大量外国基础货币的投入，极大地抑制了人民的货币购买能力。要想稳住人民币汇率，关键在于市场用户是否足够相信人民银行。因此，我们应严格限制外国资本的进入比例，在外资、外汇和财政税收等方面制定一套强有力的方案来保护人民币汇率的定价权，做到主动引领而非被动出击，拒绝单边主义、贸易保护主义，同时逐步取消出口退税和补贴等政策，从而为我国金融发展营造一个良好环境。

当前，发达国家通过其金融膨胀的国际转移、金融危机的国际输出、金融文化的国际传播和金融制裁的国际压制来掠夺他国财富，并呈愈演愈烈的趋势。发达国家明确限制外资进入本国银行业股权比例，并且它们的监管部门采取严苛的外资引入审查制度。如2011年1月，美国外国投资委员会对华为某个小型并购案进行公开审查。2015年7月，美国外国投资委员会对紫光集团收购美光科技的交易进行审查。我们应充分借鉴国外的外国投资审查制度，但凡有可能威胁到国家安全的外资投入项目均予以严格审查，甚至可以回溯以往相关事件。只有牢牢把握住我国经济的“顶层权力”，才能在国际金融领域赢得主动地位，从根本上扼杀金融危机产生的可能性。

3. 银行业内部：提升金融创新力和竞争力

2017年7月，央行公布了《中国金融稳定报告(2017)》，指出我国银行业内生性创新动能不足，仍需不断丰富银行业内部金融产品，扩大创新银行资本补充工具的类型。面对“互联网+”时代的来临，银行业传统的信贷业务潜力已被挖掘殆尽，我们要把重点放到金融领域创新能力上面。在金融交易创新上面，应与支付宝、微信支付等互联移动支付平台建立长期合作模式。在金融科技创新上面，随着人工智能技术在银行业内的广泛应用，商业银行要加快数字化转型过程，将人脸识别技术、智能客服系统、智能化风险控制以及网点机器人等技术真正落实到各网点机构，从渠道、用户服务体验等方面提升银行整体业务能力，运用科技创新方式推动内部转型升级。不断鼓励绿色金融的产品和服务的创新，学习发达国家绿色金融的运作模式，打造绿色金融生态圈，为我国探索经济绿色转型提供可行性路径。

在提高创新能力的同时，更应加强银行本身的竞争能力。在全球十大银行排行榜上，国有四大银行都位居前列，但在全球银行品牌500强榜单中，我国多半银行处于靠后的位置。因此，我国银行一方面要将本行的业务特色与风险管理等基础环节放在同等的地位上，深入打造地区品牌竞争力，细化考核管理机制，加强各部门之间的协调配合，激发品牌效应，打造具有专业化、差异化、特殊化的行业运作模式。另一方面，银行业应加速人才引进流程，完善人才培养流程，建立人才培养机制以及奖励机制，以市场化模式公开选聘优秀的研发团队，运用科技创新产生的正向效应吸引更多的客户和资源，逐步提升银行内部核心竞争力。

在进行金融创新力以及竞争力的提升过程中，我们要秉持以下原则：其一，复杂化手段不是创新。复杂化手段只是在营销过程中的市场战略，就自身而言并不属于创新范畴，银行业在提升自身业务能力过程中需要摆脱这一假象。其二，信息透明化仍需大力保持。金融创新意味着财富的创造，信息阳光化使得金融创新成为可能，更能为我国银行业内部发展提供有力保障。其三，提升金融创新力与竞争力需要选择适合的技术与恰当的资本结构。银行业必须选择合适的资本结构（如不同的长短期债券以及各种股票类型的组合）来提高资产的安全性、流动性，进而促进业务发展。

参考文献

[1]董希淼、张涛，2018，银行业对外开放历程与深化，《中国金融》，第7期。

[2]罗清，2000，《日本金融的繁荣、危机与变革》，北京：中国金融出版社。

[3]李永明，2011，1997年泰国金融危机与2008年越南金融风波之比较研究，《战略决策研究》，第1期，第26—32页。

[4]宋耀、张伟，2003，中国金融服务贸易开放度评价，《安徽大学学报》，第6期，第139—144页。

[5]宋岩，2017，《习近平主持中共中央政治局第四十次集体学习》，新华社。

[6]史晨昱，2016，外资银行进退：莫以一时论成败，《南方都市报》，第9期。

[7]王淦银，2013，外资银行大举进入我国金融市场的现状及对策探讨，《改革与开放》，第5期，第19—21页。

[8]王丽颖，2015，1994年墨西哥比索危机还原，《国际金融报》，第22期。

[9]王佩、赵宝珍，2010，中国银行的融资路径分析，《财务与会计》（理财版），第10期，第51—53页。

[10]吴元作，1998，金融深化过度——泰国金融危机成因探析，《国际金融研究》，第2期，第26—29页。

[11]王萌萌、薛涛，2017，《深化金融改革 促进经济和金融良性循环健康发展》，新华社。

[12]中共中央宣传部，2018，《习近平新时代中国特色社会主义思想三十讲》，北京：学习出版社，第73页。

Deepening the Opening and Risk Prevention of China's Banking Industry in the New Era

Zhang Jiaxin Wang Qingqi

Abstract With the acceleration of the opening of China's financial industry, the penetration of foreign banks into China has become increasing markedly. The research in the international comparative perspective found that the protectionism of the banking industry in the developed countries which represented by the United States is obvious, and strictly restricts the shareholding ratio of foreign capital; while the opening up of the banking industry in developing countries has experienced a painful lesson. Under the premise of China's basic national conditions, combining with the comparative analysis of the data of China and the US banking industry, we can see that the opening degree of China's banking industry has been relatively high. Therefore, at this stage, the banking industry should not be further open to foreign investment. In particular, it shouldn't be easy to open equity restrictions, which is of great significance to the national economy's security and sustainable development. On this basis, we propose policy recommendations based on the principle of "reciprocal opening in the financial industry".

Key Words Bank Industry Opening Foreign Banks Reciprocal Opening Overall National Security Concept Top-level Power

国际货币更替与人民币国际化的战略选择

刘 伟

内容提要 马克思货币理论认为货币与商品之间的关系是双向的。将这种双向关系应用到国际货币演变中分析国际货币则表明，主权货币不适合长期充当国际货币。国际货币应该是满足世界需求的、具有商品属性的、非主权的货币。基于马克思货币理论，人民币不应该完全国际化成国际货币，应该走不完全国际化道路，即让人民币在国际事务中充分发挥计价、结算功能，但是不能成为国际储备货币。短期内，保持人民币汇率稳定的基础上，完善人民币计价、结算功能，建立人民币与石油、黄金期货挂钩机制。长期内，借助国际货币体系改革，以非主权国际货币的重要组成部分的身份国际化。

关键词 货币 商品 国际货币 人民币国际化

中图分类号 F0—0

当前中美贸易战愈演愈烈。这场没有硝烟的战争虽然是发生在贸易领域，但其实质是美国试图对我国经济的打压，担心我国强大起来，动摇以美元霸权为中心的根基。因此，推进人民币国际化以保障我国在国际经济事务中的正当权益免受损失，则成了未来一段时间内，我国亟待解决的问题。唯有以马克思货币理论为指导，深入分析国际货币的更替，才能从本质上看清楚货币国际化以及人民币国际化问题，从而对人民币国际化应该采取什么样的战略有个清晰的认识。

一、马克思货币理论与货币国际化

马克思货币理论对货币的分析是从商品和货币的关系入手加以分析的。正如马克思所说的，“要理解了货币的起源在于商品本身，货币分析上的主要困难就克服了”(马克思，1998)。

收稿日期：2018—10—11

作者简介：刘伟(1979—)，东莞理工学院经济与管理学院副教授，主要研究方向为马克思货币理论。

基金项目：本文系2018年国家社科基金项目“马克思主义经济学视角的人民币国际化战略选择”(18BJL018)的阶段性成果。

商品和货币的关系是辩证统一的。首先,从商品的属性中可以看出,货币源自商品,是商品的奴仆。这种根源性决定于作为商品体的使用价值和价值的对立。在社会分工和专业化的情况下,使用价值和价值在同一商品内部是对立的。这种内部对立性通过交换转变成商品和商品的外部对立。当某一种商品从其他商品中分离出来,固定地充当其他商品价值的体现者时,这种商品就变成了一般等价物。随着价值形式由简单的、个别的或偶然的价值形式,经由总和的或扩大的价值形式、一般价值形式和货币的价值形式的演变,这种等价物最终定格在货币上。正如马克思所说,"只有在那些从货币的完成的形态出发而从后往前分析商品的人看来,'货币是商品'才是一种发现"(马克思,2004)。这样,货币利用自身的使用价值表现其他一切商品的价值,使得商品使用价值和价值的内部对立表现为商品和货币的外部对立,成功地解决了商品内部所固有的矛盾。从这个意义上说,货币是商品的奴仆或帮手。

其次,从货币商品所具有的社会性质看,货币是商品的上帝。作为一般等价物的货币具有不同于其他一切商品的社会性质。货币可以直接用私人劳动去表现其他一切商品的社会劳动。其他一切商品生产者的私人劳动必须通过转换成货币才能证明自己的劳动是有用的社会劳动,才能换取更多劳动者自身需要的更多其他商品。故此,得到货币的数量越多,商品生产者通过货币换取其他为自己所用的商品数量就越多,从而获得的支配其他商品的能力就越强,所拥有的社会权力也就越大。货币所独具的社会性质,使得货币成为财富的唯一社会形态。从这个角度出发,货币则是商品的上帝。

货币源自商品,是商品的奴隶,同时货币又是商品的上帝。这种双向关系表明:货币之所以成为货币,是因为商品需要它来表现自身的价值。有商品才有货币,商品是货币存在的物质基础。其次,源自商品的货币虽然可以像纸蝴蝶一样在空中飞舞,但是却有一条看不见的"脐带"将货币和其母体连接在一起(方兴起,1997)。从流通领域中货币和商品的关系中可以看到,货币流通源自商品的流通,流通中需要的商品量决定着所需要的货币量。两者之间存在着一个内在的比例关系,只有符合这一比例关系,货币才能够作为商品价值的物质承担者,并随时按照稳定的比例转换成商品。超过或者低于这一比例关系到一定程度,货币也就在一定程度上失去作为价值物质承担者的性质。完全脱离这一比例关系的时候,货币也就完全失去了作为基础物质承担者的性质,也就失去了作为货币的意义。

当国内货币突破国内流通领域进入世界流通领域,用以平衡国际贸易差额、纠正各国间的物质变换平衡以及充当财富的绝对化身从一国转移到另一个国家时,货币就成为世界货币。这时,源自国内货币和商品的双向关系则转变成国际货币和世界商品的双向关系,即世界货币是世界商品的奴仆,而世界货币又是世界商品的上帝。必须要看到,能够成为国际货币,变成世界商品的上帝，是以国际货币为世界商品服务，成为世界商品的帮手为基础的。与国内货币最大的不同，“货币一越出国内流通领域，便失去了在这一领域内获得的价值标准、铸币、辅币和价值符号等地方形式，又恢复原来的贵金属块的形式”。此时的国际货币应该是抛弃了其作为国内流通货币所具有的民族属性的货币，因此，国际货币应该是世界主义的，而非民族主义的。同时，为了便于比较世界商品的价值，同时得到世界各国的认可，国际货币应该具有使用价值和价值，即国际货币应该具有商品属性。最后，国际货币只有满足世界商品流通的需要，其国际货币的地位才能得以承认，所以，国际货币的供应量或者发行量应该能够满足世界经济发展的需求。

二、国际货币体系演变中的国际货币更替

将货币和商品的双向关系扩展到国际货币上，则可以认为，国际货币应该是满足世界需求的、具有商品属性的、非主权的货币。下面，我们就利用货币商品的双向关系，对国际货币更替进行分析。

(一)贵金属充当国际货币

贵金属本位时期，金银是国际货币。本身就是商品代表着一定的价值使得金银具有成为国际货币的先决条件，但是金银成为国际货币则是商品在世界范围内流通的结果。金银之所以适合做国际货币是因为它是超主权的，其供给量主要取决于自然界的金银存量以及开采的技术水平，而不取决于任何国家政府。金银成为国际货币使得世界各国之间的关系是“世界主义”的而不是“民族主义”关系，各国原本赋予金银的民族主义色彩因为金银变成了国际货币而完全消失。正如马克思所说的，“随着货币发展为国际货币，商品所有者也就发展为世界主义者，人们彼此间的世界主义的关系随着国际货币的发展与阻碍人类物质变换的传统宗教、民族等等成见相独立”(马克思，1998)。作为国际货币，金银不再代表任何国家的特殊利益，仅仅体现世界范围内的商品交换关系，进而体现各国的经济实力(方兴起，2011)。

但是，贵金属本位把金银的发行权交给了矿山，使得国际货币的发行取决于自然界的金银存量以及开采金银的技术水平，这就使得金银的开采量赶不上世界贸易的发展，随着各国贸易的不断往来，这种弊端逐渐显现，金银的流通量日益不能满足世界商品的流通量的事实，最终使得金银从国际货币的神坛上走下来了。

贵金属充当国际货币的历史进一步证明了货币和商品的双向关系：货币只有作为商品的帮手满足世界商品的交换的需求，才可能成为国际货币，进而发展成为世界商品的上帝，否则，只能从国际货币的神坛上走下来充当一般商品。

(二)主权货币充当国际货币

随着世界贸易的不断扩大，特别是工业和贸易在世界上占支配地位的国家通过出口顺差，赚取大量金银，而那些没有出口能力的国家在贸易逆差情况下只能被动地接受出口国的纸币以平衡本国的国际收支，在这种情况下，可以兑换金银的纸币开始执行国际货币的职能。主权货币充当国际货币的时代开始了。

应该说，主权货币充当国际货币解决了贵金属货币充当国际货币时不能满足世界贸易发展需要的弊端。但是主权货币却将作为主权货币特有的“民族主义”和作为国际货币的“世界主义”融为一体了。民族主义要求主权货币的发行必须满足本国经济发展的需要，世界主义则要求主权货币的发行必须考虑世界各国经济发展的需要。民族主义和世界主义是对立的，这种对立性的解决终归还是视主权货币发行国的经济实力和商品生产能力。如果主权货币发行国拥有强大的经济实力和商品生产能力，其所生产的商品为世界各国所需，主权货币发行国就可以通过资本项目的逆差发行货币，再通过经常项目的顺差来平衡国际收支，发展本国经济的同时也满足世界各国对该国商品的需求。世界各国则相反，通过资本项目的顺差追逐这种主权货币，然后通过经常项目的逆差来平衡国际收支，满足本国的需要。这种“货币—商品”的循环机制既满足了主权货币发行国发展本国经济的民族主义的需求，也满足了世界各国发展本国经济的要求，此时的民族主义和世界主义就达成了一致，世界经济就会得到发展。第一次世界大战之前的大英帝国以及布雷顿森林体系初期的美国正是凭借着强大的经济实力使得英镑和美元替代了黄金成为国际货币，由于经济实力强大，所生产的商品为世界各国需要的，两个国家通过经常项目顺差出售商品，资本项目顺差输出货币，促进本国经济增长的同时，也促进了世界经济的发展，应该说，在这些时期，美元和英镑很好地充当了国际货币。

但是，主权货币充当国际货币最大的弊端就是容易受到货币发行国经济实力的影响。一国经济实力是把“双刃剑”，它能够将该国的货币推上国际货币的神坛，也能够将其拉下神坛。当主权货币发行国经济实力衰退，进而商品生产能力下降，该国所生产的商品不能为世界各国需要时，主权货币作为国际货币的根基就动摇了。而此时主权货币所代表的民族主义和国际货币所代表的世界主义的冲突开始凸显出来。世界主义开始让位于民族主义。为了本国经济的发展，主权货币发行国不惜牺牲其他国家利益，通过主权货币作为国际货币的特殊地位，向世界各国转嫁危机，造成世界经济危机或者衰退的同时，充当国际货币的主权货币也终将走下神坛。

霸权衰落时期的英国和美国就是凭借作为国际货币的英镑和美元将民族利益凌驾于世界各国利益之上的。第一次世界大战的爆发以及美国强有力的竞争，使得英国经济开始衰退，其工业和贸易在全球丧失了支配地位，国际贸易由顺差转变为逆差，经济实力的衰退使得作为国际货币的英镑本身所具有的民族主义开始抬头，并将世界主义踩在脚下。英镑完全成为英国掠夺各国资源的手段。由此，大英帝国不仅不能承担化解国际经济与金融问题的责任，反而成为国际金融与经济问题日趋恶化的根源。在大英帝国的经济衰落期间所发生的金融危机和经济危机都是资本主义有史以来所罕见的。如1929—1933年的大萧条，不仅发生在大英帝国霸权的衰落期，而且是大英帝国向美国转嫁危机的产物。至此，英镑随着英国经济实力的衰退从国际货币的神坛上走下来，被美元所代替。

第一次世界大战后，美国凭借着强大的经济实力取代英国成为世界霸主，美元也随之逐渐取代英镑成为国际货币，并在布雷顿森林体系下很好地完成着国际货币的作用。但是随着美国经济的衰落，特别是20世纪60年代三次美元危机使得美元作为国际货币受到了质疑。1971年8月15日，美国宣布美元与黄金脱钩，国际货币开始进入不可兑换主权货币时代。按照马克思货币与商品双向关系，美国经济实力的衰弱，美元作为不可兑换的主权货币充当国际货币的根基已经没有了，美元应该像英镑一样从国际货币的神坛上走下来。但是现实情况却相反。美元仍然是国际货币。究其原因，主要是在美元霸权支配下，以强大的武力作为后盾，美国通过经常项目逆差、对外国长短期投资以及全球战区军费开支等方式在全球范围内发行美元，同时又通过"美元—国债""美元—衍生品"等回流机制以及外国对美国长短期投资等渠道回收美元，从而在全球范围内形成了一个庞大的美元"发行—回流"机制（方兴起，2011）。正是通过这个机制，美国不惜牺牲世界各国利益，利用全球资源维持着自己经济的发展。

美国通过美元的"发行—回流"机制在全球范围内换取资源来支持美国经济的发展，也使得美元作为国际货币有了坚实的基础。应该说，当前美元的国际货币地位不是依靠美国一国资源和商品的支持，而是依靠全球的资源和商品的支持的，这与马克思的货币与商品双向关系并不违背。但是这种靠牺牲世界各国特别是发展中国家经济发展而得以维系的机制将民族主义的利益凌驾于世界主义利益之上达到了巅峰，这对世界各国来讲是不公平的，而且这种机制造成世界经济动荡，危机频频爆发的同时，也给发行国美国带来的压力和负担越来越重，2007年以来的全球金融海啸给世界各国带来了灾难，美国也没有幸免于难。

三、人民币国际化战略选择

根据马克思有关世界货币的条件，考察英镑、美元等国际货币演变的历史，可以发现，主权国家的货币充当国际货币具有民族主义和世界主义双重属性。为了本国经济的发展，世界主义往往让位于民族主义，给世界经济带来危机。经济实力衰退的英国和美国造成世界经济危机频频爆发就是很好的明证。因此，从长远角度考虑，主权货币不适合充当国际货币，国际货币应该是满足世界需求的、具有商品属性的、非主权的货币。这就为人民币国际化战略提供了指导性方向。

（一）人民币国际化战略选择的指导原则

基于马克思货币理论，结合国际货币的更替，充分考虑我国内外经济形势，人民币国际化战略选择应该遵循以下指导原则。

1. 人民币不适合完全国际化成国际货币，应该走不完全国际化的道路

在这里，有必要对货币的完全国际化和不完全国际化进行界定。货币的国际化分为完全国际化和不完全国际化。不完全国际化的货币是指一国货币在国际经济事务中发挥充当计价、结算等有限作用；完全国际化的货币，又称国际货币，是指在国际事务交往中既充当计价手段，又充当结算手段，还是国际储备货币（姜波克，张青龙，2005）。这是人民币完全国际化和人民币不完全国际化之分。

人民币不适合完全国际化成国际货币，这符合马克思货币理论的基本要求。人民币是我国的主权货币，一旦人民币完全国际化成国际货币，人民币必然像英镑、美元一样陷入主权货币的民族主义和国际货币的世界主义的两难选择之中。我国经济一旦出现问题，世界经济必然遭受打击。人民币不完全国际化成国际货币，这是中国作为大国对世界的责任。这样，人民币国际化应该走不完全国际化的道路，既让人民币在国际事务中充分发挥计价、结算功能，但是又不能成为国际储备货币。

2. 人民币国际化的目的不是为了取代美元霸权

由于人民币与美元一样，均为主权国家货币，这就决定了人民币国际化不会重走美元国际化的老路，也就决定了人民币国际化不是为了取代美元霸权。人民币国际化的根本目的是为了保障我国的国际经济事务免受美元霸权的冲击，为我国经济持续稳定快速的发展提供有力的保证。

3. 人民币国际化应该在增量改革中渐进发展，要处理好改革、发展和稳定之间的关系

由于我国资本项目并没有完全开放、金融市场还不够发达，金融调控的手段还不够完善，这就决定了人民币国际化不仅要充分考虑资本项目开放程度、国内金融市场发展程度，还要考虑国际环境的影响，应该在计价、结算手段等增量上寻求突破，渐进中求发展。同时，人民币国际化还必须处理好改革、发展和稳定之间的关系。这里面存在的逻辑关系是通过保证人民币汇率的稳定，借此推动人民币国际化改革的进程，以此来降低汇率风险，促进我国经济

的稳定和发展。

(二)人民币国际化的战略路径

在马克思主义货币理论的指导下，结合国内外经济的形势，作为我国的主权货币的人民币应该走不完全国际化的道路，即让人民币在国际事务中充分发挥计价、结算功能，但是不能成为国际储备货币(刘伟，2014)。具体战略路径才能够从长、短期两个方面入手分析：

1. 在短期内保持人民币汇率稳定的基础上，完善人民币计价、结算功能，建立人民币与石油、黄金期货挂钩机制

首先，放缓资本项目开放的步伐，保持人民币汇率稳定。人民币国际化的首要任务应该是保持人民币汇率稳定的问题。当前人民币汇率波动比较频繁，主要原因是热钱在人民币大陆 CNY 汇率市场与香港的 CNH 市场之间进行套汇形成的。大陆的 CNY 人民币汇率市场主要受政府指导，而香港人民币 CNH 市场则主要靠市场供求决定。资本市场的开放必然会加剧资金在这两个市场之间进行套汇，从而造成人民币汇率大幅波动(余永定，2014)，因此，在我国金融市场不完善、金融法规不健全、金融手段不完善的情况下，有序推动人民币国际化，首先应该放缓资本项目开放的步伐，以保证人民币汇率稳定，为人民币国际化提供前提。

其次，以石油等大宗商品为商品锚，实行人民币与大宗商品挂钩，并通过大宗商品与黄金挂钩的国际定价、结算体系，进一步发挥和完善人民币计价、结算功能。马克思货币理论表明，国际货币应该是具有商品属性的。美元之所以建立美元霸权，也是美国通过武力迫使石油通过美元结算形成的。人民币则可以借助于石油等大宗商品锚的作用，建立大宗商品与人民币挂钩、人民币与黄金挂钩从而实现以人民币进行定价结算的国际结算体系。2016 年上海黄金交易挂牌“上海金”，开启黄金人民币定价机制的先河，有力地推动了人民币国际化的进程。2018 年 4 月，我国首推人民币计价，可以转换黄金的原油期货。这是人民币国际化迈出的重大一步，人民币计价是这一合约的核心，目的是通过原油期货交易来继续推动人民币的国际化。通过石油人民币的发展，石油出口国在石油贸易中积累大量人民币盈余，有利于人民币充分发挥计价、结算的职能，让资本输出、大宗商品计价结算成为人民币国际化的新引擎。在石油人民币的基础上，人民币计价结算功能应该扩展到矿石、农产品等其他大宗商品，从而进一步扩大人民币的国际化进程。

2. 从长期看来借助国际货币体系改革，以非主权国际货币的重要组成部分的身份国际化

马克思货币理论表明，任何主权货币都不适合长期充当国际货币，国际货币应该是非主权的，这样才能有效地避免主权货币民族主义和世界主义之间的冲突，才能保证世界经济的稳定发展。长期内，人民币国际化应该是伴随着

国际货币体系改革，成为非主权国际货币的重要组成部分。当前的国际货币体系造成了世界经济危机周期性爆发，必须要进行改革，而改革的方向可以参照周小川提出的"超主权国际储备体系"的思路建构非主权国际中心货币（周小川，2009）。这个中心货币可以选取一揽子主要国家货币作为参照，同时使用这些国家GDP占世界经济的比重作为定值的权重。随着非主权国际货币体系的建立，人民币则成为非主权国际货币重要的组成部分，这样，人民币就以非主权国际货币重要组成部分的身份国际化了。这样，随着我国经济实力的变强，我国GDP在世界经济中所占比重不断加大，人民币在非主权国际货币中的占比就会加大，我国在世界经济中起的作用也就越大，这样不仅会实现我国人民币国际化的目的，即维护我国在国际经济事务中的各种正常利益免受损失，而且能够为我国经济的长期可持续发展提供坚实的基础。

四、结 论

马克思货币理论认为货币源自商品，又是商品的上帝。将货币和商品的这种双向关系扩展到国际货币上，则可以认为，国际货币应该是满足世界需求的、具有商品属性的、非主权的货币。考察英镑、美元等国际货币演变的历史，表明主权国家货币不适合长期充当世界货币。这就为人民币国际化战略提供了指导性方向。作为我国的主权货币的人民币不应该走完全国际化的道路，应该走不完全国际化的道路，即让人民币在国际事务中充分发挥计价、结算功能，但是不能成为国际储备货币。人民币国际化的战略路径可以从长短期入手，短期内，保持人民币汇率稳定的基础上，完善人民币计价、结算功能，建立人民币与石油、黄金期货挂钩机制；长期内，借助国际货币体系改革，以非主权国际货币的重要组成部分的身份国际化。

参考文献

[1]方兴起，1997，《市场经济宏观分析》，北京：中国经济出版社，第154页。

[2]方兴起，2011，美元：美国霸权兴衰的"晴雨表"，《管理学刊》，第2期，第10页。

[3]姜波克、张青龙，2005，国际货币的两难及人民币国际化的思考，《学习与探索》，第4期。

[4]刘伟，2014，论人民币不完全国际化，《福建论坛》，第7期，第25页。

[5]马克思，1998，《马克思恩格斯全集》，第31卷，北京：人民出版社，第547页。

[6]马克思，2004，《资本论》，第1卷，北京：人民出版社，第109页。

[7]余永定，2014，人民币国际化的逻辑，《中国投资》，第7期。

[8]周小川，2009，关于改革国际货币体系的思考，中国人民银行官方网站，2009年3月23日。

International Monetary Replacement and the Strategic Choice of RMB Internationalization

Liu Wei

Abstract Marx's monetary theory holds that the relationship between money and goods is bidirectional. Applying this two-way relationship to the analysis of the evolution of international currency shows that in long term sovereign currency is not suitable for international currency. International money should be a commodity and non sovereign currency that meets the needs of the world. Based on Marx's monetary theory, the RMB should not be completely internationalized into an international currency. It should not go the way of nationwide internationalization, that is, let the RMB give full play to its function of valuation and settlement in international affairs, but not become an international reserve currency. In the short term, on the basis of maintaining the stability of RMB exchange rate, we should improve the functions of RMB valuation and settlement, and establish the mechanism of linking RMB with oil and gold futures. In the long run, with the help of the reform of the international monetary system, internationalization as an important component of the non-sovereign international currency will take place.

Key Words Currency　Commodities　International Currency　RMB Internationalization

金融资本异化若干理论问题刍议

裴卫旗

内容提要　金融资本合理性是一个重要的经济理论问题,金融资本异化引起了一系列的经济社会问题。本文针对我国目前金融资本虚拟化问题提出了金融资本异化和金融资本还原,主要研究马克思主义经济学视角下金融资本异化与金融资本合理性相关理论问题:金融资本异化界定、金融资本异化的评价体系、金融资本异化的影响因素、金融资本异化带来的问题、现代金融资本回归到本原。

关键词　金融资本异化　合理性　实体经济

中图分类号　F038.1

在经济金融化条件下,现代金融资本背离其原有职能,变成与其自身相异的一种资本,形成了相对独立的在虚拟经济形态基础上的功能变异,金融资本供给出现不合理现象,降低了经济基础与社会根基的稳定性,导致经济衰退,驱使贫富分化,成为历次危机的源头。而金融资本的稳定问题是我国经济社会健康发展的关键,因此我国对金融稳定问题十分重视。十三五规划(习近平,2015)提出国际金融危机对我国经济社会的深层次影响依然会长期存在,我国必须加快金融体制改革,加快金融业为实体经济服务,金融资本和外汇储备管理制度必须加以完善,安全高效的金融基础设施必须建立起来。中央经济工作会议(习近平,2016)提出把防控金融风险放在重要的位置,金融发展必须"脱虚向实"。十九大(习近平,2017)提出深化金融体制改革,增强金融服务实体经济的能力,必须把发展经济的着力点放在实体经济上。而西方资本主义国家由于金融资本异化引起的各类危机经久不愈,反思危机和探求未来的重要理论资源必然是马克思主义(程恩富,2013)。

收稿日期:2017—10—15

作者简介:裴卫旗(1982—　),郑州轻工业学院经济与管理学院讲师,主要研究方向为当代马克思主义经济理论。

基金项目:本文系2018年国家社科基金一般项目"马克思主义经济学视角下金融资本异化研究"(18BJL019)的阶段性研究成果。

一、金融资本异化界定

（一）异化

“异化”一词最早来源于法文动词“alienér”和名词“alienértion”，其本意是“转让”或者“出卖”，法国思想家、哲学家和政治理论家卢梭首先在其著作《社会契约论》中使用“alienér”一词，其是在政治意义上使用“alienér”，而不是在经济学领域使用。异化是自然科学、哲学、经济学等领域的重要概念。在哲学领域，异化指的是主体经过一定的时期分裂出自己的对立面，转化为异己的、支配以及统治自身的力量。经济学领域中的异化概念来源于哲学领域中的异化思想，是指经济主体发展到一定的阶段转变为异己的、支配以及统治自身的力量，一般会产生对经济社会发展不利的因素。马克思把“异化”这一哲学范畴应用到经济学分析，主要是分析劳动异化，也就是人类生产出来的劳动产品并不依赖生产者的力量而与劳动相对立，是人类的生产与其生产产品反过来统治人类的一种社会现象。马克思所说的异化是指建立在人类及其活动产物之间的一种特定的关系，而在这种特定的关系中，人类的劳动产物是不以人类的意志为转移，变成了与其自身相异的一种东西。

（二）金融异化和金融资本异化

本文的金融异化源自马克思的异化劳动思想。在资本主义经济金融化条件下，金融业和金融活动背离其原有职能，不再为经济发展与实体经济服务，逐渐从生产服务等经济活动中游离出来，出现了自我膨胀的畸形发展现象，形成了相对独立的在虚拟经济形态基础上的功能变异，金融机构精心设计创造培育出金融资产，也偏离了以规避风险和带来利润最大化为目标的轨道，偏离了其创造者的初衷，最终变成了其创造者与使用者无法真正认识与无法操作控制的异化之物，并使其创造者与使用者陷于危机状态，甚至是整个金融市场。金融业的诞生本来源自于其能够为实体经济提供融资服务，然而，现今的金融业却异化为被金融资本控制，是绑架控制实体经济与社会的工具，驱使贫富分化，变成历次危机的源头。

金融资本属于金融资产，金融资本的异化同金融危机有关，是金融资本博弈高风险和追求高收益的结果。原本，金融资本理应对实体经济的发展起促进作用，然而利益集团控制操纵着这个模式，他们运用金融资本投机倒把，以致促进了这种把虚拟经济当作主要形式的经济模式的不断发展，与传统意义上投入实体经济的资本相比，已经跟实体经济的要素定义相分离，大体上已经彻底虚拟化了，导致金融资本变成了与其自身相异的一种资本，降低了经济基础与社会根本的稳定性，导致经济衰退。

二、金融资本异化的评价体系

(一)金融资本合理性研究

金融资本的合理性是指金融资本供给对经济增长与发展要求的适应性,金融资本供给越适应特定条件下经济增长与发展的要求,金融资本的合理性就越强,越能促进经济活动的持续健康发展;如果不符合经济增长与发展的需要,或者是抑制了经济发展,说明金融资本已经异化。

从量的方面来看,金融资本的合理性主要是指金融资本在特定条件下在量上要有一定的限度,超过或者小于一定的限度,金融资本将不具有合理性,从而对经济社会造成危害,如果正好等于这个限度,金融资本是合理的,将会促进经济社会的发展。

由于一些外部条件经常变化,为了便于分析,做如下假定:第一,经济处于封闭状态,而且国民经济部门只包括两个部门,也就是金融部门和实体部门,这两个部门相对应的资本是金融资本和实体资本,社会的总资本也就只包括金融资本和实体资本。第二,生产规模报酬不变,不考虑技术进步,社会资源可以自由流动,金融资本、实体资本与劳动力等其他要素的分配结合总是处于最优状态。在这两个条件以及社会总资源一定的约束下,生产函数可以表示为:

$$Y=AF(K_1,K_2)$$
$$s.t.\ K_1+K_2=K \tag{1}$$

其中,K 代表社会总资本,K_1 代表实体资本,K_2 代表金融资本,A 代表技术水平,由于两个假定的限制,函数 $Y=AF(K_1,K_2)$ 便是一次齐次函数。在这里,我们假定金融资本和实体资本是同质的,所以,以上生产函数(1)可以变为:

$$Y=\dot{K}_1F[1,K_2/K_1] \tag{2}$$

$$Y/K_1=f[K_2/K_1] \tag{3}$$

令 $y=Y/K_1$,其表示产出与实体资本之比,$k=K_2/K_1$,表示金融资本与实体资本之比,因此,生产函数可以变为如下函数:

$$y=Y/K_1=f[K_2/K_1]=f(k) \tag{4}$$

则有:

$$Y=K_1y=K_{1f}(k) \tag{5}$$

对函数(5)求偏导,可得如下两个方程:

$$Y'_{K1}=f(k)-kf'(k) \tag{6}$$

$$Y'_{K2}=f'(k) \tag{7}$$

在本文中假定 $Y=F(K_1,K_2)$ 具备新古典增长模型的性质,根据中 $k=$

K_2/K_1，可以得到 k 的增长率为：

$$\Delta k/k=\Delta K_2/K_2-\Delta K_1/K_1 \tag{8}$$

则 k 的增长率为：

$$\Delta k/k=\Delta K_2/K_2-b$$
$$\Delta K_2=(\Delta k/k)K_2+b$$

上式两边同除以 K_1，则有：

$$\Delta K_2/K_1=\Delta k+bk \tag{9}$$

$$\Delta k=\Delta K_2/K_1-bk=\Delta K_2/Y\cdot Y/K_2\cdot K_2/K_1-bk=a\cdot Y/K_1-bk=af(k)-bk$$
$$\Delta k=af(k)-bk$$

其中，

$$\Delta K_2/Y=a,\Delta K_2/K_1=b \tag{10}$$

也可以表示为：

$$k'=af(k)-bk \tag{11}$$

在新古典增长模型中，要达到长期均衡状态，即稳态，K_2/K_1 要达到均衡值，在忽略技术变化的条件下，Y/K_1 也达到稳定状态。要实现稳态，即 $\Delta k=0$。因此从(11)得知，假如金融资本增量占总产出的比值与真实资本的增长率不变，即 a 与 b 不变，在 $k'=0$ 时，金融资本与实体资本存在合理性的比例，此时经济处在均衡状态，假定此时金融资本与实体资本比例为 k^*。而当 $k<k^*$ 时，$k'>0$，(11)是增函数，k 将继续上升，直到上升到 k^* 为止，当 $k>k^*$ 时，$k'<0$ 时，(11)是减函数，k 将下降，直到下降到 k^*。从(8)可以看出，当 K_2/K_1 处于合理性比例时，$k'=0$，$k=k^*$，$\Delta K_1/K_1=\Delta K_2/K_2=b$。又因为 $y=Y/K_1$，在均衡时，y 固定不变，则总产值 Y 的变化率也必须是 b。所以，在新古典增长理论的框架下，稳态必须满足：$k'=af(k)-bk=0$，$\Delta Y/Y=\Delta K_1/K_1=\Delta K_2/K_2=b$。

从以上分析可知，当 $k'=0$，$k=k^*$，总产出的增长率、金融资本的增长率和真实资本的增长率三者相等时，供给与需求达到均衡状态，金融资本处在合理性状态，符合实际经济发展的需要，此时的金融资本没有异化，在这个稳态，经济稳定增长。而在 $k<k^*$，$k'>0$ 和 $k>k^*$ 时，$k'<0$ 时，金融资本皆不是合理性状态，供需不均衡，这两种情况下的金融资本或多或少都出现了异化。

(二)金融资本合理性与经济增长

当金融资本处在合理性水平时，金融资本促进经济增长，这种情况下的金融资本符合经济社会实际发展的需要；反之，金融资本异化时，阻碍经济增长，抑制实体经济的发展。当 $k'=af(k)-bk=0$，$\Delta Y/Y=\Delta K_1/K_1=\Delta K_2/K_2=b$ 时，金融资本处在合理水平，经济稳定增长；当 $\Delta K_1/K_1<\Delta K_2/K_2$ 时，金融资本的增长率大于实体资本的增长率，金融资本相对于实体部门而言，资金过于充裕，实体经济发展不足，这种情况属于金融过度，最终为了追求平均利

润率，金融资本会向实体部门流动，直到达到 $\Delta Y/Y=\Delta K_1/K_1=\Delta K_2/K_2=b$ 这个稳态。但是，当 $\Delta K_1/K_1<\Delta K_2/K_2$ 时，很多情况是金融资本虚拟化比较严重，为了追求超额利润，这些资本对实体部门投资不足，严重影响了实体部门的发展，甚至导致实体部门萎缩，这时的金融资本已经异化；当 $\Delta K_1/K_1>\Delta K_2/K_2$ 时，金融资本的增长率小于实体资本的增长率，金融资本不能完全给实体部门提供资金支持和服务，实体经济得不到充足的发展，最终实体部门减少投资，直到达到 $\Delta Y/Y=\Delta K_1/K_1=\Delta K_2/K_2=b$ 这个稳态，这种情况下的金融资本也不具有合理性，不符合实际经济社会发展的需要，金融资本异化。这个阶段的金融资本相对短缺，大多数发展中国家或者新兴国家经常是金融资本相对不足。

三、金融资本异化的影响因素

2008年西方金融危机根本的原因是金融资本异化，而引起金融资本异化的因素主要包括：布雷顿森林体系崩溃、选票政治、金融过度自由化与市场异化。

（一）布雷顿森林体系崩溃

从20世纪80年代开始，英国首相撒切尔夫人和美国里根总统开始实施以自由化、放松金融管制和私有化经济政策为核心的新自由主义体制，金融资本在发达资本主义国家成功地突破了自1945年至70年代末期经济滞涨所带来的束缚和制约资本活动的大部分羁绊与屏障，布雷顿森林体系崩溃，世界各国的金融市场对外开放程度日益提高，国际货币体系呈现出新的特点，各国汇率制度逐渐向市场化方向改革，利率与汇率出现了大幅度波动的现象，各国金融机构打着避险为由大力创造金融衍生工具，资本的投机性随着衍生工具的交易超过传统信贷业务利息收入而产生，而且投机性越来越强。进入20世纪90年代，商业银行混业经营驱使金融体系的经营模式发生巨大转变，金融活动逐渐开始脱离实体经济，金融资本也逐渐脱离出实体经济，为了利润最大化而购买作为金融资产的虚拟资本，金融资产受价值规律的影响相对减小很多，主要由公允价值决定，金融资产泡沫化，金融资本过度积累，其虚拟化程度也相应增加，作为资本的金融资本逐渐产生了变异。

（二）选票政治

资本主义社会的选票政治控制要挟了政策，驱使金融资本异化进程加速，政府的行为活动受选票政治的影响较大，所以当金融资本异化而形成的利益群体和选票政治密切联系起来时，政府的行为活动必然与金融资本的利益密切相关，在资本主义国家，政客越来越注重对国家政策的控制，从而获得更多的利益，金融资本的异化也相应地加剧。巨大的金融集团挟持并控制了资本主义社会的民主的选票政治，由于金融机构的虚拟化、累积过多与资产规模的不断扩大，以致在资本主义社会，金融机构成了“太大不能倒”大型集团。也因为“太大不能倒”准则，美国政府对投资银行向银行控股转变的行为表示默许，美联储甚至宣布救助规模巨大的非银行金融机构是合法的，并且创造出各式的新型金融货币工具，然后数额巨大的资金通过这些工具流入了金融机构，所以，经济的过分虚拟化迫使政府不得不对其采取拯救策略，同时也导致金融资本在道德方面的风险越来越高，促使金融资本异化加强。

（三）金融过度自由化与市场异化

金融过度自由化是金融资本出现异化的现实条件，金融自由化驱使政府放开了对金融市场与金融体系的管制，也取消了对利率、汇率、信贷和资本账户的干预，金融壁垒得到取消，因此，银行业受到政府的干预减少，逐渐实现了内部自律管理，金融主体缺少管制，金融产品创新逐渐出现，且数量急剧上升，驱使金融资本异化成为可能。另外，金融全球化导致了等级之分，使得一些发达国家的金融体系可以控制支配一些发展中国家的金融体系，金融资本异化出现，一些发达国家通过金融资本的异化来掠夺发展中国家的财富。过度的金融自由化导致金融资本过度积累、虚拟化和市场异化，市场的异化又会促进金融资本的异化，市场的价格机制不再根据价值规律与供求关系定价，而是根据投机性定价，市场价格是金融市场异化后的价格。

四、金融资本异化带来的问题

（一）实体经济萎缩

金融资本自我膨胀对实体经济产生了“挤出效应”，严重影响了实体经济的发展。马克思指出，所有资本主义国家都想绕过生产过程获取剩余价值，而这是一种周期性的狂想病，迟早要为此付出代价。金融机构的主体几乎都在追求利润最大化，行为金融学创始人之一的罗伯特·希勒把这种盲目的行为称为“动物精神”，即是在“钱生钱”与“财富泡沫”面前，金融家们更关心自身利益，关心的已经不是流通中的金融资本与实体经济所需资本的合理比例，他们不再以实体经济为基础来提供金融资本。另外，投资者对货币财富的追求进一步刺激了逐利性金融资本的发展。这种虚拟化的过度膨胀的金融资本的运动，是建立在虚拟价值的交易基础之上，这种运动模式完全与实体经济价值的流动模式不同，最终，驱使更多的金融资本在金融市场流动，导致虚拟化泡沫化严重以及实体经济被边缘化。

（二）信用崩溃

金融资本异化，其主体极力追逐在循环中财富的快速增值，这种撇开实体经济的“生产活动”，只是通过货币自身的循环创造更多的货币，完全脱离了生产过程，驱使更多的货币财富涌入金融领域，谋取更多的货币增值。金融资产的增值规模与速度惊人，信用随之膨胀，随着金融资本的虚拟化而严重虚拟化，财富泡沫也随之无限制的膨胀，金融资产更是多重证券化与极度虚拟化。信用被无限制杠杆化，基本脱离了金融资产的原有价值基础，最终必然导致信用崩溃，金融资本与实体经济活动的发展轨道其实是完全没有任何关系的，一旦基于信任的预期完全无法得到承兑时，信用随之崩溃，最终导致承诺不能按约得到兑现。

(三)金融领域不确定性增加

金融资本异化，其在各种市场上的交易不断增加，同时，金融领域的不确定性也在增加。在金融领域中，银行逐渐从商业银行转变为投资银行，资本市场代替银行越来越多地发挥中介作用。银行存款在金融资产中的份额逐渐减少，与此同时，存在于金融领域中的社会公共政策目标也受到了孤立，金融资本的唯一目标就是追求个人利益最大化，金融资本变成异化的资本。金融领域中所进行的相关金融交易仅仅只是为了卖而买，完全不考虑风险要素，不再为了实体经济的金融资本需求和货币流动性的平衡而进行金融交易，大量新型金融衍生品应运而生，风险管理的难度增加。大量被异化的金融资本、不可预料的金融风险以及被无限拉伸的信用链条，打破了金融领域的稳定，金融领域的不确定性增加。

(四)社会风险加大

金融资本异化造成信息不对称，在信息不对称的环境中必然出现逆向选择，道德风险必然积累，最终社会风险不可避免地得到大量地积累。金融市场中信息优势方通常能够利用其信息优势使自己受益而使信息劣势方受损，导致信息劣势方单方面的风险，降低了金融运行的整体效率，价格机制随之扭曲，导致市场的低效率配置，加大社会风险。金融资本的主体之一金融经营者通常会故意隐藏风险甚至是虚构利润，导致市场风险积累，随着影响范围逐渐扩大，最终导致金融危机。“当一国的积累变为赌博场中的副产品时，积累工作多半是干不好的。”(凯恩斯，1977)所以说，金融资本异化，必然导致社会风险加大。

(五)贫富差距扩大

社会财富的资本化定价模式和分配模式是引起贫富差距扩大的主要原因，主要是因为其导致了资源无法优化配置和资源分配不公平。历史学家博罗代尔指出了货币对社会经济产生的一些消极因素，如在世界上可以通过货币对他人进行剥削以及加速剥削，货币可以控制一个国家或社会的价值体系，这样可以达到谋利的目的(白钦先、常海中，2008)。由此可以看出，这两个模式自身的单独流动可以使金融资本达到价值增值。自由资本收入分配模式的监管缺失是富人剥削穷人的方法，被异化的金融资本非常灵活地运用了财富资本化定价和分配方式,利用金融杠杆达到社会财富很快得到了重新分配,实际上,被异化的金融资本并没有创造出新的社会财富,而是促使贫富差距扩大的出现。

五、现代金融资本回归到本原

现代金融资本的本原是为实体经济服务的功能,要使现代金融资本回归到为实体经济服务的本原,必须满足 $\Delta Y/Y=\Delta K_1/K_1=\Delta K_2/K_2=b$,也就是说,当总产出的增长率、金融资本的增长率和真实资本的增长率三者相等时,金融资本在规模和增长速度上与实体经济相匹配,金融资本还原到为实体经济服务的本原,下面具体分析金融资本如何还原到本原。

首先,当 $\Delta K_1/K_1<\Delta K_2/K_2$ 时,金融资本的增长率大于实体资本的增长率,供过于求,金融资本异化。在这种情况下的金融资本在规模和增长速度上与实体资本不匹配,要使 $\Delta K_1/K_1=\Delta K_2/K_2$,资本在资本市场中必须可以自由流动,可以在实体资本与金融资本之间进行健康有效地配置,否则资本达不到最优配置,因此,要清除资本配置上的一些制度障碍,尽量达到完全竞争的市场环境,国家也要进行一定的干预,避免资源配置市场失灵。$\Delta K_1/K_1<\Delta K_2/K_2$ 时,属于金融过度,资本在金融市场中的份额过大,而在实体经济中所占份额较小,资本分配不合理,导致实体经济发展不足而金融领域过度发展,金融领域甚至出现膨胀与泡沫化。政府要进行一些干预,扫除一些制度上的障碍,使得金融资本和实体资本为了实现利润最大化而自由流动;金融资本的增长率大于实体资本的增长率时,实体经济领域所生产的产品供给不足,而金融领域的产品则供过于求,实体经济的收益率高于金融领域的收益率,这样资本将向高收益率的实体部门转移。另外,金融领域过量的资本引起金融资产膨胀,产生严重的虚拟化,大量投机者参与的一些投机活动导致金融资产价格逐渐上升,这样一来,更多的资金涌入金融领域,泡沫化更加严重,金融资本与实体经济严重背离。这时,政府对金融领域和资本市场要加以管制,使消费者看清形势,抛出金融资产而投资于实体经济,随之资本从金融领域转向实体经济部门,金融领域的泡沫破裂。最终逐渐达到金融资本的合理状态,金融资本为实体经济提供金融服务,回到其服务功能的本原。

其次,当 $\Delta K_1/K_1>\Delta K_2/K_2$ 时,金融资本的增长率小于实体资本的增长率,供不应求,金融资本异化。这时的金融资本在规模和增长速度上与实体资本也不匹配,金融资本要达到合理性,即 $\Delta K_1/K_1=\Delta K_2/K_2$,同样要求市场的完全竞争状态和政府的干预。这种情况属于金融抑制,由于金融业发展不足,同样难以给实体部门提供服务,金融资本同样不具有为实体经济服务的功能。要回到其服务功能的本原,政府和市场同样要做出一定的贡献,政府要进行一些干预，扫除一些制度上的障碍，使得市场基本达到完全竞争状态，资本可以在金融领域和实体部门之间自由流动。当金融资本的增长率小于实体资本的增长率时，金融领域发展滞后，金融部门给实体经济部门提供服务也会不足，导致实体部门经营成本上升，同时实体部门的收益率也会降低。另外，由于金融服务供不应求，价格上升，收益率增加，在政府清除资本流动障碍的情况下，资本将由实体部门向金融部门移动。而在实体部门，由于资本过量导致供过于求，产品价格下降，收益率降低，资本将会向金融部门转移。同时，由于收入效应，消费者将减少对实体部门所生产产品的消费而转向投资金融部门，资本也将向金融部门转移，最终达到金融资本的合理状态 $\Delta K_1/K_1=\Delta K_2/K_2$，这时的金融资本和实体资本在规模上和增长速度上都达到了相匹配的状态，金融资本为实体经济服务，金融资本回到为实体经济服务的本原。

总之，当总产出的增长率、金融资本的增长率和真实资本的增长率三者相等时，金融资本和实体资本完全匹配，金融资本回到为实体经济服务的本原，实际产出也将达到最优状态下的数值。但是，要使金融资本还原到本原，资本必须通过自由流动来达到最优配置，政府和市场必须为资本自由流动提供一定的条件，政府要清除相关的制度障碍使得市场达到完全竞争的状态，也就是政府和市场都要起到作用，两者缺一不可，否则资本达不到最优配置，金融资本达不到合理的状态，因此，政府干预和市场的作用都必须具有。

参考文献

[1]程恩富，2013，马克思主义与危机反思，《人民日报》，1 月 14 日第 003 版。

[2]习近平，2015，《中共中央十三五规划建议(全文)》，新华网，2015－11－03。

[3]习近平，2016，《2017 中央经济工作会议内容(全文)》，央广网，2016－12－17。

[4]习近平，2017，《中国共产党十九大报告全文》，中国网，2017－10－18。

[5][英]凯恩斯，1977，《就业、利息与货币通论》，徐毓译，北京：商务印书馆，第 162 页。

[6]白钦先、常海中，2008，《金融虚拟性演进及其正负功能研究》，北京：中国金融出版社，第 225 页。

Humble opinion of Some theory problems on Alienation of Financial Capital

Pei Weiqi

Abstract Rationality of financial capital Rationality is an important problem of economic theory, alienation of financial capital caused a series of economic and social problems, put forward alienation of financial capital and reduction of financial capital aiming at the virtualization problem of the current financial capital ,the paper mainly study related theoretical issues on alienation of financial capital and reduction of financial capital based on Marxist economics perspective: definition on alienation of financial capital, Evaluation system on alienation of financial capital, factors affecting on alienation of financial capital, The problem on alienation of financial capital resulting in , modern financial capital returning to the origin.

Key words　Alienation of Financial Capital　Rationality　The Real Economy

海派经济学
第16卷第4期,2018 Journal of Economics of Shanghai School No.16,4,2018

人的本质与人类命运共同体
——兼论中国特色社会主义政治经济学理论体系

卢根源

内容提要 马克思从生产的“双重关系”视域中揭示的人的本质,深刻地预设了具有“天人合一”整体性特征的利己利他经济人才符合人的本质,并由此揭示了由利己经济人向利己利他经济人转化是人类社会发展的必然规律。这充分证明了马克思主义经济学利己利他经济人假设、新的活劳动创造价值假设、资源与需要双约束假设、公平与效率互促同向变动假设、公有制高绩效假设的相互联系及其正确性。新发展理念是利己利他经济人的理念。蕴含了利己利他经济人所遵循的相互利益最大化原则的“一带一路”国际发展战略,必然促进经济全球化的健康发展,并构建人类命运共同体。这些研究,必然会为构建中国特色社会主义政治经济学理论体系和乡村振兴战略中的意识形态建设提供基础理论的支撑。

关键词 人的本质 人类命运共同体 马克思主义经济学五大理论假设 中国特色社会主义政治经济学 相互利益最大化原则

中图分类号 D616,G633.23

习近平总书记在十九大报告中指出:“中国共产党是为中国人民谋幸福的政党,也是为人类进步事业而奋斗的政党。中国共产党始终把为人类做出新的更大的贡献作为自己的使命。”(习近平,2017a)为此,习总书记发出号召:“世界命运握在各国人民手中,人类前途系于各国人民的抉择。中国人民愿同各国人民一道,推动人类命运共同体建设,共同创造人类的美好未来!”(习近平,2017b)中国共产党是以马克思主义为指导思想的政党,因此,习近平新时代中国特色社会主义思想中,关于构建人类命运共同体的思想必然会蕴含马克思主义思想的光辉。为此,笔者认为,需要研究马克思从生产的“双重关系”视域中揭示的人的本质,给当今世界构建人类命运共同体的智慧启迪,从而

收稿日期:2018—10—12

作者简介:卢根源(1963—),江西省社会科学院马克思主义研究部研究员,主要研究方向为马克思主义与中国传统文化。

基金项目:本文系江西省社会科学院创新工程课题“乡村振兴战略视野中的意识形态建设研究”的阶段性成果。

“推动人类命运共同体建设，共同创造人类的美好未来”。

一、“双重关系”的内涵

人是有生命的，而生命的持续需要消费吃、喝、穿、住等物质产品。因此，马克思在《德意志意识形态》一文中指出：“我们首先应当确定一切人类生存的第一个前提，也就是一切历史的第一个前提，这个前提是：人们为了能够‘创造历史’，必须能够生活。但是为了生活，首先就需要吃喝住穿以及其他一些东西。因此第一个历史活动就是生产满足这些需要的资料，即生产物质生活本身，而且，这是人们从几千年前直到今天单是为了维持生活就必须每日每时从事的历史活动，是一切历史的基本条件。”(马克思、恩格斯，2009a)“吃喝住穿以及其他一些东西”，是人富裕的基本要素，它们需要通过生产劳动即致富实践才能获取；而通过生产劳动获取的这些物质产品，需要自然资源。这样，“生产物质生活本身”便必然会受到资源和需要的双约束。① 因此，这样的生产劳动，必然会产生和形成相互关联的不可分割的两方面的关系：一方面是人与自然的关系，即自然关系，另一方面是人与人的关系，即社会关系。这样就必须研究这两方面的不可分割的关系。关于人与自然的关系，马克思这样指出：“劳动首先是人和自然之间的过程，是人以自身的活动来中介、调整和控制人和自然之间的物质变换的过程。”(马克思，2004a)这充分说明，马克思揭示的通过劳动而产生和形成的人与自然的关系，是物质变换的关系。为此，马克思深刻指出：“劳动不是一切财富的源泉。自然界同劳动一样也是使用价值(而物质财富就是由使用价值构成的!)的源泉，劳动本身不过是一种自然力即人的劳动力的表现。”(马克思、恩格斯，1995)这样，马克思就深刻地揭示了劳动和自然界是财富源泉的两个不可缺少的要素。“吃喝住穿以及其他一些东西”的物质产品，不仅有使用价值，而且有价值。因此，与此同时，马克思也深刻地揭示了劳动者的活劳动创造了价值。而生产“吃喝住穿以及其他一些东西”的是劳动人民，因此，是劳动人民创造了“第一个历史活动”，这样劳动人民也就是创造历史的主人。另外，人持续生命所需要消费的“吃喝住穿以及其他一些东西”的物质产品，每个人都不可能同时生产这些物质产品，这样就必须进行生产的分工，然后进行这些物质产品的交换。这就说明，每一种物质产品的生产，都不是某一个人能够生产出来的；每一种物质产品的背后，都凝聚着人与自然界的合作和人与人的合作。特别是在“吃”的物质产品方面，几千年前和现在的情况是：人没有粮食，就会死亡。这样，为了能够生活，就不能没有粮

① 由此可证明著名经济学家程恩富教授提出的马克思主义经济学资源与需要双约束假设的正确性。

食，就必须每日每时去完成它。所以，生产粮食的土地和生产粮食的劳动者便是一切财富的源泉。而粮食的价值是劳动者的活劳动创造的，粮食生产出来后，劳动者的活劳动创造的价值便物化在粮食中。这种物化在粮食中的价值，又转移到其他产品中。由此可见劳动人民的主体地位。这是因为不从事粮食生产的每个人，必须能够用自己生产的物质产品或精神产品交换到粮食。这也就是说，“粮食会交换给许多人，而这许多人通过消费粮食而进行各自的物质产品的生产，也把自己生产的各种各样的物质产品交换给其他许多人；而这其他许多人又同样会在消费粮食及其他物质产品的基础上，把自己生产的物质产品交换给其他许多人，由此类推，物质产品必然会不断丰富，人们也由此而提高富裕的程度。这样便产生和形成了人与人之间的物质变换的循环，人与人之间也由此产生和形成了不可分割的相互关系”(卢根源，2016a)。社会也就这样产生于相互关系中。而这种相互关系中的人与人之间的物质变换的循环，实际上是通过粮食而形成的人与人之间的生命循环系统。这个生命循环系统的正常运行，从现象来看在于生命循环系统中的每个人都有粮食，而从其本质来看在于物化在粮食中的价值。这样，劳动人民的主体地位和核心作用便由此而彰显出来。正因为这样，马克思指出：“社会也是由人生产的。”(马克思，恩格斯，2009b)这里的“人”，当然是指劳动人民。而劳动人民生产的“社会不是由个人构成，而是表示这些个人彼此发生的那些联系和关系的总和”(马克思、恩格斯，2002a)。因此，关于人与人的关系(社会关系)，马克思就这样指出：“在任何情况下，个人总是‘从自己出发的’，但由于他们的需要即他们的本性，以及他们求得满足的方式，把他们联系起来（两性关系、交换、分工)，所以他们必然要发生相互关系。”(马克思、恩格斯，2002b)马克思还指出：“生产者相互发生的这些社会关系，是他们借以互相交换其活动和参与全部生产活动的条件。”(马克思、恩格斯，2009c)这样，由于分工与合作的出现，创造价值的活劳动也必然会在生产劳动者相互发生的社会关系中分解。也就是说，“单个劳动者能够完成生产的全过程，因而也能够完成价值创造的全过程”的现象发生变化，“原来由单个工人独立完成的劳动，现在分解为‘总体工人’的共同进行的劳动，由此，创造价值的劳动也就由‘总体工人’的劳动共同构成，劳动的形式和种类也越来越多样化”(程恩富，2001)。在这种情况下，“凡是直接为市场交换而生产物质商品和精神商品以及直接为劳动力商品的生产和再生产服务的劳动，其中包括自然人和法人实体的内部管理劳动和科技劳动，都属于创造价值的劳动或生产劳动”(程恩富，2007)。而人与人之间交换的各自所需要的物质产品，其生产时所需要的自然资源，都源于自然界。这样，人与自然之间的物质变换的循环，与人与人之间的物质变换的循环，必然是相互联系、相互影响的。正因为这样，社会领域的公平与生产领域的效率必然会产生互促同向变动的关系。[①] 因此，马克思就这样进一步地指出："人们在生产中不仅仅影响自然界，而且也互相影响。他们只有以一定的方式共同活动和互相交换其活动，才能进行生产。为了进行生产，人们相互之间便发生一定的联系和关系；只有在这些社会联系和社会关系的范围内，才会有他们对自然界的影响，才会有生产。"（马克思、恩格斯，2009c）正因为这样，马克思得出结论："生命的生产，无论是通过劳动而生产自己的生命，还是通过生育而生产他人的生命，就立即表现为双重关系：一方面是自然关系，另一方面是社会关系；社会关系的含义在这里是指许多个人的共同活动。"（马克思、恩格斯，2009d）这就是马克思从生产的视域提出的"双重关系"的内涵。由此可见，马克思不是孤立地讲物质生产，而是把物质生产落在生命的生产上。因此，这种内涵的实质，揭示了在以劳动为纽带的致富过程中，生命循环系统中的人与自然、人与人之间不可分割的整体性，及其在这整体性中，人与自然、人与人相互依存的生存状态。这种相互依存的生存状态也就是生态。而在这样的生态中，物质变换的循环是经济运行的正常状态。在这正常状态中，通过人的劳动，自然界才能够为人持续地提供所需要消费的"吃喝住穿以及其他一些东西"的物质产品，这样，人的致富才能实现可持续性，人的生命的延续才有物质基础。

二、"双重关系"的特征

依据以上的研究可知，马克思从生产的视域提出的"双重关系"，是从获取"吃喝住穿以及其他一些东西"的致富实践（即"第一个历史活动"）出发，揭示了通过生产劳动而产生的物质变换的循环，使人与自然、人与人形成相互联系、相互影响的有机统一的整体。因此，为了物质变换的循环能够顺利运行，人与自然、人与人之间就必须协调统一、和谐发展。我们已经知道，"双重关系"视域中的人，不是孤立的单个人，而是已经形成"人与人"有机联系的人。因此，"人与自然"中的"人"，实际上是与"人与人" 中的"人"有机联系的人；同理，"人与人"中的"人"，实际上是与"自然"有机联系的人。这正如马克思指出的那样："在这种自然的类关系中，人对自然的关系直接就是人对人的关系，正像人对人的关系直接就是人对自然的关系，就是他自己的自然的规定。"（马克思、恩格斯，2009e）正因为这样，人是"自然的类关系"中的人，人以这样的"类"为生存发展方式，并由此而成为人类，以及"人对自然的关系"与"人对人的关系"的总和形成了人类。因此，"人对自然的关系"与"人对人的关系"是人类的

① 由此可证明著名经济学家程恩富教授提出的马克思主义经济学公平与效率互促同向变动假设的正确性。

结构。由此可见,在“双重关系”视域中,“自然”与“人”已经形成了“类”的有机统一的整体关系。如果把“自然”简称为“天”,把“统一”简称为“合一”,这样,“自然”与“人”的有机统一的整体关系,就可称之为“天人合一”的整体关系。因此,“双重关系”具有这种“天人合一”的整体性特征。这种整体性特征,既是对人之为人的认识和理解,也是对人生存发展方式的认识和思考。它给人指引一种独特的思路,让人认识到“人”是与“天”相互作用的整体,“天人合一”是自然与人的合理的共同生存状态。在这样的共同生存状态中,自然与人是生命共同体,人与人是命运共同体,并由此而形成人类命运共同体。因此,大自然也与人一样是有生命的,大自然养育了人类,大自然为人类提供智慧的源泉,人之为人就应该热爱大自然,保护大自然,特别是生产力的发展,科学技术的运用,必须遵循自然规律,维护生态平衡,以实现可持续性富裕。同时,它也揭示了人的生命和价值不是孤立存在的,而是产生和形成于“人”与“天”的相互作用的“类”的整体关系中。由此而展开,“人”与“天”的相互作用必然呈现两种态势:一是自然向人生成,二是人向自然生成。对于自然向人生成的态势,马克思在《1844年经济学哲学手稿》中这样指出:“被抽象地理解的、自为的、被确定为与人分割开来的自然界,对人说来也是无。”(马克思、恩格斯,2009f)因为“整个所谓世界历史不外是人通过人的劳动而诞生的过程,是自然界对人来说的生成过程”(马克思、恩格斯,2009g),因此,“自然界的人的本质只有对社会的人说来才是存在的”(马克思、恩格斯,2009c)。正因为这样,马克思在《神圣家族》中批判了黑格尔“同人分离的自然”(马克思、恩格斯,2009h)的哲学思想。由于历史是人通过人获取“吃喝住穿以及其他一些东西”的劳动而诞生的,因此,自然史和人类史是通过劳动而交互作用产生的,在劳动过程中形成的自然界,是人的现实的自然界。正因为如此,马克思在《1844经济学哲学手稿》中,明确指出:“没有自然界,没有感性的外部世界,工人什么也不能创造。自然界是工人的劳动得以实现、工人的劳动在其中活动、工人的劳动从中生产出和借以生产出自己的产品的材料。”(马克思、恩格斯,2009i)对于人向自然生成的态势,马克思这样指出:“整个自然界——首先作为人的直接的生活资料,其次作为人的生命活动的材料,对象和工具——变成人的无机的身体。”(马克思、恩格斯,2009j)人维持生命需要的“吃喝住穿以及其他一些东西”都源于自然界,因此,人靠自然界而生活。这充分表明,人是对象性的存在,人必须以自然界为对象来呈现自己生命的存在。如果没有自然界这个对象,人就会死亡,就不能存在。也正因为这样,自然界就为人的获取“吃喝住穿以及其他一些东西”的致富实践设定了自然条件。劳动与致富实践的自然条件相联系,是以自然界为对象的劳动。如果没有自然界这个对象,人的致富实践的劳动就不能存在。因此,马克思就这样深刻地指出:“人靠自然界生活。这就是说,自然界是人为了不致死亡而必须与之处于持续不断的交互作用过程的、人的身体。所谓人的肉体生活和精神生活同自然界相联系，不外是说自然界同自身相联系，因为人是自然界的一部分。”（马克思、恩格斯，2009j）这就充分说明，没有孤立于自然界之外的抽象的人，因此，“社会是人同自然界完成了的本质的统一”（马克思、恩格斯，2009b）。这样，马克思就深刻地揭示了人与自然、人与人是统一的不可分割的整体关系。正是在这种整体关系中，彰显了“天人合一”的整体性特征，以及天人之间相互依存的生存状态。因此，在这“天人合一”的两种态势中，人的利己首先要利自然，以满足自然的维护生态平衡的基本需要，在此前提下，自然就必然会利人，以满足人的需要，这样才能实现人与自然的和谐共生。由此可见，虽然会简要地说：“利益是需要的满足”，但这“需要的满足”，既不是孤立的“人”的“需要的满足”，也不是孤立的“天”的“需要的满足”，而是“天”与“人”交互作用的共同的“需要的满足”。也正因为这样，马克思在《神圣家族》中，在批判黑格尔“同人分离的自然”的哲学思想的同时，也批判了黑格尔“同自然分离的精神”（马克思、恩格斯，2009h）的哲学思想；马克思在《关于费尔巴哈的提纲》中，批判了费尔巴哈“撇开历史的进程，把宗教感情固定为独立的东西，并假定有一种抽象的——孤立的——人的个体”（马克思、恩格斯，2009k）的哲学思想。针对费尔巴哈这种假定的、抽象的、孤立的人，马克思还这样指出：“我们不是从思考出来的、设想出来的、想象出来的人出发，去理解有血有肉的人。我们的出发点是从事实际活动的人，而且从他们的现实生活过程中还可以描绘出这一生活过程在意识形态上的反射和反响的发展。”（马克思、恩格斯，2009l）依据以上的研究，笔者认为，“从事实际活动的人”是指在“第一个历史活动”中形成了的“自然的类关系”中的人，而从事“第一个历史活动”的是劳动人民。因此，“我们的出发点是从事实际活动的人”与“从思考出来的、设想出来的、想象出来的人出发”相对照，马克思就由此而非常明确地点明了自己的政治经济学研究的逻辑起点。由此可见，马克思的政治经济学研究的逻辑起点不仅与古典政治经济学研究的逻辑起点有明显的不同，而且还有自己的鲜明的根本立场。

以上的研究充分说明，马克思对客观性的认识，不是单纯从自然界出发，去寻找超人的抽象的客观性；马克思对主观性的认识，也不是单纯从人出发，去分析超自然的抽象的主观性；相反，马克思是从“双重关系”的生产出发，去建立自己的主客体交互作用的“天人合一”的科学的历史观。因此，马克思的科学的历史观，既不是“主客二分”也不是“天人对立”。正是在这种科学的历史观的指导下，马克思从生产的“双重关系”视域中，指出了在这种“自然的类关系”中的人，是与自然、与社会形成了有机联系的、有着整体关系的、全面发展的人，而不是“主客二分”“天人对立”的孤立的、抽象的、片面的人。因此，人应成为“天人合一”的人。

三、马克思从生产的“双重关系”视域中揭示的人的本质与人类命运共同体

关于人的本质的含义，马克思首先指出了本质的含义：“本质只能被理解为‘类’，理解为一种内在的、无声的、把许多个人自然地联系起来的普遍性。”(马克思、恩格斯，2009k)因此，只有在“自然的类关系”中的人，才具备人的本质。也就是说，“人类”蕴含了人的本质。正因为这样，马克思从生产的“双重关系”视野中就这样揭示出人的本质：“人的本质并不是单个人的抽象物，在其现实性上，它是社会关系的总和。”(马克思、恩格斯，2009k)然而，资本主义私有制却异化了人的本质。1843年，马克思写了《论犹太人问题》一文。文中针对资本主义所说的“自由是做任何不损害他人的事情的权利”时，马克思指出资本主义所说的自由，其实“是人作为孤立的、自我封闭的单子的自由”(马克思、恩格斯，2009m)。这样，资本主义所说的“自由这一人权不是建立在人与人相结合的基础上，而是相反，建立在人与人相分隔的基础上”(马克思、恩格斯，2009n)。而资本主义“自由这一人权的实际运用就是私有财产这一人权”(马克思、恩格斯，2009n)。因此，资本主义的这种“作为孤立的、自我封闭的单子的自由”人，是“把自然界的存在和人的存在抽象掉，设想一切都不存在，而自己却想存在的利己主义者”(马克思、恩格斯，2009g)。马克思深刻指出了这种“自己却想存在的利己主义者”，就是产生于资本主义私有制的“利己的人”(马克思、恩格斯，2009o)。由此可见，黑格尔、费尔巴哈所设想出来的孤立的、抽象的人，是资本主义私有制条件下的“利己的人”，而资本主义所说的自由，其实是“利己的人”的自由。黑格尔认为：“人的本质＝自我意识。”(马克思、恩格斯，2009p)马克思批判了黑格尔的这种错误思想，指出：“本身被抽象化和固定化的自我，是作为抽象的利己主义者的人，他被提升到自己的纯粹抽象、被提升到思维的利己主义。”(马克思、恩格斯，2009p)由此可知，黑格尔是把这种具有“自我意识”的、“抽象的利己主义者的人”，即资本主义私有制“利己的人”作为人的本质。而“费尔巴哈把宗教的本质归结于人的本质”(马克思、恩格斯，2009k)，对此，马克思批判道：“费尔巴哈没有看到，‘宗教感情’本身是社会的产物，而他所分析的抽象的个人，是属于一定的社会形式的。”(马克思、恩格斯，2009k)马克思的这段话告诉我们，在现实的生活中没有抽象的人；而费尔巴哈所分析的抽象的人，实际上是属于资本主义这一社会形式的。因此，费尔巴哈所假定的抽象的人，与黑格尔所想象出来的“自我意识”的人，其实都是资本主义私有制“利己的人”。这种“利己的人”，是资本主义条件下完全自私的利己主义者，是资本主义私有制倡导的利己核心价值观在理论上的反映，是资本主义经济运行状况的理论抽象，是资本主义生产过程中资本家

这种“人”的真实写照。由此可见,资本主义的生产过程,是资本主义“利己的人”的活动过程。在这个活动过程中,资本已是人格化了的“利己的人”,资本家已是“利己的人”的化身,资本家掌控的生产力已是“利己的人”的载体。这样,哲学视域中的“利己的人”,就转化成了经济领域中的“利己经济人”。由此我们可以更加清楚地知道,“利己经济人”的哲学基础和哲学蕴含,以及“利己的人”的经济面孔。正因为这样,马克思既批判了黑格尔、费尔巴哈所假定的孤立的、抽象的“利己的人”,也批判了斯密所假定的孤立的、抽象的“利己经济人”。马克思在《〈政治经济学批判〉导言》一文中,就这样明确指出:“被斯密和李嘉图当做出发点的单个的孤立的猎人和渔夫,属于 18 世纪的缺乏想象力的虚构。”(马克思、恩格斯,2009a)依据以上的研究,马克思所批判的斯密和李嘉图“虚构”的“出发点”——“单个的孤立的猎人和渔夫”,实际上也就是黑格尔和费尔巴哈“从思考出来的、设想出来的、想象出来的人出发”,从而“把自然界的存在和人的存在抽象掉,设想一切都不存在,而自己却想存在的利己主义者”(马克思、恩格斯,2009g)。因此,为了深入认识“利己经济人”,就必须回到马克思对“利己的人”的分析、批判和揭露。因为马克思的经济学之所以有丰富的思想性,是因为马克思的经济学与马克思的哲学是不能分割的辩证统一的整体。马克思也是由此而确立了自己的政治经济学研究的逻辑起点——“从事实际活动的人”。那么,“利己的人”在经济领域有着怎样的面孔呢?因为“利己的人”其实也是现实生活中有消费“吃喝住穿以及其他一些东西”的人,所以其活动的过程,必然从这样的两个方面展开:一方面是人与自然方面,另一方面是人与人方面。由于“利己的人”“是与自然界割裂了的孤立”的人,是“建立在人与人相分隔的基础上”的具有不受约束的无限度和无止境私欲的人,也就是资本主义“需要无限”的人,因此,“主客二分”“天人对立”是这种“利己的人”的哲学观念。这样,在“自我意识”的这种“主客二分”“天人对立”哲学观念的作用下,这种具有主客对立思维方式的“利己的人”,必然以自我为中心,把“己”视为主体,把“他”(包括自然界)视为客体,把“己”的价值视为是“己”对“他”的掠夺和征服,从而视各种先进的技术、权力、知识是掠夺“他”的技巧,进而必然产生“己”、“他”之间的利益对抗。这样,“利己的人”的创新,就不可能实现人与自然、人与人之间的协调、和谐和共同富裕。因此,这种“利己的人”的致富过程是:自己利益的实现过程成为损害他人利益的过程;这也就是:通过损害他人利益来实现自己利益。[①](卢根源,2016b)这样,在生产过程中,已是“利己的人”的化身的资本家,其操纵的资本的本性就必然是表现为无限度和无止境地榨取劳动者活劳动创造的剩余价值,而不是创造价值,资本主义的生产方式就必然是成为掠夺式的生产方式。这种掠夺也必然会从

① 笔者提出。

以下两个方面展开:在人与自然方面是资本掠夺自然资源,在人与人方面是资本剥削劳动者。这样,资本主义的生产关系就成了剥削和被剥削的关系。因此,“利己的人”就不可能实现人与自然、人与人之间的和谐共生。对此,马克思在《资本论》第一卷中这样指出:“资本主义农业的任何进步,都不仅是掠夺劳动者的技巧的进步,而且是掠夺土地的技巧的进步。因此,资本主义生产发展了社会生产过程的技术和结合,只是由于它同时破坏了一切财富的源泉——土地和工人”,这样就“破坏着人和土地之间的物质变换,也就是使人以衣食形式消费掉的土地的组成部分不能回到土地,从而破坏土地持久肥力的永恒的自然条件。这样,它同时就破坏城市工人的身体健康和农村工人的精神生活”。(马克思,2004b)我们知道,马克思揭示了劳动者的劳动和自然界的自然资源是财富源泉的两个不能缺少的要素,而资本主义生产技术的进步却成了掠夺技巧的进步,从而“破坏了一切财富的源泉——土地和工人”。这种“一切财富的源泉——土地和工人”,指的就是生产粮食的土地和生产粮食的劳动者,也就是财富源泉的两个要素。而掠夺自然资源,必然导致“资源有限”,也就是自然界的贫穷——“破坏土地持久肥力的永恒的自然条件”,指的就是掠夺自然资源必然导致“资源有限”,也就是自然界的贫穷;而掠夺劳动者,必然导致劳动者的贫穷。这样便必然会出现“资源有限与需要无限”的现象与矛盾。因此,马克思指出:资本主义私有制“利己的人”“在产生财富的那些关系中也产生贫困;在发展生产力的那些关系中也发展出一种压迫的力量”(马克思,2004c)。这样,马克思就由此而明确地指出了资本主义私有制“利己的人”无止境和无限度地榨取剩余价值的掠夺式生产方式所具有的效率,必然会导致与公平的分离,产生效率与公平的对立,从而出现“公平与效率高低反向变动”的现象;实际上,马克思也就由此而证明了私有制没有效率。私有制“利己的人”破坏了一切财富的源泉,私有制怎么会有效率呢?同理,私有制“在产生财富的那些关系中也产生贫困”,私有制怎么会有公平呢?这样,马克思也就由此而证明了私有制既无公平,也无效率。① 由此可见,真正的效率,不是“利己的人”的效率,而应是能与公平产生互促同向变动关系的“自然的类关系”中的能够实现整体性发展的整体性效率。另外,由财富源泉的两个要素可知,不管是劳动者的劳动还是自然界的自然资源,都是生产和再生产过程中的必要条件;而这两个必要条件的实质,是实现可持续致富——“生产物质生活本身”——的两个必要条件。因此,无论是劳动者的贫穷,还是自然界的贫穷,都会导致人和自然之间的物质变换循环的断裂——“使人以衣食形式消费掉的土地的组成部分不能回到土地”,指的是人和自然之间的物质变换循环的断裂,从而破坏经济运行的正常状态,进而导致人的生存发展的不可持续性。

① 由此可证明著名经济学家程恩富教授提出的马克思主义经济学公有制高绩效假设的正确性。

这样，马克思就由此而证明了“建立在人与人相分隔的基础上”的资本主义私有制“利己的人”的“自由”，不仅损害了自然界，而且损害了劳动者（“土地和工人”指的是“自然界和劳动者”；“破坏土地持久肥力的永恒的自然条件”，是指对自然界的损害；“它同时就破坏城市工人的身体健康和农村工人的精神生活”，是指对劳动者的损害），从而根本不可能实现“做任何不损害他人的事情的权利”，而是出现“牺牲一些人的利益来满足另一些人的需要的状况”，进而出现两极分化。这也就充分证明了，“利己的人”的利益实现过程是损害他人利益的过程。而这种通过损害他人利益来实现自己利益的过程，必然会破坏“双重关系”所具有的人与自然、人与人之间相互依存的生存状态，从而出现严重的生态危机。这样，马克思一方面再次从生态危机的视角证明了私有制的无效率，另一方面也证明了“利己的人”具有反生态的性质。马克思也就由此证明了孤立的、抽象的、片面的“利己的人”，其实是“非人”，不具备人的本质，从而也就证明了资本主义私有制是其制度原因。这样，马克思也就由此而证明了，资本主义的“政治解放一方面把人归结为市民社会的成员，归结为利己的、独立的个体，另一方面把人归结为公民，归结为法人”（马克思、恩格斯，2009q），其所说的“政治解放”，是虚伪的。而人的真正的解放，是必须从孤立的、抽象的、片面的“利己的人”中解放出来，以实现人的真正的本质。正因为这样，马克思就深刻地指出：“只有当现实的个人把抽象的公民复归于自身，成为类存在物的时候，只有当人认识到自身‘固有的力量’是社会的力量，人的解放才能完成。”（马克思、恩格斯，2009q）于是，马克思就由此而进一步深刻地指出了“解放”的真正含义：“任何解放都是使人的世界即各种关系回归于人自身。”（马克思、恩格斯，2009q）而消灭私有制，实现公有制是“各种关系回归于人自身”的制度条件。因此，以公有制为基础的共产主义是人的本质的实现，而公有制是实现人的本质的制度保障。也就是说，“共产主义是私有财产即人的自我异化的积极的扬弃，因而是通过人并且为了人而对人的本质的真正占有；因此，它是人向自身、向社会的即合乎人性的人的复归。它是人和自然之间、人和人之间的矛盾的真正解决”（马克思、恩格斯，2009r）。这样，“复归”了“合乎人性的人”的“生产将以所有的人富裕为目的”，从而“结束牺牲一些人的利益来满足另一些人的需要的状况”（马克思，恩格斯，1995a）。正因为这样，马克思预言：“代替那存在着阶级和阶级对立的资产阶级旧社会的，将是这样一个联合体，在那里，每个人的自由发展是一切人的自由发展的条件。”（马克思，恩格斯，1995b）马克思由此就深刻说明，“联合体”的自由，将是“建立在人与人相结合的基础上”，因此，将不再是资本主义“人作为孤立的、自我封闭的单子的自由”，也将不再是资本主义“建立在人与人相分隔的基础上”的自由，而是实现了人的本质的“自然的类关系”中的自由；“联合体”的人，是各种关系回归了人自身的、实现了社会关系总和的人。正因为这样，马克思指出了

“自由”的含义:“这个领域内的自由只能是:社会化的人,联合起来的生产者,将合理地调节他们和自然之间的物质变换。”(马克思,2004)

既然“利己的人”不具备人的本质,那么,怎样的人才具备人的本质呢?笔者认为,马克思从生产的“双重关系”视域中,预设了“利己利他的人”才具备人的本质。这种“利己利他的人”,也就是马克思确立的自己的政治经济学研究的逻辑起点——“从事实际活动的人”。这可从“任何解放都是使人的世界即各种关系回归于人自身”以及“它是人向自身、向社会的即合乎人性的人的复归”中得到证明。“各种关系回归于人自身”中的“回归于”说明,马克思是首先预设了人是“自然的类关系中”的人,即人是具有“天人合一”整体性特征的“双重关系”的人,这样“人的世界即各种关系”便集于人“自身”。然而,资本主义私有制“利己的人”却破坏了集于人“自身”的“各种关系”。这就充分证明,具有“天人对立”特征的“利己的人”是不合乎人性的人。因此,人的解放便必然是从孤立的、抽象的、片面的“利己的人”中解放出来,实现“各种关系回归于人自身”的全面发展的“利己利他的人”。而这种“利己利他的人”,是“向自身、向社会的即合乎人性的人的复归”。由此可见,“回归”“复归”这两个词,既说明了人的本来的“自然的类关系”的生存发展方式,又深刻地揭示了由“利己的人”向“利己利他的人”转化是人类社会发展的必然规律。也就是说,马克思对“利己利他的人”的预设,深刻地揭示了人类社会发展的必然规律。我们应该看到,马克思之所以对资本主义私有制“利己的人”进行批判,是因为他所经历的和所看到的是资本主义私有制“利己的人”所造成的危害和带来的罪恶导致的生存危机。因此,马克思思考的主题便必然是人的解放和人的全面发展,而关注的焦点也必然是现实的人的生存发展,其所进行的研究也便必然都是直接或间接为此主题服务的。马克思之所以从哲学层面批判资本主义私有制“利己的人”不具备人的本质,从经济学层面证明资本主义私有制“利己的人”并不具备人的本质,都是因为他要由此而揭示人的本来的“自然的类关系”的生存发展方式,以及人类社会发展的必然规律是“回归”“复归”人的本来的“自然的类关系”的生存发展方式,而共产主义公有制“利己利他的人”才能实现这种生存发展方式。然而,由此我们还应该看到,马克思并未经历和看到他所预言的“自由人的联合体”。因此,联合体中的自由人(即“利己利他的人”)——“每个人的自由发展是一切人的自由发展的条件”,是他依据唯物史观和唯物辩证法的方法论,针对资本主义自由人(即“利己的人”)——“把自然界的存在和人的存在抽象掉,设想一切都不存在,而自己却想存在的利己主义者”——通过逻辑论证而提出的。这样,从马克思的视角来说,利己利他的人便是假设,以及这种假设蕴含了人类社会发展的必然规律和马克思主义基本原理的精髓;而这种假设,需要未来的社会主义国家,依据本国的国情去实践。同理,“回归”“复归”了人的本质的“自然的类关系”中的利己利他的人所具有的新的活劳动创造价值、资源与需要双约束、公平与效率互促同向变动、公有制高绩效，从马克思的视角来说，也是假设，同样需要未来的社会主义国家，依据本国的国情去实践。也就是说，利己利他的人在“生产物质生活本身”的过程中，必然实现新的活劳动创造价值假设、资源与需要双约束假设、公平与效率互促同向变动假设、公有制高绩效假设及其有机联系。为此，笔者需要特别指出的是，在“新的活劳动创造价值假设”中，“劳动者的活劳动创造价值”中的劳动者，是指实现了人的本质的利己利他的人。这样，利己利他经济人假设与新的活劳动创造价值假设便有必然的联系。由此我们可以深刻地认识到，马克思“双重关系”视域中的五大理论假设，不仅是正确的，而且是互相关联的理论体系。与此同时，也可深刻地认识到，面对人的解放和人的全面发展这样的主题，马克思是在追问：人本来是怎么样的人，然后回答：人应成为怎么样的人和怎样成为这样的人。因为这样才能保证生产力发展的正确方向，以及和谐的生产关系，从而实现生产关系适应生产力发展的状况。当然，我们需要注意到，马克思并未提出“利己利他的人”。“利己利他的人”是针对“利己的人”而提出的。[①] 既然不具备人的本质的具有主观对立思维方式的“天人对立”的人是“利己的人”，那么，依据唯物辩证法的方法论，表达具备了人的本质的具有整体性思维方式的“天人合一”的人就是“利己利他的人”。怎样来理解“利己利他的人”呢？第一，“利己利他的人”中的“己”“他”，都是代词，分别代表“双重关系”揭示的人与自然、人与人关系中的任何一方。例如，当“己”“他”是人与自然关系中的“己”“他”时，“己”代表“人”时，“他”就代表“自然”；“他”代表“人”时，“己”就代表“自然”。因此，“己”“他”既是相对的又是变动的，也是合一的。“己”“他”的这种相互依存关系，在“自然的类关系”中彰显了“天人合一”的整体性特征，及其“自然向人生成”“人向自然生成”的两种态势。第二，“利己利他的人”的利益是由社会决定的。由于“利己利他的人”中的人，是“双重关系”中的人，这样在“天人合一”的哲学观念作用下，“己”“他”的利益必然处在相互依存的社会关系中。也就是说，在“己”“他”交互作用的两种态势中，“己”既要利己，也要利他；其辩证关系是：利他是利己之根。这样，“己”的“利己”，必然会与“利他”相互依存。因此，利益就不是单纯的“己”的利益，也不是单纯的“他”的利益，而是由社会决定的既是利己又是利他的辩证关系统一体。正因为这样，马克思指出：“私人利益本身已经是社会所决定的利益，而且只有在社会所设定的条件下并使用社会所提供的手段，才能达到。”（马克思、恩格斯，2009b）。第三，“利己利他的人”遵循相互利益最大化原则。“利己”与“利他”的相互依存，表现为：自己利益的实现过程成为实现他人利益的过程；换个

① 著名经济学家程恩富教授提出了马克思主义经济学利己利他经济人假设，利己利他的人假设也就是利己利他经济人假设。由此可证明马克思主义经济学利己利他经济人假设的正确性。

角度讲，也就是：通过实现他人利益来实现自己利益（卢根源，2016c）。这种过程说明，富裕不仅是“己”富裕，同时也是“他”富裕，是“己”和“他”的共同富裕。这样，“利”，既不是孤立的“己”的自身利益最大化，也不是孤立的“他”的自身利益最大化，而是社会所决定的“己”和“他”的相互利益最大化。因此，“自己利益的实现过程成为实现他人利益的过程”的致富路径，蕴含了共同富裕的致富目标和相互利益最大化的致富原则，是路径、目标和原则的统一。这种统一，也就是“义”与“利”的辩证统一。这是因为虽然“己”和“ 他”是相对而言的，在不同的条件下“己”和“他”的内涵是不同的，但是，不管是“己”还是“他”，都是“通过实现他人利益来实现自己利益”。这样，“实现他人利益”就成了“己”和“他”的“义”。而“利己的人”既掠夺自然资源又剥削劳动者（这两个方面可概括为损害他人利益），这就是通过损害他人利益来实现自己利益，其所奉承的是自身利益最大化原则，从而导致“义”与“利”的分离和“利己”与“利他”的分离。这也充分说明，“自己利益的实现过程成为实现他人利益的过程”是义与利的辩证统一。第四，“利己利他的人”才能构建人类命运共同体。“利己利他的人”遵循相互利益最大化原则，这样必然是在整体性的致富过程中，每一个“己”的致富，都与“他”的致富紧密相连，从而出现“己”带“他”、“他”带“己”的良性运行的相互依存状态。这样，“自己利益的实现过程成为实现他人利益的过程”所形成的物质变换循环的共同富裕，便运行于人与自然、人与人的相互依存的生存状态中。而在这种“自然的类关系”相互依存的生存状态中，必然会形成人与自然的生命共同体和人与人的命运共同体。而生命共同体和命运共同体必然构成人类命运共同体。世界是个整体，国家是世界的组成部分。这样，人与自然之间的关系和人与人之间的关系在世界的视野中，就必然转化为国家与自然之间的关系和国家与国家之间的关系。而这些关系，也应是“自然的类关系”。这就充分说明，世界是各种关系总和的世界，世界各国人民在这样的各种关系中。这样，各种关系必然会决定世界各国人民的共同利益。因此，世界的发展应是整体性发展，世界在本质上是人类命运共同体。因此，在“一带一路”的国际合作中，国家与国家之间的利益实现必然是：自己利益的实现过程成为实现他人利益的过程，或者说是通过实现他人利益来实现自己利益。这也就是合作、互利、共赢、共享。这样的利益实现过程，必然会促进经济全球化的健康发展和构建人类命运共同体。正因为这样，习近平总书记指出：当今世界“要相互尊重、平等协商，坚决摒弃冷战思维和强权政治，走对话而不对抗、结伴而不结盟的国与国交往新路”（习近平，2017c）。而在这样的国与国交往新路中，“中国绝不会以牺牲别国利益为代价来发展自己，也绝不放弃自己的正当权益，任何人不要幻想让中国吞下损害自身利益的苦果”（习近平，2017c）。这样就充分揭示了国与国交往的新路，应遵循相互利益最大化原则。正因为这样，习近平总书记指出：“必须统筹国内国际两个大局，始终不渝走和平发展道路、奉行互利共赢的开放战略，坚持正确义利观。”(习近平，2017d)为此，习近平总书记向世界发出呼吁：“各国人民同心协力，构建人类命运共同体，建设持久和平、普遍安全、共同繁荣、开放包容、清洁美丽的世界。”(习近平，2017c)由此可见，习近平总书记提出的构建人类命运共同体的思想，是为人类社会发展规律指明了前进方向，有人的本质的深刻理论蕴含，是对马克思人类命运共同体思想的继承和发展，是对当今世界发展大势的科学把握。因此，构建人类命运共同体符合各国人民对美好生活追求的愿望，符合各国人民的共同利益。正因为这样，世界各国人民应学习习近平新时代中国特色社会主义思想，积极响应习近平总书记关于构建人类命运共同体的号召和呼吁，弘扬“天人合一”的哲学观念，成为利己利他的人，为构建人类命运共同体做出贡献！

四、深化马克思主义经济学五大理论假设的研究，构建中国特色社会主义政治经济学理论体系

马克思主义经济学五大理论假设，是我国著名马克思主义经济学家程恩富教授提出的。由本文以上的研究可知，马克思主义经济学五大理论假设是对马克思主义经济学的科学揭示。本文以上通过马克思的视域，在人的本质与人类命运共同体的视野中，研究了马克思主义经济学五大理论假设的相互联系和正确性，特别是指出了这种相互联系和正确性，未来的社会主义国家通过科学社会主义的实践，必然会得到证明。也就是说，未来的社会主义国家需要通过马克思主义经济学五大理论假设的实践，来实现人的本质和构建人类命运共同体。我国是以马克思主义为指导的社会主义国家，中国共产党领导中国人民建设中国特色社会主义。这种性质的中国特色社会主义伟大实践，本身就已经说明，马克思主义经济学五大理论假设在中国这样的社会主义国家，通过科学社会主义的实践已经不断得到证明其相互联系和正确性。因此，中国特色社会主义实践过程，是不断证明马克思主义经济学五大理论假设相互联系和正确性的过程，也是不断实现人的本质与构建人类命运共同体的过程。中国特色社会主义政治经济学，就是在这样的实践的基础上而构建的理论体系。正因为这样，程恩富教授在《中国特色社会主义政治经济学理论基础性研究不容忽视》一文中指出：“马克思主义经济学的五大理论假设，包括新的活劳动创造价值假设、利己利他经济人假设、资源与需要双约束假设、公平与效率互促同向变动假设、公有制高绩效假设，都坚持了马克思主义基本原理的精髓，同时可以为当代中国经济发展做出科学的诠释。”(程恩富、侯为民，2017)由本文已有的研究可知，人与自然和谐共生的“绿色”理念，是“天人合一”的人的理念，也就是利己利他经济人的理念；而利己利他经济人的“创新”，

才能实现人与自然、人与人之间的“协调”和“共享”，这样在“开放”的战略中，必然统筹国内国际两个大局，构建人类命运共同体。因此，创新、协调、绿色、开放、共享的新发展理念，是有机联系的整体，是利已利他经济人的理念。这样，具有“天人合一”整体性特征的利已利他经济人才能实现经济建设、政治建设、文化建设、社会建设、生态文明建设的“五位一体”。因此，以新发展理念为价值灵魂的“五位一体”深刻说明，发展应是“五位一体”的整体性发展，效率应是“五位一体”的整体性效率，而公有制才能实现“五位一体”的整体性发展和“五位一体”的整体性效率，由此可见公有制的高绩效；而在这样的整体性中，必然实现资源与需要的双约束、公平与效率的互促同向变动，以及劳动人民的主体地位。由此可见，马克思主义经济学五大理论假设，有习近平新时代中国特色社会主义思想的思想内涵。因此，“五位一体”总体布局的谋划，创新、协调、绿色、开放、共享新发展理念的贯彻，人类命运共同体的构建，以人民为中心发展思想的提出，都证明了马克思主义经济学五大理论假设的正确性。

在十九大报告中，习近平总书记发出了“深化马克思主义理论研究”的号召(习近平，2017e)。而深化马克思主义经济学理论研究，是深化马克思主义理论研究的重要组成部分。既然马克思主义经济学五大理论假设，是对马克思主义经济学的科学揭示，那么就必须深化马克思主义经济学五大理论假设的研究。笔者正是基于这一认识，尝试了本文的研究。由本文的研究已知，马克思主义经济学五大理论假设有“天人合一”的整体性特征，而正是在这“天人合一”的整体性特征的视域中，能让我们认识到马克思主义经济学五大理论假设的有机联系及其正确性。对此，笔者也必然会深入思考。马克思主义经济学五大理论假设为什么会有“天人合一”的整体性特征？马克思主义经济学五大理论假设有“天人合一”的整体性特征能进一步说明什么？钱穆先生是我国著名国学大师，他说：“西方人喜欢把天与人分离开来讲。换句话说，他们是离开了人来讲天。中国人是把天与人合起来看。”(钱穆，1991)季羡林先生是我国另一位著名国学大师，他也说：“东方哲学思想的基本点是‘天人合一’。天就是大自然，而人就是人类。‘天人合一’就是人与大自然的合一。”(季羡林，1993)杨金海先生是我国著名学者，他指出：“西方传统辩证法的核心是二元论，即主客对立；中国辩证法的核心是《易经》中的阴阳概念，二者的关系不是对立的，而是互为前提、不可分离的。”(杨金海，2008)正因为这样，我国著名学者方克立先生明确指出：“‘天人合一’与‘主客二分’‘天人对立’是中西哲学观念的基本差别之一，这已是学术界的共识。而‘天人合一’是中国哲学的最高生态智慧。”(方克立，2003)据此，通过“天人合一”的视角可知，马克思主义经济学五大理论假设与以《易经》为源的中华优秀传统文化有明显的关联。我国是以马克思主义为指导的社会主义国家，但同时我们还必须清醒地认识到我国是有以《易经》为源的五千多年光辉灿烂文化的国家。中国共产党是在这样的国家领导中国人民建设有中国特色的社会主义，因此，必须高度重视马克思主义经济学五大理论假设与以《易经》为源的中华优秀传统文化关联的研究。这是深化马克思主义经济学五大理论假设研究的重要内容。这些研究也能深刻说明，以马克思主义为指导的“中国共产党从成立之日起，既是中国先进文化的积极引领者和践行者，又是中华优秀传统文化的忠实传承者和弘扬者”(习近平，2017f)。

笔者需要特别提出的是，考古发现，希腊出土的 3 200 年前的陶盆，刻有很多古希腊人物和《易经》符合，并用我国殷代文字刻有“连山八卦图，中国之历数，在遥远之东方”(杨宏声，1993)，这证明《易经》3 200 年前已传入西方。有文献记载的，《易经》在西方的传播过程，有以下的重要事件：1626 年法国传教士金尼阁出版了翻译成拉丁文的《易经》。1710 年，法国传教士白晋完成《易学宗旨》的撰写，引起西方学界包括德国科学家和思想家莱布尼茨的关注。正因为有莱布尼茨对《易经》的研究，《易经》又进一步引起西方社会的重视和研究的热潮(蔡尚思，2008)。1716 年，莱布尼茨通过对《易经》的研究，完成了《论中国人的自然神学》的撰写(乔清举，2014)。另外，众所周知，莱布尼茨在研究《易经》的过程中，也受《易经》的启发，发明了二进制。《易经》是中国哲学之源。正是由于对《易经》的研究，引起了西方对中国哲学的关注。1721 年 7 月 21 日，中国哲学进入德国大学课堂。这天，德国思想家沃尔夫发表了《中国人的实践哲学》的演讲(乔清举，2014)。1816 年起，黑格尔在大学讲授《哲学史讲演录》，其中郑重讲到了《易经》。他认为，《易经》研究的是宇宙间最根本的原理和原则，它“包含着中国人的智慧”，既是中国文字的基础，也是中国哲学的基础，因此，具有绝对的权威(此外，黑格尔还讲了孔子的道德哲学和老子哲学。笔者注：黑格尔是马克思的哲学老师)(黑格尔，1978)。黑格尔在研读和讲授《易经》的过程中，也深受《易经》的启发，并在自传中承认他整个辩证法体系的逻辑结构，也就是正题(肯定)、反题(否定)、全题(否定之否定)，得自《易经》阴阳消长规律的启发而建立起来的(贺华章，2009)。笔者认为，以上《易经》西传的时间，特别是以《易经》为源的中国哲学进入德国大学课程，黑格尔不仅讲授《易经》，而且盛赞《易经》，尤其是他受《易经》的启发创立了整个辩证法体系的逻辑结构，以及黑格尔是马克思的哲学老师，都不能不引起学术界的高度重视和重大理论创新的思考。

然而，笔者认为，还必须注意到，虽然黑格尔自己承认他所创立的整个辩证法体系的逻辑结构，受到《易经》的启发，但黑格尔所创立的整个辩证法体系的逻辑结构的思维方式却仍然是西方哲学主客对立的思维方式。乔清举教授指出：“在近代欧洲词汇中，‘文明’的含义是狭窄的，往往指西方近代及其根源古希腊文明，其他民族则被视为蒙昧甚至野蛮。与‘文明’概念不同，近代欧洲主客体概念的含义却是十分广泛的，不限于人与自然，也扩展到国际关系。

‘文明’即是主体性,‘文明世界’具有主体资格;反之则是‘客体’。近代西方将哲学上的主客对立,主体征服客体的主张扩展到国际关系上,借贸易自由之名,对落后国家实行征服和殖民。”(乔清举,2014c)由此可知,西方哲学主客对立的思维方式,在人与自然之间则表现为“天人对立”,在人与人之间则表现为“人与人对立”,在国家与国家之间则表现为“国家与国家对立”。由此可见,马克思批判的“利己的人”“ 主客二分”的思维方式,即主客对立的思维方式,是“根源古希腊文明”,马克思批判的“利己的人”的罪恶,是近代欧洲“文明” 的罪恶。在当代,西方哲学主客对立的思维方式,在国家与国家之间则表现为冷战思维和强权政治。也正因为这样,习近平总书记指出:国与国之间“要相互尊重、平等协商,坚决摒弃冷战思维和强权政治,走对话而不对抗、结伴而不结盟的国与国交往新路”(习近平,2017g)。而西方经济学是以主客对立为哲学基础,以利己经济人为研究的逻辑起点而构建起来的理论体系。因此,以主客对立为思维方式的利己经济人不能构建人类命运共同体,这同时也深刻说明,西方文明不能引领世界文明的前进方向。而建立在批判这样的西方哲学和西方经济学基础上的具有中华文化“天人合一”整体性特征蕴含的马克思主义经济学五大理论假设,不仅能为构建人类命运共同体提供强有力的学理支撑,而且昭示了实现人类文明的前进方向,并由此而指引中国人民不能走资本主义邪路,应坚定走中国特色社会主义道路。为此,在实现人的本质和构建人类命运共同体的过程中,中华民族会感到无比的自尊和自豪,坚定中国特色社会主义的道路自信、理论自信、制度自信和文化自信也就有了中华民族自己的根基。

中华民族为什么会为此而感到无比的自尊和自豪呢?那是因为,《易经》是中华民族文明的源头,阴阳学说是《易经》的核心内容。因此,《易经》是以阴阳学说为基础而建立的治国富民的理论体系。何谓阴阳?“中国先哲,信奉一条至为著名的关于大自然生命发展的思维原则——孤阳不生,孤阴不长。也就是说,大自然万物的诞生与成长,是建立在阴阳两种力量交互作用的基点上。”(张善文,2008)这样,自然、人类社会虽然奇妙复杂、变化无穷,而阴阳却是其构成的基本元素。而阴阳两种力量的交互作用表现为:阴阳两者相互依存、相互转化;阴中有阳,阳中有阴,阴生阳,阳生阴,阴阳永远作为一个生命的整体而存在。因此,阴阳两种力量的交互作用是在统一的整体中的交互作用。如果阴阳分离,就意味着生命的死亡和整体的瓦解。为此,阴阳理论有这样的特征:一是阴阳是相对的。有相对才有阴阳,不是绝对地说这个肯定是阳,那个肯定是阴。二是阴阳是变动的。阴阳正是变动的,阴阳才是相对的。三是阴阳是合一的。阴阳虽是变动的,但阴阳是不可分割的,它们形成统一的生命整体。由此可知,“天人合一”是《易经》阴阳理论在人与自然关系中的具体运用,具有阴阳理论特征的内涵。这样,“天人合一”就成了《易经》的核心思想,其蕴含着的中华民族的初心，是人之为人就应该成为“天人合一”的利己利他经济人，以实现人与自然的和谐相处，达到“天人合一”的最高生态境界。中华民族的这种“天人合一”的初心，彰显了中华民族对理想社会的追求和对美好生活的向往。而再由此而深入探究，马克思的唯物史观和唯物辩证法蕴含着《易经》阴阳理论特征的内涵，而唯物史观和唯物辩证法，是马克思主义经济学理论的基础和思想前提。马克思揭示的“生产的双重关系”“自然的类关系”“人的本质”“物质变换的循环”“自由人的联合体”——每一个人的自由发展是其他一切人的自由发展的条件——都展示着《易经》阴阳理论的思想精华。为此，我们需要深刻认识到，马克思是运用蕴含着中国辩证法核心思想的“天人合一”的哲理，批判资本主义“天人对立”的利己经济人，揭露资本主义的罪行，从生产力与生产关系的基本矛盾运动中，发现资本主义必然灭亡，社会主义必然胜利的历史发展规律，深刻告诉我们，人之为人应该认识自己的本质，成为利己利他经济人。因此，马克思主义经济学五大理论假设蕴含了《易经》的阴阳理论，而阴阳是《易经》的核心思想，是中华文化的核心，是中华文化最深厚的历史底蕴，是中华文化最根本的特色，是中华文化的根基。正因为这样，马克思主义经济学五大理论假设具有中华文化的特色和中华文化的根基，因而具有中国特色。因此，在《易经》阴阳理论的视域中，利己与利他、资源与需要、公平与效率都是相互依存、互为前提的不可分离的阴阳关系，因此，必然会有揭示这种规律的利己利他经济人假设、资源与需要双约束假设、公平与效率互促同向变动假设，而新的活劳动创造价值假设和公有制高绩效假设是在这样的阴阳合一的整体关系中的必然反映。然而，西方学者福斯特却认为，古希腊伊壁鸠鲁哲学是马克思生态哲学的思想基础，并认为伊壁鸠鲁哲学帮助马克思超越了黑格尔的唯心辩证法(胡莹，2013a)。此外，福斯特还认为，马克思的生态哲学思想也源于费尔巴哈(胡莹，2013b)。我们知道，古希腊伊壁鸠鲁哲学是西方哲学的源头之一，也是西方文明的源头之一。由以上研究已经知道，西方哲学主客对立的思维方式必然导致的“天人对立”的哲学思想，是源于古希腊的哲学思想；马克思运用“天人合一”的整体性思维方式批判了费尔巴哈“天人对立”的哲学思想；而只有在“天人合一”的整体性思维方式中，才能科学地提出马克思主义经济学五大理论假设。试想，马克思批判的由主客对立的思维方式产生的“天人对立”的哲学思想，怎么会成为马克思由整体性思维方式产生的“天人合一”的哲学思想的理论来源呢？(卢根源，2016)这个问题再具体一点就是：马克思批判的具有种种罪恶的“利己的人”会成为马克思预设的希望成为的“利己利他的人”的理论来源吗？因此，我们不能跟着说和照着说，必须明辨其意图。笔者认为，其意图有二：一是美化西方哲学，由此而说明西方哲学在经济全球化过程中对于治理全球性问题所具有的理论指导意义，以及西方给全球带来的文明，从而鼓吹西方中心论，推行冷战思维和强权政治;二是通过把西方哲学塞入马克思的哲学思想中,让以马克思主义为指导的社会主义国家特别是中国,误入用西方哲学来诠释马克思主义经济学的企图,从而把这些国家特别是中国的思想意识不知不觉地被西移,进而为西方经济学中国化打开思想上缺口。因此,福斯特的意图不能不引起我们的高度警觉。为了挫败其意图,在中国日益走近世界舞台中央的新时代,我们必须高度重视中华文明的源头《易经》与马克思主义经济学关联的研究,使马克思主义经济学"以国学为根"落实到位,并由此而掌握深化马克思主义经济学理论研究的领导权和话语权,以引领世界文明朝着正确的方向发展,实现人的本质,构建人类命运共同体。为此,中国的马克思主义者特别是马克思主义经济学家,需要高度重视和深刻认识以主客对立为哲学基础的以利己经济人为研究的逻辑起点而构建起来的西方经济学理论体系,特别是其中的私有化产权理论,不符合以《易经》为源的中华文化的内在要求,不符合中华民族的思想意识,因此,不符合中国的国情,也不符合构建人类命运共同体所蕴含的世界文明的发展方向。而以蕴含着《易经》阴阳理论内涵的马克思主义经济学五大理论假设构建起来的中国特色社会主义政治经济学理论体系,有以《易经》为源的中华文化的根基,符合以《易经》为源的中华文化的内在要求,符合中华民族的思想意识,因此,符合中国的国情,也符合构建人类命运共同体所蕴含的世界文明的发展方向,并具有这样的基础理论指导功能。这也为在中国从根基上坚定马克思主义经济学五大理论假设提供了强有力的学理支撑。这也深刻说明,以马克思主义经济学五大理论假设构建起来的中国特色社会主义政治经济学理论体系,有马克思主义经济学、习近平新时代中国特色社会主义思想和以《易经》为源的中华优秀传统文化的思想内涵。这也是新时代人的本质应有的思想内涵。

以上的认识有重大的现实意义,而通过长春长生假疫苗事件可以帮助我们对此的认识。长春长生原是一家有着优秀盈利能力的国有企业,在是国有企业期间从未生产过假疫苗。然而,这样一家优秀的国有企业,却在2003年12月以改革为名贱卖,成了一家私人控股的民营企业。因此,长春长生假疫苗事件再次充分有力地证明了私有制必然会使人变为不具备人的本质的利己经济人,必然会引发人心向恶,知识、技术、权力必然会成为利己经济人谋财害命的手段和技巧,这样利己经济人主客对立的思维方式必然会出现在生产过程中,表现为利己经济人自己利益的实现过程成为损害人民群众利益的过程。这种利己经济人的效率,就从根本上决定了私有制低效率,甚至无效率。这也就从反面再次充分有力地证明了公有制高绩效假设的正确性,以及公有制是树立新发展理念、坚持以人民为中心、实现"五位一体"总体布局的前提。这也再次充分有力地昭示了公有制是实现人的本质的制度保障,因此,公有制才能引领世界文明朝着正确的方向发展。在世界的视野中,中国是世界的重要组成部分，是构建人类命运共同体的重要一员。因此，在中国的视域中，我们应该认识到，中国本身是人类命运共同体，我们应该把中国自己的人类命运共同体构建好。中国现在处在社会主义初级阶段，而在这样的初级阶段出现的像长春长生“公”改“私”后出现的假疫苗事件，深刻说明中国特色社会主义必须向更高阶段升级，人类社会发展的必然规律决定了初级阶段必然会被更高的中级阶段所代替，中级阶段必然会被高级阶段所代替。这是中国把自己的人类命运共同体构建好的必然规律。因此，为了顺应人类社会发展的必然规律，新时代必须做强做大做优国有企业，以及在新时代实施乡村振兴战略中必须发展壮大农村集体经济。这是实施乡村振兴战略视野中加强意识形态建设的经济制度保障，并以此而昭示着乡村振兴战略中的人应是具有马克思主义经济学、习近平新时代中国特色社会主义思想和以《易经》为源的中华优秀传统文化思想内涵的利己利他经济人。这也是乡村振兴战略视野中加强意识形态建设的基本内容。这就充分说明，以蕴含着《易经》阴阳理论内涵的马克思主义经济学五大理论假设构建起来的中国特色社会主义政治经济学理论体系，不仅要充分说明改革开放以来中国经济在马克思主义经济学指导下取得的巨大成就，而且要特别指出由于西方经济学的误导，特别是蕴含着利己经济人主客对立的思维方式的私有化产权理论对“公”改“私”的误导所出现的各种严重问题，如两极分化、生态危机，各种假冒伪劣产品盛行、人心向恶、诈骗成风，从而为全面深化改革明确方向，为中国经济发展提供指导意见。这也是在世界视野中，为世界文明的发展，为实现人的本质，为构建人类命运共同体提供中国方案，贡献中国智慧。这样，也就把既弘扬以《易经》为源的中华优秀传统文化又巩固马克思主义经济学的指导地位落实到了实处。

参考文献

[1]程恩富，2001，新的活劳动价值一元论——劳动价值论的当代拓展，《当代经济研究》，第 11 期，第 18 页。

[2]程恩富，2007，现代马克思主义政治经济学的四大理论假设，《中国社会科学》，第 1 期，第 17 页。

[3]程恩富、侯为民，2017，中国特色社会主义政治经济学理论基础性研究不容忽视，《人民论坛》，第 3 期，第 28 页。

[4]蔡尚思，2008，《中华易学大辞典》下册，上海：上海古籍出版社，第 839 页。

[5]方克立，2003，“天人合一”与中国古代的生态智慧，《社会科学战线》，第 4 期，第 208 页。

[6]胡莹，2013，《福斯特生态学马克思主义思想研究》，哈尔滨：黑龙江大学出版社，第 39 页 a、第 45 页 b。

[6]黑格尔，1978，《哲学史讲演录》，上海：商务印书馆，第 130 页。

[6]贺华章，2009，《周易大全·自序》，天津：天津科技翻译出版公司，第 4 页。

[7]季羡林,1993,“天人合一”方能拯救人类,《东方》第1期,第36页。

[8]卢根源,2016,马克思主义经济学利己和利他经济人假设的证明及其现实意义,《海派经济学》,第3期,第12页a、第5页b、第5页c。

[9]马克思、恩格斯,2009,《马克思恩格斯文集》第1卷,北京:人民出版社,第531页a、第187页b、第724页c、第532页d、第184页e、第220页f、第196页g、第342页h、第158页i、第161页j、第501页k、第525页l、第40页m、第41页n、第45页o、第207页p、第46页q、第185页r。

[10]马克思、恩格斯,1995,《马克思恩格斯文集》第1卷,北京:人民出版社,第243页a、第294页b。

[11]马克思、恩格斯,1995,《马克思恩格斯选集》第3卷,北京:人民出版社,第298页。

[12]马克思、恩格斯,2002,《马克思恩格斯全集》第3卷,北京:人民出版社,第514页。

[13]马克思、恩格斯,2009,《马克思恩格斯文集》第8卷,北京:人民出版社,第5页a、第50页b。

[14]马克思、恩格斯,2002,《马克思恩格斯全集》第30卷,北京:人民出版社,第221页。

[15]马克思,2004,《资本论》第1卷,北京:人民出版社,第207—208页a、第579—580页b、第708页c。

[16]马克思,2004,《资本论》第3卷,北京:人民出版社,第928页。

[17]钱穆,1991,中国文化对人类未来可有的贡献,《中国文化》,第4期,第93页。

[18]乔清举,2014,中国哲学研究反思:超越“以西释中”,《中国社会科学》,第11期,第44页a、第44页b、第47页c。

[19]杨金海,2008,马克思主义中国化研究的新视野——读《中国辩证法:从〈易经〉到马克思主义》,《马克思主义与现实》,第4期,第17页。

[20]习近平,2017,《决胜全面建成小康社会 夺取新时代中国特色社会主义伟大胜利——在中国共产党第十九次全国代表大会上的报告》,北京:人民出版社,第57页a、第60页b、第59页c、第25页d、第41页e、第44页f、第59页g。

[21]张善文,2008,《周易:玄妙的天书》,上海:上海古籍出版社,第9页。

[22]杨宏声,1993,易学西传探微,《上海社会科学院学术季刊》,第3期,第104页。

[23]卢根源,2016,《易经》是马克思主义生态思想的理论来源研究论纲,《河北经贸大学学报》,第5期,第35页。

The Essence of Human Nature and Human Destiny
—On the Theoretical System of Political Economy of Socialism with Chinese Characteristics

Lu Genyuan

Abstract From the perspective of the “dual relationship” in production, Marx profoundly presupposes that the self-interested and profitable economic talents with the integral nature of "Heaven and Man" conform to the essence of human beings, and thus reveals the economy of self-interest. The transformation of people into self-interested and profitable economic people is an inevitable law of the development of human society. This fully proves the interrelationship between the Marxist economics self-interested economic man hypothesis, the new living labor creation value hypothesis, the resource and demand double constraint hypothesis, the fairness and efficiency mutual promotion hypothesis, and the public ownership high performance hypothesis. The new development concept is the idea of self—interested economic people. The "One Belt, One Road" international development strategy, which contains the principle of mutual benefit maximization followed by the self-interested economics, will inevitably promote the healthy development of economic globalization and build a community of human destiny. These studies will inevitably provide a foundation for the construction of the theoretical system of socialist political economy with Chinese characteristics and the ideological construction in the rural revitalization strategy.

Key words Human Nature Human Destiny Community Five Theoretical Hypotheses of Marxist Economics Socialist Political Economy with Chinese Characteristics Mutual Benefit Maximization Principle

马克思哲学和政治经济学"价值"范畴的"异""同"辩识

贺汉魂

内容提要　"价值"在马克思哲学和政治经济学中有着不同的概念界定、意义指向和功能定位,造成了人们理解上的障碍和误读。以学科知识体系不同来解答马克思两种价值之"异"并不科学,也没有真正解决人们心中的疑问。"回到马克思"对马克思两种"价值"的"异""同"做进一步的辩识,可以发现马克思两种"价值"的内涵虽然明显不同,实质却并无差异,思维逻辑一致,由此可以体悟到马克思提出政治经济学价值范畴的良苦用心与科学性所在。

关键词　马克思　哲学　政治经济学　价值
中图分类号　B0－0,F045.31

"价值"在马克思主义哲学中指客体对主体需要的满足或意义,在马克思政治经济学中是指凝结在商品中的人类一般劳动。两种不同的"价值"存在于同一个思想家那里且内涵殊异,学界有义务科学分析和解答之。一种较为流行的解答是:经济学与哲学话语系统不同,"价值"理应有不同的表述;在马克思理论体系中本来就有两个实质根本不同,逻辑也不一致的"价值",不必大惊小怪。问题是,此论断即便成立,严谨的科学研究也要求我们进一步追问如果两种"价值"是同一范畴在不同学科的不同表述,那就得分析两种表述的差异为何如此之大,如果是马克思主义理论体系中本来就有不同的"价值",那就得进而分析这种情况何以不会损害马克思主义理论体系的整体性、严密性。可见,"革命尚未成功",对马克思两种"价值"的"异""同"还得做进一步的辩识,由此才能体悟马克思提出政治经济学价值范畴的良苦用心与科学性所在。

一、马克思两种"价值"的内涵的确不同

理解马克思哲学和政治经济学中的价值范畴,"回到马克思",从马克思

收稿日期:2018－10－10

作者简介:贺汉魂(1969－),湖南第一师范学院教授,湖南省"社会主义道德建设协同中心"特约研究员,主要研究方向为政治经济学、经济伦理思想。

基金项目:本文系国家社会科学一般项目"马克思增进人民幸福的财富伦理思想研究"(17ZX109)的阶段性研究成果,受湖南省重点思想政治理论课教学科研机构资助。

“实际的表述”发现马克思“表述的实质”是重要且有效的途径。但是“回到马克思”却可以发现马克思两种“价值”的具体内涵的确有重大且明显的区别。作为马克思哲学的范畴，价值一般理解为客体以自身属性满足主体需要的效益关系，基本内容包括两个方面：一是客体的性质、状况，这是价值的客观性；二是主体的需要，这是价值的主观性（陈先达，1995）。所以价值不是一个实体范畴而是一个关系范畴，是客体对主体的效用或有用关系。我们认为这种理解是符合马克思哲学价值范畴本义的。马克思在《德谟克利特的自然哲学和伊壁鸠鲁的自然哲学的差别》的博士论文中写道：“这个世界虽然是主观的假象，但正因为如此，它才脱离原则而保持着自己的独立的现实性；同时作为唯一实在的客体，它本身具有价值和意义。”（马克思、恩格斯，1995a）在《评阿·瓦格纳的“政治经济学教科书”》一文中，马克思提出：“‘价值’这个普遍的概念是从人们对待满足他们需要的外界物的关系中产生的。”（马克思、恩格斯，1963）这就更明确地将价值范畴界定为表征主客体间需要与满足的效用关系了。①

马克思政治经济学价值范畴何指？价值范畴在马克思政治经济学的出现，最早可追溯到恩格斯的《国民经济学批判大纲》（1844），经典和系统的表述是马克思在1867年出版的《资本论》第一卷中最后完成的。在《资本论》第一卷中，马克思从“商品”这个资本主义最简单的经济细胞开始进行分析，系统阐发了商品二因素理论。马克思指出使用价值和价值是商品的两大因素。使用价值是商品能够满足人需要的属性，价值是凝结在商品中的无差别的一般人类劳动，“现在我们来考察劳动产品剩下来的东西。它们剩下的只是同一的幽灵般的对象性，只是无差别的人类劳动的单纯凝结”（马克思，2004a），“这些物，作为它们共有的这个社会实体的结晶，就是价值—商品价值”（马克思，2004a）。显然，从“实际表述”看，价值范畴在马克思哲学与政治经济学中的确有重大且明显的区别。

凝结在商品中的一般人类劳动到底对谁有用呢？首先，对商品生产者而言，凝结在商品中的一般人类劳动意味劳动者为生产商品付出了体力与脑力，牺牲了生命力，“商品价值体现的是人类劳动本身，是一般人类劳动的耗费”（马克思，2004b）。实际体现的是劳动对劳动者的有害性，这就是商品交换者关心商品价值的真正原因，“就使用价值说，有意义的只是商品中包含的劳动

① 对此，一直有学者认为马克思此言的本意是批评瓦格纳把使用价值等同于价值的错误做法，不应视为界定马克思哲学价值范畴的一般依据（转自王晓广，2016，马克思主义哲学和政治经济学中的价值范畴析分——基于＜资本论＞及有关文本的解读，《中国高校社会科学》，第1期，第40页）。我们认为从文本的阅读和研究来看，马克思这里批判的只是瓦格纳“人对自然的关系首先并不是实践的……即以活动为基础的关系，而是理论的关系”（马克思、恩格斯，1963，《马克思恩格斯全集》第19卷，北京：人民出版社，第405页）的错误方法，而并未完全否定瓦格纳在人与外物存在着的需要与满足关系上的基本认识。所以，这一经典表述就是马克思对哲学价值范畴的界定，这也是多数人的看法。

的质，就价值量说，有意义的只是商品中包含的劳动的量”(马克思，2004c)。其次，对商品交换者来说，交易双方事实上真正关心的是“用自己的产品能换取多少别人的产品，就是说，产品按什么样比例交换”(马克思，2004d)。若单从马克思“实际的表述”看，似乎可以认为马克思主义理论体系中的确存在两个并列的价值范畴，一个是哲学的，意指客体对主体的效用；另一个是经济学的，意指商品的价值不是客体对主体的效用，而是凝结在商品中的一般人类劳动。

理解马克思两种“价值”还得明了“理解”的真实所指，也就是要明白真正需要理解的到底是什么，因为马克思政治经济学实际上包括了三个价值概念，即使用价值、交换价值与价值。按理说，对政治经济学与哲学价值的理解不能仅限于与商品的价值之间，但是人们在谈到理解马克思两种“价值”时，其实很少论及理解哲学价值与商品的使用价值与交换价值，似乎这不是问题。何谓使用价值？马克思指出物的有用性使物成为使用价值，物品也有使用价值，但它们不是商品因而没有价值，“一个物可以是使用价值而不是价值。在这个物不是以劳动为中介而对人有用的情况下就是这样。例如，空气、处女地、天然草地、野生林等等”(马克思，2004e)；劳动产品有使用价值，若没有经过交换成为商品便没有价值，如劳动者自给自足的产品，向地主交租的粮食。交换价值则是指商品交换比例的数值，“交换价值首先表现为一种使用价值同另一种使用价值相交换的量的关系或比例，这个比例随着时间和地点的不同而不断改变”(马克思，2004f)。人们为何很少提出应理解哲学价值与马克思政治经济学的使用价值与交换价值呢？究其主要原因可能有二：一是从哲学视角理解使用价值与交换价值的难度不大，马克思政治经济学的使用价值可以简单理解为满足人们使用需要的价值，“使用价值只是在使用或消费中得到实现”(马克思，2004f)，交换价值可以简单理解为满足交换需要的价值大小；二是使用价值是具体的，交换价值也是具体的，具体的事物当然容易理解。

马克思两种“价值”如此不同，应如何正确理解呢？有论者提出“马克思主义哲学与政治经济学中的价值范畴，不仅界定角度及概念的功能定位不同，而且各自具有不同的学科内涵和话语系统。因此，不能由于担心对二者的界分会破坏马克思主义价值理论的统一性和完整性，而硬把这两个不同学科领域中的价值范畴关联起来，甚至等同视之，这恰恰妨碍了人们对马克思主义理论统一性和完整性的理解”(王晓广，2016)。此论断显然忽视了马克思哲学与政治经济学本就相互联系，岂能不把这两个不同学科领域的价值范畴关联起来，哲学价值范畴是对各种具体的、特殊的价值现象和价值关系的概括与总结，具有最大的抽象性和普遍性，如果不分清二者的实质所在，岂不会破坏马克思主义理论体系的整体性和完整性？持此论者还指出在西方语言中，如英语中，商品的“价值”和“使用价值”从概念内涵来看属于并列关系，从词语的构词形式来看却是属种关系，在汉语语词中习惯于将“价值”和“使用价值”的关系看作属种关系(王晓广，2016)。此种解答忽视了在汉语中与使用价值对应又对称的概念是交换价值，交换价值却只是使用价值的表现形式而不是商品的基本属性，所以当需要用价值这个范畴来表示凝结在商品中无差别人类劳动时，更得明晰马克思政治经济学价值范畴的实质所在，以说明马克思政治经济学中使用价值与价值是并列的。总之，以学科知识体系不同来解答马克思两种价值之“异”并不科学，也没有真正解决人们心中的疑问。

二、马克思两种“价值”的实质并不相异

本文作者认为马克思两种“价值”的内涵虽有重大且明显的不同，但二者在实质上却并不相异。理解此论断需要“重回”马克思政治经济学价值范畴形成的大致思路。马克思指出商品的使用价值是商品满足人的需要的属性，“商品首先是一个外界的对象，一个靠自己的属性来满足人的某种需要的物”(马克思，2004g)。商品的使用价值不同于物品的使用价值主要在于：其一，商品的使用价值是对他人的使用价值，对社会的使用价值，“要生产商品，他不仅要生产使用价值，而且要为别人生产使用价值，即生产社会的使用价值”(马克思，2004e)；其二，必须通过交换才能成为别人的使用价值，“要成为商品，产品必须通过交换，转到把它当作使用价值使用的人的手里”(马克思，2004e)。显然，商品在使用价值上的差别是商品交换的必要前提，道理很简单，商品 A 和商品 B 的使用价值相同，交换就不会或没有必要发生。

那么，不同商品何以能够保持相对稳定的交换比例呢？不同商品之间之所以能够进行交换，说明它们之间存在着某种共同的质。这种共同的质，马克思指出不会是商品的物体属性，因为“商品的物体属性只是就它们使商品有用从而使商品成为使用价值来说，才加以考虑”(马克思，2004c)，也不会是使用价值，因为“作为使用价值，商品首先有质的差别作为交换价值，商品只能有量的差别，因而不包含任一个使用价值的原子”(马克思，2004c)。而只能是凝结在商品中的无差别人类劳动，即商品的价值。可见马克思是通过分析交换价值的决定因素进一步深入到商品内在的、最本质的要素——价值的分析，最终将“使用价值”和“价值”确定为商品的两个因素的，“我分析商品，并且最先是在它所表现的形式上加以分析。在这里我发现，一方面，商品按其自然形式是使用物，或使用价值，另一方面，是交换价值的承担者，从这个观点来看，它本身就是‘交换价值’。对后者的进一步分析向我表明，交换价值只是包含在商品中的价值的‘表现形式’，独立的表达方式，而后我就来分析价值”(马克思、恩格斯，1963)。

从马克思商品使用价值与价值定义之得出的思维逻辑可以看出商品价值

是商品仅仅作为商品而不是作为物品对人的效用，是商品满足人们交换需要的效用性，商品使用价值则是商品对消费者、使用者的效用，是满足人们的非交换需要的属性(王海明，2001)。既然都是商品对人的效用，因而也就都是客体对主体的效用。可见马克思主义政治经济学的使用价值与价值的实质都是价值。人们之所以认为马克思哲学与政治经济学有两个并列的“价值”，显然是未能区分商品价值与物品价值之不同：物品对人的效用就是物品的使用价值，商品价值则是商品对人的效用，既包括商品的使用效用，也包括商品的交换效用，前者是商品对使用者的效用，后者是商品对交换者效用。总之，使用价值是表征商品差别性的范畴，解释了商品交换的必要性，这就是马克思强调使用价值是交换价值的物质基础，交换价值是使用价值交换量的比例的原因；价值是表征商品同一性的范畴，为商品交换提供了统一的基础，因而解释了商品交换的可能性。

事实上，马克思政治经济学的价值范畴不仅解释了商品交换的可能性，而且对交换提出了一条基本要求，那就是以价值量为基础进行等价交换。长期以来，总有人认为这种价值解释不了商品交换的可能性，更无法保障等价交换，主要理由大致有：其一，商品交换者真正关心的是对方商品的使用价值，双方并不关心，也无义务关心对方的商品究竟包含了多少人类劳动；其二，商品生产的私人性——不同商品生产者进行的私人劳动，与私密性——商品生产者对生产技术进行保密使得交换者只知自己如何劳动却难知对方如何劳动，自然无法确知对方商品所包含的具体劳动量，也无从确定对方商品包含的抽象劳动量；其三，即使无须技术保密，交换者也未必会认真考察对方付出的劳动量，因为这样做需要花费一定的时间。

这些疑虑，马克思早有觉察和说明，如马克思明确提出商品生产者是为他人生产使用价值，价值是一种抽象，“价值建立在这样的基础之上，即人们互相把他们的劳动看作是相同的、一般劳动，在这个形式上就是社会的劳动。如同所有的人的思维一样，为是一种抽象，而只有在人们思维着，并且具有这种对可感觉的个别性和偶然性进行抽象的能力的情况下，才可能形成人与人之间的社会关系”(马克思、恩格斯，1998)。“价值量不以交换者的意志、设想和活动为转移而不断变化着。”(马克思、恩格斯，2004d)同时，批判指出：“有些经济学家，他们反对由劳动时间确定价值，理由是两个人(即使是做同一工作)在同一时间内的劳动不是绝对一样的，他们根本就不知道，人的社会关系与动物之间的关系有什么区别。他们本身就是动物，而作为动物，这些家伙很容易忽视这种情况：两种使用价值不会绝对一样。同样，他们更容易把互相之间毫无共同尺度的使用价值，按照它们的有用程度作为交换价值来估价。”(马克思、恩格斯，1998)

那么，马克思为何坚持以劳动价值来解释交换的可能性呢？回答此问题需要再次回到马克思关于劳动与价值“实际的表述”。马克思指出，劳动同时也是人类劳动力的耗费，“尽管缝和织是不同质的生产活动，但两者都是人的脑、肌肉、神经、手等的生产耗费”(马克思，2004b)。也就是说，价值表征着劳动者的生命力付出，按价值量进行等价交换自然是使劳动者生命力付出得到对等弥补的根本方式，“他们在交换中使他们的各种产品作为价值相等，也就是使他们的各种劳动作为人类劳动彼此相等。他们没有意识到这一点，但是他们这样做了”(马克思，2004j)。由此可见，马克思提出价值规律的重要意图之一在于确保商品交换不损害劳动者的切身利益。因而此律虽是经济规律却内涵了重要的道德意图，“劳动价值论是关于商品经济一般矛盾的抽象，但劳动价值论所概括的却是具体的、现实的劳动者的经济意识，劳动决定价值，价值取决于劳动量，劳动者应当占有其劳动创造的全部价值”(刘永佶，2001)。由此也可看出，马克思是站在劳动者的立场研究等价交换的。可以设想，如果站在资本的立场上，或站在其他生产要素所有者的立场上，以马克思过人的才智、高深的理论功底完全可能创立非常精致的资本价值论、土地价值论、管理价值论、效用价值论。

至此，可以解释马克思何以坚持商品的交换价值表现为同它们的使用价值完全无关的东西了：其一，商品必须先是劳动产品，“如果把商品的使用价值撇开，商品体就只剩下一个属性，即劳动产品这个属性”(马克思，2004c)。把商品的使用价值撇开，商品体只剩下劳动产品这个属性，这一推论在逻辑上当然没有问题。由此还可以读出马克思商品概念定义的另一深意，那就是，非劳动产品不应成为商品，因为它们没有付出人类的劳动；其二，资本等生产要素在使用价值形成中的贡献不等于资本等生产要素所有者的贡献。如果不把商品的使用价值撇开，不把商品价值与使用价值明确区分，容易使人弄不清或不注意劳动贡献与生产资料贡献的区别，这就不是“回到马克思”，而是回到马克思曾批判过的庸俗资产阶级经济学了。

长期以来，总有人认为劳动可以抽象地理解为一般劳动，使用价值也可以抽象地理解为一般使用价值，商品交换者真正关心的恰是商品的使用价值，商品生产者才真正关心商品的价值，因为他想补偿他的生命力付出，所以使用价值才是商品的根本属性，应以一般使用价值为基础进行等价交换。马克思对此明确批判指出：“商品作为价值是社会的量，因而和它们作为‘物’的属性是绝对不同的。商品作为价值只是代表人们在其生产活动中的关系，价值确实包含交换，但是这种交换是人们之间物的交换；这种交换同物本身是绝对无关的。”(马克思、恩格斯，1974)结合马克思的批判，本文认为那种视使用价值为商品的根本属性，以一般使用价值为基础进行等价交换的观点有两大根本错误：其一，没有认识到商品不同于物品在于商品必须先是劳动产品；其二，忽视了价值实体是一般劳动，价值量当然由形成价值的实体，即劳动量来计量，劳动量是可以由劳动时间来计量的，一般使用价值则无法找到计量标准和单位的，总不能认为使用或消费时间长的商品，其使用价值一定大吧，难道一块极其坚硬因而可以长久使用的普通石头会比一种可以迅速攻克人类顽症的药品更有一般使用价值！可见，马克思主义劳动价值论归根到底仍然是经济规律。

三、马克思两种“价值”的逻辑实际一致

人们难以理解马克思两种“价值”还在于似乎二者遵循着不同的思维逻辑：哲学的价值指客体对主体需要的满足，而从马克思价值是无差别人类劳动凝结的经济学定义是看不出“价值是客体对主体需要的满足”的。更严重的似乎还在于马克思政治经济学所谓的价值是指无差别劳动，即抽象劳动，对此，人们容易产生这样的疑问：现实世界有抽象的劳动吗，到底是抽象劳动还是对劳动的抽象，也就是从抽象的视角来理解劳动。显然，对劳动可以从抽象的视角来理解，那就是，任何劳动都是人的体力与脑力付出，可是任何劳动都是具体的人使用具体的工具作用于具体的对象生产出具体的产品的过程，现实世界哪有什么抽象的劳动？如此看来，不理解好马克思两种“价值”的后果真的很严重，这会从根本上动摇马克思政治经济学的理论基石：既然现实生活中没有抽象劳动而只有对劳动的抽象，那么马克思政治经济学价值范畴本身就有问题，甚至可以认为根本没有必要把它提出来。事实上，总有人不断质疑马克思的劳动价值论：其一，从科学抽象的角度来看，抽象掉使用价值后，商品剩下的属性不只是劳动力耗费这一属性，还有自然力的耗费和资本力的耗费属性以及一般使用价值的属性，使用价值岂不还是决定交换价值的重要基础？马克思却坚持说：“在商品的交换关系本身中，商品的交换价值表现为同它们的使用价值完全无关的东西。”（马克思，2004a）其二，效用是客体对主体需要的满足，以商品的效用为评价商品价值的根据，这是与哲学价值最接近的一种经济学价值定义，也是最合乎商品经济实际情况的定义，因为交换者真正关心的是商品的使用价值能否满足自己的需要，岂不是商品的效用，实际是消费者的需要决定着价值的大小。

实际上，马克思两种“价值”的思维逻辑是一致的。马克思指出商品的使用价值是可以被人们直观的自然形式存在物，商品价值则是不可直观的，“同商品体的可感觉的粗糙的对象性正好相反，在商品体的价值对象性中连一个自然物质原子也没有。因此，每一个商品不管你怎样颠来倒去，它作为价值物总是不可捉摸的”（马克思，2004a）。但是商品价值虽不可直观却是客观存在于商品体中的人类物化劳动而非虚无缥缈的存在，而且抽象劳动突出的是劳动的同质性，正是因为同质，商品在数量上才可以进行具体的比较，那就是，商品价值量不以个别劳动时间来计量，只能以社会必要劳动时间，即在正常的生

产条件下,用平均的劳动熟练程度和强度生产一个使用价值所支出的劳动时间来计量。至于价值量实现多少则取决于付出的劳动能够满足社会需要的性质与程度。社会需要决定着价值量实现,体现的是价值的主体性与主观性,商品成为满足人的需要的客体是因为经过劳动者的劳动,劳动者所费的劳动时间也是客观的,这一点体现了价值的客体性。可见,在马克思政治经济学中,价值大小由主体与客体共同决定,真正做到了价值的主体与客体性、主观与客观性统一。

不过,马克思政治经济学价值范畴在思维逻辑上的确有自己的特殊性:在马克思劳动价值中,主体与客体均是人,在马克思政治经济学的使用价值中,主体是人,客体才是物,即商品。以此分析为基础,可以认为一些人难以理解使用价值是交换价值的基础,交换价值却是价值而不是使用价值的表现形式的主要原因有二:一是没有看到商品价值范畴的提出本身就因为商品必须是劳动产品,“商品只有作为同一的社会单位即人类劳动的表现才具有价值对象性”(马克思,2004h);二是不明白在商品价值关系中主体与客体均是人,实质是人与人的社会关系而不是人与物的关系,“价值是商品的社会关系,是商品经济上的质”(马克思、恩格斯,1995b),在商品使用价值关系中,主体是人,客体才是物,这是人与物的关系,“劳动产品的价值关系,是同劳动产品的物理性质以及由此产生的物的关系完全无关的。这只是人们自己的一定的社会关系,但它在人们面前采取了物与物的关系的虚幻形式”(马克思,2004i)。

从马克思政治经济学价值范畴提出的思维逻辑看,西方经济学的效用价值论既不道德也不科学。西方经济学之所以高度关注消费者(不同于劳动者)的消费行为,分析的重点是消费者的需要,实际是有货币能力的需要与商品对消费者需要满足的程度,即商品的功能或效用。在此种理论中,商品价值实际是有钱人说了算——这是主观的,生产商品的劳动者的生命力付出——这是客观的,实际上被忽略了。可见效用价值论体现的是交换者与交换者之间的社会关系,是一种不关心劳动与劳动者的社会关系,是有钱便可任性的资本世界在经济学理论上的体现。站在劳动者的立场讲,这是一种不讲道德的“价值”。实际上,这种观点也是不“经济”的,即无法进行经济学的比较与计算,因为效用是主观的。相反,马克思视价值为一般劳动的凝结虽然是抽象的理解,在具体交换中却可以付出多少劳动时间来比较与计算,这是可行的。马克思明确批判效用价值论,“这种交换不是物品作自然物互相保持的关系。它也不是物品作为自然物同人的需要的关系,因为不是物品的效用程度决定物品互相交换的量”(马克思、恩格斯,1962)。这种批判无疑非常精准。

但是视效用为交换的基础似乎是有充分事实依据的,因为劳动产品一旦成为商品,价值的比较与衡量便是在交换者之间进行的,一般情况下,商品交换者的确并不关心商品生产者付出的劳动,而只关心商品满足自己需要的程度。其实,在人人都是劳动者的情况下,劳动者之所以要交换无非是因为"我"(自己)无法生产出或需要付出更多的劳动力(生命力)才能生产这些产品。所以即使是等价(平等)的交换,劳动者也为"他"(对方)节约了劳动力(生命力)付出。若"我"的生命力付出得不到合理补偿——主要表现为获取"他"的合理数量的产品,对"我"而言,便为不公正,便是不等价。另外,既然交换双方是因为"他"能够节约"我"的劳动付出才同意交换,商品生产者自然不应强迫"他"按自己付出的劳动来等价交换,而最多只应要求"他"以"我"节约了"他"的劳动为标准来等价交换;也就是说,不能节约"他"的劳动的"我"的劳动不应实现为社会劳动。马克思第二种社会必要劳动时间理论实际上内涵了此种解释。由此看来,交换的实质即交换双方作为生产者与购买者彼此提出等价的要求:作为生产者的"我"要求作为购买者的"他"等量补偿"我"的劳动付出,否则不愿卖;作为购买者的"我"要求出卖商品的"他"实现节约"我"的劳动付出的愿望,否则不愿意买。二者实际上仍围绕着劳动付出在讨价还价,因而不但没有违背,反而真正符合劳动价值论的本质。由于交换双方的利己性——满足"我"获取财富的欲望才交换,因而彼此冷漠"他"的"劳动付出"与节约"我"的劳动付出,与无能性——即便想关心也无从真正了解"他"的劳动付出与节约"我"的劳动付出,价格自然经常围绕价值上下波动——这里所谓的"价格围绕价值上下波动"既指围绕"劳动的付出"意义的价值,也指围绕"劳动的节约"意义的价值波动。之所以大多时候价格不会离价值太远,主要是因为交换者彼此依可见的社会生产条件换位思考对方的劳动付出,若不成交,则会继续寻找可以交换的"他"或者放弃交换转为"我"自己来消费。至于价格有时的确偏离价值很远,主要因为交换者无法成为生产者却又必须得到"他"的产品,由是不得不接受不等价的交换。由此更可见马克思政治经济学价值范畴的"劳动人民性":若必须实行商品经济,交换主体均是劳动者更有利于实现真正的等价交换,因为只有劳动者才真正知道"我"的劳动付出从而大体上判断出"他"的劳动力付出,而且心同此理,劳动者更愿意等价地交换,"在一切社会状态下,人们对生产生活资料所耗费的劳动时间必然是关心的,虽然在不同的发展阶段上关心的程度不同"(马克思、恩格斯,1995:89)。总之,价值的确是社会关系,坚持实践劳动价值论才能形成良好的商品交换关系。

四、结论

"价值"在马克思哲学和政治经济学中有着不同的概念界定、意义指向和功能定位,造成了人们理解上的障碍和误读,但这不是马克思的问题,而是理解马克思的问题。

参考文献

[1]陈先达,1995,《马克思主义哲学原理》,北京:人民出版社,第 186 页。

[2]刘永佶,2001,《主义·方法·主题》,北京:中国经济出版社,第 104 页。

[3]马克思、恩格斯,1995,《马克思恩格斯全集》第 1 卷,北京:人民出版社,第 23 页 a。

[4]马克思,2004a,《资本论》第 1 卷,北京:人民出版社,第 51 页 a、第 57 页 b、第 50 页 c、第 92 页 d、第 54 页 e、第 49 页 f、第 47 页 g、第 61 页 h、第 89—90 页 i、第 91 页 j。

[5]马克思、恩格斯,1963,《马克思恩格斯全集》第 19 卷,北京:人民出版社,第 412 页。

[6]马克思、恩格斯,1998,《马克思恩格斯全集》第 32 卷,北京:人民出版社,第 263 页。

[7]马克思、恩格斯,1974,《马克思恩格斯全集》第 26 卷,北京:人民出版社,第 139 页。

[8]马克思、恩格斯,1995,《马克思恩格斯全集》第 30 卷,北京:人民出版社,第 89 页 b。

[9]马克思、恩格斯,1962,《马克思恩格斯全集》第 13 卷,北京:人民出版社,第 115 页。

[10]王晓广,2016,马克思主义哲学和政治经济学中的价值范畴分析——基于《资本论》及有关文本的解读,《中国高校社会科学》,第 2 期,第 40 页。

[11]王海明,2001,《新伦理学》,北京:商务印书馆,第 31 页。

The “Different” and “Same” Identification in the “Value” Category of Marxist Philosophy and Political Economy

He Hanhun

Abstract “Value” has different concept definitions, meaning orientations and functional orientations in Marxist philosophy and political economy, which cause obstacles and misunderstandings in people's understanding. It is not scientific to answer the difference between the two values of Marx in terms of different subject knowledge systems, and it does not really solve the doubts in people's minds. “Returning to Marx” further clarifies the “different” and “same” of Marx's two “values”. It can be found that although the connotations of the two “values” of Marx are obviously different, the essence is not different, and the logic of thinking is consistent. This can be realized that Marx puts forward the good intentions and scientific nature of the category of political economic value.

Key words Marxist　Philosophy　Political Economy　Value

中国特色社会主义政治经济学是《资本论》的当代新篇

元晋秋

内容提要 《21世纪资本论》过度依赖数据所呈现的表层现象而无视马克思资本积累理论的社会历史内涵,由此导致其与《资本论》主旨相背离并越行越远。马克思的《资本论》在揭示资本积累历史趋势的同时阐明了社会主义诞生的两大条件。两大条件在现实历史进程中的分离塑造出了社会主义诞生的特殊环境。在带领中国人民进行革命和建设的实践进程中,中国共产党人始终自觉地从《资本论》中汲取理论资源。在此过程中形成的以"社会主义初级阶段"为理论起点,以社会主义市场经济体制的建立和完善为主要内容,以"以人民为中心的发展思想"为根本立场,以唯物辩证法为基本方法,以利用、驾驭和导控资本为思想主线的中国特色社会主义政治经济学,续写了《资本论》的当代新篇。

关键词 《21世纪资本论》 《资本论》 中国特色社会主义政治经济学
中图分类号 G633.23

一、《21世纪资本论》,21世纪的《资本论》?

2014年以来,一部名为"Capital in the Twenty-First Century"(中文译为《21世纪资本论》)的著作在全球范围内引起了人们的广泛关注和热烈探讨,究其原因,主要有两个方面:一是其所讨论的问题即财富的不平等分配,二是其在一定程度上借力《资本论》的影响。就第一方面而言,虽然财富的不平等分配并不是一个新问题,但近年来逐步呈现出愈演愈烈之势,作为一部专门讨论这一问题的学术著作,自然能够很容易地触动人们敏感的神经。然而,《21世纪资本论》的风靡或许还在于其独特的营销方式——2008年金融危机以

收稿日期:2018—10—12

作者简介:元晋秋(1984—),广西大学马克思主义学院讲师,主要研究方向为《资本论》及其手稿的相关内容。

基金项目:本文系国家社科基金青年项目"《1857—1858年经济学手稿》中的人学思想及其当代意义研究"(17CKS005)的阶段性成果。

来，马克思的《资本论》再一次引起世人的重视，《资本论》开始热销。在此背景下，这部被命名为《21 世纪资本论》的著作当然会引起人们的关注。那么，《21 世纪资本论》同《资本论》是什么关系？是否如其中译本名称所直观地反映出的那样，是 21 世纪的《资本论》？

首先让我们来看看《21 世纪资本论》讲述了哪些内容。

(一)问题

在《21 世纪资本论》中，作者开篇便非常鲜明地提出如下问题："私有资本的不断积累真如卡尔·马克思在 19 世纪预言的那样，将导致财富被少数人掌握吗？或者如西蒙·库兹涅茨在 20 世纪所设想的那样，增长、竞争与技术进步之间的不断博弈将会逐渐降低社会不同阶层之间的不平等程度，促进社会更加和谐地发展？"（皮凯蒂，2014a）通过搜集、整理和分析近 300 年来、近 20 多个国家的数据，作者认为，马克思的悲观预言没有实现，但经济增长并没有带来财富不平等程度的降低，相反，发达资本主义国家进入 21 世纪以来收入和财富分配不平等呈现出与 19 世纪相似的两极分化情形；发达国家收入和财富分配之所以出现库兹涅茨所描述的情形，是由于两次世界大战、大萧条等外部因素的冲击，作者断言，"神奇的库兹涅茨曲线理论的产生在很大程度上是基于错误的原因"（皮凯蒂，2014b）。

(二)原因

作者在书中提出，"财富分配总是深受政治的影响""不平等是所有相关力量联合作用的产物""有一个强大的机制在交替性地推动着收入与财富的趋同（即促进不平等的减少，笔者注）与分化（即不平等的加剧，笔者注）"。作者认为，"趋同"的主要力量是知识的扩散以及对培训和技能的资金投入，但"一个至关重要的事实是，无论传播知识和技能的力量有多么强大，特别是在促进国家之间的趋同过程中，它都可能被强大的敌对力量阻挠和击溃，从而导致更大的不平等"。这个所谓的"强大的敌对力量"即"分化"的力量，它"无疑是导致长期财富分配不平等的主要因素"。作者在书中将这一"因素"表述为"$r>g$（这里 r 代表资本收益率，包括利润、股利、利息、租金和其他资本收入，以总值的百分比表示；g 代表经济增长率，即年收入或产出的增长）"（皮凯蒂，2014c）。换言之，在作者看来，资本收益率大于经济增长率是导致收入和财富不平等加剧的主要原因。

(三)举措

既然"$r>g$"是造成收入和财富不平等分配的主要原因，那么应当采取何种举措来应对这种不断加剧的不平等趋势呢？作者认为，通过完善市场制度并不能解决这一问题，因为"$r>g$ 的根本性不平等，它与任何形式的市场缺陷都无关系。而恰恰相反，资本市场越完善（以经济学家的角度），$r>g$ 的可能性就越大"。通过对历史过程的考察，作者认为税收特别是累进所得税在调节国民收入和财富分配中具有重要的作用，但已有的税收工具并不能有效解决当前不平等加剧问题。作者开出的药方是“全球累进资本税”。然而，针对这一方案，作者坦言，它在当前实践中实施并不乐观，因为“这类制度和政策的设立在相当大程度上需要密切的国际协作”，但它是“一个标杆”“一个有价值的参考点”(皮凯蒂，2014d)。

应当承认，《21世纪资本论》同马克思的《资本论》之间具有某种关联，特别是其所讨论的问题——作者在书中通过丰富而翔实的历史统计数据指明，私有资本的积累必然带来广大劳动者的“贫困积累”(马克思、恩格斯，2009)，即收入和财富的不平等分配和社会的两极分化。正因为如此，作者在书中高度评价马克思的资本积累理论：“马克思提出的无限积累原则表现出其深邃的洞察力，它对于21世纪的意义毫不逊色于其在19世纪的影响”(皮凯蒂，2014e)。但是，这是否意味着《21世纪资本论》就是21世纪的《资本论》呢？

《21世纪资本论》中提出，马克思的主要结论可以被概括为私人资本的“无限积累原则”，这就是马克思预言资本主义终将灭亡的分析依据，但是，(1)历史资料和统计数据表明，马克思主义者所强调的利润率不断下降是一个“错误的历史预言”(皮凯蒂，2014f)；(2)现实历史表明，虽然“共产主义革命正式拉开序幕，但主要集中在欧洲和苏联经济落后地区”，而这些经济落后的人民最终陷入了“集权主义”的“悲惨境地”，因而不成功的。由此，《21世纪资本论》虽被冠以“21世纪资本论”之名，但其对社会问题的分析非基于《资本论》，其间还充斥着对《资本论》的肤浅认识和许多误读。实际上，《21世纪资本论》之所以不是21世纪的《资本论》，首先就在于其过度依赖于数据所呈现的表层现象而无视马克思资本积累理论的社会历史内涵，由此导致其与《资本论》主旨相背离并在这种背离中越行越远。

二、资本积累的历史趋势与社会主义诞生条件的分离

《资本论》是马克思主义政治经济学的奠基之作，但马克思的政治经济学服务于其科学社会主义学说。具体而言，通过对资本主义经济运行规律的分析，《资本论》在揭示资本主义基本矛盾、论证资本主义必然灭亡的同时阐明了社会主义诞生的两大条件。

一是由资本积累所生成的社会主义诞生的物质条件，即高度发达的、社会化的生产力发展水平及其所带来的物质财富。《资本论》中的分析表明，以资本增殖运动为主轴的经济运行过程不仅是一个生产剩余价值的过程，它还是一个源源不断地将剩余价值再投入到生产过程中进行“资本积累”的过程。在获取剩余价值的内在动机和竞争所产生的外在压力的共同作用下，资本主义经济运行过程形成了一种发展社会生产力的强制机制，它迫使资本家一方面

要最大限度地生产出剩余价值，另一方面又要将剩余价值最大限度地投入到生产过程中进行“资本积累”。在此过程中，通过对三大“自然力”(即人自身的自然力、社会劳动的自然力、自然界的自然力)的开发利用，资产阶级在它的不到一百年的阶级统治中创造出了比过去一切世代的全部还要多、还要大的生产力。正是在此意义上，马克思说，“发展社会劳动的生产力，是资本的历史任务和存在理由。资本正是以此不自觉地创造着一种更高级的生产形式的物质条件”(马克思、恩格斯，2009)。

二是由资本积累及其与之相适应的贫困积累所生成的社会主义诞生的主体条件，即日益壮大的、由资本主义生产机制所训练和联合起来的无产阶级及其反抗的不断增长。《资本论》中的分析表明，以资本增殖运动为主轴的经济运行过程不仅带来社会生产力的高度发展，在此过程中还将完成对作为主体的劳动者的两个方面的塑造：一方面是对工人阶级的先进性的塑造；另一方面是对包括工人阶级在内的广大无产阶级的革命性的塑造——生产资料私有制基础上的资本主义经济运行过程首先是一个“资本积累”的过程，同时也是一个广大劳动者的“贫困积累”过程。马克思在《资本论》中将这一过程概括为“与资本积累相适应的贫困积累”(马克思、恩格斯，2009)过程。简言之，雇佣工人所创造的剩余价值是资本积累的源泉，为最大限度地获取剩余价值并最大限度地用于资本积累，资本家需要最大限度地压低工人的工资；资本积累的持续进行为资本家提高资本的有机构成创造了条件，资本有机构成的不断提高引发了“相对过剩人口或产业后备军的累进生产”，由此使劳动者之间的生存竞争不断加剧，其生存条件日趋恶化，其结果如恩格斯所说，“资本主义生产方式日益把大多数居民变为无产者，从而就造成一种在死亡的威胁下不得不去完成这个变革的力量”(马克思、恩格斯，2009)，由此为社会主义的诞生准备了主体条件。

基于上述认识，马克思在《资本论》中提出了“资本主义积累的历史趋势”：当“资本积累”及其与之相适应的劳动者的“贫困积累”达到极点，资本主义的外壳就要炸毁，私有制的丧钟就要敲响，取而代之的将是一种更高级的生产方式及社会制度——社会主义以至共产主义。

需要注意的是，《资本论》中所阐明的只是科学社会主义的一般原理。在现实历史进程中，由于发展的不平衡性，广大经济文化落后国家和地区的存在为“资本积累”的持续进行提供了广阔空间。在利润率不断下降的压力下，发达资本主义国家通过各种形式的资本输出活动，实现了其资本的持续积累，而与这种资本积累相适应的贫困积累则被转移到了经济文化落后国家和地区，最终在现实历史进程中塑造出一种社会主义诞生的特殊环境：在“资本积累”不足而“贫困积累”有余的经济文化相对落后国家和地区，尽管社会主义生成的物质条件不足，但由于作为主体的劳动者身受多重压迫，其革命性日趋增强，由此使这些经济文化落后国家和地区通过革命而率先建立起社会主义政权成为可能。

三、中国共产党人对《资本论》的思想继承与创新发展

如果说资本主义国家的资本输出使经济文化落后国家和地区通过革命而率先建立起社会主义政权成为可能，那么，列宁所领导的俄国十月革命的胜利则使这种可能变为现实。作为马克思的后继者，列宁依据《资本论》中所揭示的一般原理对当时资本主义发展和俄国国内形势进行了科学分析，提出“经济和政治发展的不平衡是资本主义的绝对规律”(列宁，2012)、“资本输出”对资本主义具有了特殊意义等思想，在此基础上得出社会主义可能在经济文化相对落后的俄国首先取得胜利的结论，并将其付诸实践，最终在实践中开辟出一条人类社会历史进程的全新道路——社会主义道路。

十月革命及其所开辟的道路对当时的中国人产生了巨大影响。近代以来，在代表国外资本力量的帝国主义的强势侵入下，中国社会逐步沦为一个半殖民地半封建社会，成为帝国主义资本积累所带来的贫困积累的众多转嫁对象之一。在帝国主义、本国封建主义及其他反动势力的多重重压下，中国人民的贫困积累日益加深，以至经常陷入恩格斯所说的“死亡的威胁”。在探索救亡图存、民族复兴的道路的过程中，一批先进的中国人开始学习和接受马克思列宁主义，并以此来指导中国的具体实践。1921年，中国共产党成立，自此肩负起带领中国人民实现民族复兴的伟大历史重任。1922年，党的第二次全国代表大会召开。在本次大会发布的“宣言”中，中国共产党人运用马克思主义政治经济学原理分析了资本主义国家所进行的对外扩张历程，详述了这一过程带给中国人民的深重灾难，指出：加给中国人民“最大痛苦的是资本帝国主义和军阀官僚的封建势力”，“反对这两种势力的民主主义的革命运动是极有意义的”，由此初步制定出党在这一时期的革命纲领。此后，随着国民党统治地位在全国的确立，“官僚资本”在国内迅速膨胀，成为压在中国人民头上的又一座“大山”。在“三座大山”的重压下，广大劳动者的“贫困积累”迅速达到顶点，革命的主体条件日趋成熟。在中国共产党人的带领下，中国人民经过艰苦卓绝的努力推翻了“三座大山”，取得新民主主义革命的胜利，并在此基础上逐步建立起社会主义政权，后通过“三大改造”，以生产资料公有制为基本特征的社会主义基本经济制度在我国初步确立。在探索如何建设社会主义的实践进程中，中国共产党人最终做出了改革开放的历史决策，启动了以市场为导向的经济体制改革，形成了中国特色的社会主义建设道路，开创了中国特色社会主义伟大事业并将其推进到新时代。

在上述实践进程中，中国共产党人始终重视对马克思主义政治经济学的

学习、研究和运用，始终自觉地从《资本论》中汲取理论资源来指导具体实践，并在实践过程中实现了对《资本论》的思想继承与创新发展，如新民主主义时期创造性地提出了新民主主义经济纲领、探索社会主义建设道路过程中对发展我国经济提出的一系列独创性观点等，"这些都是我们党对马克思主义政治经济学的创造性发展"①。特别是十一届三中全会以来，"我们党把马克思主义政治经济学基本原理同改革开放新的实践结合起来，不断丰富和发展马克思主义政治经济学，形成了当代中国马克思主义政治经济学的许多重要理论成果"，如关于社会主义本质的理论、关于社会主义初级阶段基本经济制度的理论、关于树立和落实"创新、协调、绿色、开放、共享"的发展理念的理论、关于使市场在资源配置中起决定性作用和更好地发挥政府作用的理论、关于我国经济发展进入新常态理论和推进供给侧改革的理论等，"这些理论成果，是适合当代中国国情和时代特点的政治经济学，不仅有力指导了我国经济发展实践，而且开拓了马克思主义政治经济学新境界"②。

四、中国特色社会主义政治经济学:《资本论》的当代新篇

中国特色社会主义政治经济学即当代中国马克思主义政治经济学，从其形成和发展过程看，作为马克思主义政治经济学奠基之作的《资本论》始终是其最基本和最重要的理论资源。

首先，中国特色社会主义政治经济学以"社会主义初级阶段"为理论起点。从《资本论》揭示的社会主义诞生条件看，"社会主义初级阶段"有两层含义：一是在"贫困积累"达到极点的情况下通过革命建立起的社会主义政权(以及在此基础上确立的以生产资料公有制为根本特征的基本经济制度)，在此意义上，我国社会已经是社会主义社会；二是与"资本积累"不足相对应的社会生产力发展水平相对低下，以及由此而表现出的物质文化生活资料的相对贫乏，在此意义上，我国处于并将长期处于社会主义初级阶段。由此，大力发展社会生产力就成为我国很长一段时期内建设社会主义的主要任务。伴随中国特色社会主义进入新时代，我国社会生产力水平总体上显著提高，发展不平衡不充分问题成为更加突出的问题，在"着力解决好发展不平衡不充分问题，大力提升发展质量和效益"的过程中，仍然要以"社会主义初级阶段"为理论起点，正如十九大报告中所指出的，"全党要牢牢把握社会主义初级阶段这个基本国情，牢牢立足于社会主义初级阶段这个最大实际"(习近平，2017)。

其次，中国特色社会主义政治经济学以社会主义市场经济体制的建立和

① 《习近平总书记系列重要讲话读本》，2016年，北京：学习出版社、人民出版社，第35—36页。
② 《习近平总书记系列重要讲话读本》，2016年，北京：学习出版社、人民出版社，第36页。

完善为主要内容。以“社会主义初级阶段”为理论起点，中国共产党人在实践中开启了中国特色社会主义政治经济学的书写历程，这是一个对《资本论》的理解的不断深化的过程，同时也是不断地从《资本论》中汲取理论资源的过程。我们可以通过三个概念来审视这一过程：一是“公有制基础上的有计划的商品经济”。立足社会主义初级阶段的基本国情，中国共产党人逐步认识到商品经济的充分发展是我国经济社会发展不可逾越的阶段。在此基础上，中共十二届三中全会提出建设“公有制基础上的有计划的商品经济”的一系列举措，“写出了一个政治经济学的初稿”(邓小平,1993)。二是“社会主义市场经济”。社会主义能否实行市场经济、社会主义能否和市场经济相容？在社会主义建设和改革实践中，以邓小平同志为主要代表的中国共产党人对这些问题进行了探索，并做出了关于上述问题的一系列权威论断。此后，社会主义市场经济体制在实践中不断完善，成为助力我国经济快速发展的重要机制。三是“公有资本”。马克思将其政治经济学著作命名为“资本论”，是因为资本是现代市场经济运行的灵魂和核心。在发展与完善社会主义市场经济体制过程中，中国共产党人提出了“公有资本”(国有资本和集体资本)的概念，为公有制与市场经济的有机融合奠定了基础，使我国的公有制经济获得了一个适合于市场经济体制的存在、运营和收益形式，赋予了我国市场经济以鲜明的社会主义特征。

再次，“以人民为中心的发展思想”是中国特色社会主义政治经济学的根本立场。这一根本立场首先就体现在马克思主义政治经济学的奠基之作《资本论》中：“以创造历史的劳动人民的根本利益作为判断一切社会现实的价值标准，进而以全人类的根本利益作为最高价值诉求——因为创造历史的劳动人民的根本利益决定了全人类的历史命运”(鲁品越,2016)。基于这一根本立场，马克思在《资本论》中对私有制基础上的资本运行规律进行了科学分析，在深刻阐明“以资本为中心”的资本主义生产方式根本缺陷的同时，为世人指出了人类社会发展的社会主义方向。克服“以资本为中心”并确立“以人民为中心”，于是成为社会主义生产方式的题中应有之义。正因为如此，在带领中国人民进行社会主义改革与建设的实践中，以习近平同志为主要代表的中国共产党人提出：“坚持以人民为中心的发展思想，这是马克思主义政治经济学的根本立场”“部署经济工作、制定经济政策、推动经济发展都要牢牢坚持这个根本立场”。①

再其次，唯物辩证法是中国特色社会主义政治经济学的基本方法。《资本论》与资产阶级经济学之所以在观点上分道扬镳甚至是相互对立，有两大深层原因，一是根本立场，二是基本方法。贯穿《资本论》始终的基本方法是以整体

① 习近平在中共中央政治局第二十八次集体学习时强调立足我国国情和我国发展实践发展当代中国马克思主义政治经济学，《人民日报》，2015年12月25日。

主义为本位的唯物辩证法。秉承这一基本方法，中国共产党人在实践中提出了一系列指导我国经济社会发展的重要思想，如“经济发展新常态”。我国经济发展总是要不断经历新的状态、新的格局、新的阶段，而经济发展新常态不过是这个全过程的一个阶段，它符合事物发展螺旋式上升的运动规律；又如“供给侧结构性改革”，因为当前我国经济发展面临的主要矛盾在供给侧；等等。

最后，中国特色社会主义政治经济学以利用、驾驭和导控资本为思想主线。通过对资本主义经济运行过程的分析，马克思在《资本论》及其手稿中提出了“资本的历史任务和存在理由”“资本的历史使命”(马克思、恩格斯，2009)等问题。从现实历史进程看，社会主义制度的建立并不意味着资本历史使命的完成，特别是经济文化落后条件下建立起的社会主义。立足于社会主义初级阶段这一基本国情，基于“以人民为中心的发展思想”这一根本立场，中国共产党人带领中国人民启动了以市场为导向的经济体制改革，从而为资本在社会主义条件下继续其历史使命创造了条件，在此过程中形成的社会主义市场经济体制，本质上是一种利用、驾驭与导控资本的经济运行机制——我国在建设社会主义的过程中之所以要利用“资本”，是因为资本不仅能够最大限度地提升社会生产力发展水平，而且有助于对劳动者的先进性的塑造；而之所以要对资本进行驾驭和导控，是因为“资本积累”会带来劳动者的“贫困积累”。资本主义生产方式之所以造成社会的两极分化，主要是因为生产资料由资本家私人占有，劳动者剩余劳动所创造的价值为资本所有者所剥夺。我国在社会主义初级阶段实行以公有制为主体、多种所有制经济共同发展的基本经济制度，公有资本在代表人民利益的党和政府的组织领导下进行投资运营，在利用资本发展社会生产的过程中，劳动者剩余劳动所创造的价值作为资本增值部分由党和政府统一调配，用以服务国计民生，最终复归于劳动者自身，由此从制度上避免了“资本积累”所带来的劳动者的“贫困积累”。

综上，“Capital in the Twenty-First Century”虽被译为《21世纪资本论》，但其并非对《资本论》的续写。在带领中国人民进行改革和建设的实践进程中，中国共产党人始终自觉地从《资本论》中汲取理论资源。在此过程中形成的以“社会主义初级阶段”为理论起点，以社会主义市场经济体制的建立和完善为主要内容，以“以人民为中心的发展思想”为根本立场，以唯物辩证法为基本方法，以利用、驾驭和导控资本为思想主线的中国特色社会主义政治经济学，续写了《资本论》的当代新篇。

参考文献

[1]邓小平，1993，《邓小平文选》第3卷，北京：人民出版社，第83页。

[2]列宁，2012，《列宁选集》第2卷，北京：人民出版社，第554页。

[3]鲁品越,2016,《鲜活的资本论:从〈资本论〉到中国道路》,上海:上海人民出版社,自序第2页。

[4]马克思、恩格斯,2009,《马克思恩格斯文集》第3卷,北京:人民出版社,第561页。

[5]马克思、恩格斯,2009,《马克思恩格斯文集》第5卷,北京:人民出版社,第743页。

[6]马克思、恩格斯,2009,《马克思恩格斯文集》第7卷,北京:人民出版社,第288页。

[7]马克思、恩格斯,2009,《马克思恩格斯文集》第8卷,北京:人民出版社,第69页。

[8]皮凯蒂,2014,《21世纪资本论》,北京:中信出版社,第1页a、第15页b、第27页c、第531—532页d、第11页e、第53页f。

[9]习近平,2017,《决胜全面建成小康社会 夺取新时代中国特色社会主义伟大胜利——在中国共产党第十九次全国代表大会上的报告》,北京:人民出版社,第11—12页。

Socialist Political Economy with Chinese Characteristics is the New Contemporary Part of Das Kapital

Yuan Jinqiu

Abstract Capital in the Twenty-First Century relies heavily on the surface phenomenon presented by data, ignoring the social and historical connotation of Marx's theory of capital accumulation, which leads to its deviation from the subject of Das Kapital and goes further and further. Das Kapital not only reveals the historical trend of capital accumulation, but also expounds two major conditions for the birth of socialism. The separation of the two conditions in the course of living history shape the special environment in which socialism was born. In the process of leading Chinese people to carry out revolution and construction, CPC has always been consciously drawing theoretical resources from Das Kapital. In the process, the "primary stage of socialism" is taken as the theoretical starting point, the establishment and perfection of the socialist market economic system as the main content, the developing thought of people-centered as the basic position, and the materialist dialectics as the basic method, in this way, the socialist political economy with Chinese characteristics, which uses, controls and directs capital as the main line of thought, continues to write a new contemporary part of Das Kapital.

Key words Capital in the Twenty-First Century Das Kapital Political Economy of Socialism with Chinese Characteristics

论农村集体经济和合作经济的不同特质

张　杨

内容提要　"三农"问题是关系国计民生的根本性问题,是党和政府工作的重中之重。党的十九大报告在"实施乡村振兴战略"中明确指出"壮大集体经济"。根据邓小平"第二次飞跃"论和习近平新时代壮大集体经济的思想,集体经济应是中国农村经济发展的总方向,而合作经济或股份经济可以是一种过渡性选择。现在中央文件或学术文章一般不区分集体经济和合作经济,对两个概念常常进行泛化或是交叉处理。通过对国内外集体经济、合作经济典型案例的综合研究,得出区分集体经济与合作经济的标准为资产是否量化。为集体经济的概念把好关,明确区分集体经济和合作经济的内涵将极大地有利于壮大集体经济,确保到2020年解决我国区域性整体贫困问题以及到2035年基本实现社会主义农业现代化,最终实现农业的第二次飞跃。

关键词　集体经济　合作经济　股份合作经济　资产量化　政治经济学理论

中图分类号　F321

我国农村集体经济大致经历了互助组、初级社、高级社、人民公社、以家庭联产承包经营为基础的双层经营体制的不同阶段。新时代集体经济有三层内涵是"包产到户"所无法比拟的,分别是促进农村经济全面发展,增强农村基层组织的凝聚力、号召力、战斗力,解决经济发展不平衡、不充分的主要矛盾问题并最终实现共同富裕。根据邓小平"第二次飞跃"论和"习近平新时代壮大集体经济的思想"(张杨、程恩富,2018),集体经济应是中国农村经济发展的总方向,但这并不意味着不能发展家庭私人经营模式,但其规模不能过大,否则会存在私有化的风险。我国农业的方向还是要按照集体经济的思路发展。新时代实施乡村振兴战略要明确集体经济和合作经济究竟是什么,其区别究竟是什么的问题。现在中央文件或学术文章一般不区分集体经济和合作经济,一

收稿日期:2018—10—10

作者简介:张杨(1985—),河北金融学院讲师,中国社会科学院马克思主义学院博士研究生,主要研究方向为马克思主义政治经济学。

基金项目:本文系2018年度河北省社科联社会科学发展课题"河北发展新型农村集体经济途径与对策研究"(201804020213)的研究成果。

般会对两个概念进行泛化或是交叉处理，但在研究与实践中还是要客观分清两者的区别，才能够更好地壮大集体经济。新时代实施乡村振兴也应警惕把集体产权股份化等分割集体资产的做法，警惕以农村集体资产量化的名义瓦解集体经济的行为。

一、农村集体经济和合作经济的来源与使用

(一)概念来源

从农村集体经济和合作经济的概念出现的前后顺序来看，合作经济要早于集体经济。合作经济的概念源自合作社经济，其最早出现在空想社会主义代表人物欧文的《新世界道德书》中，完整阐述于马克思、恩格斯，在列宁时期得到了空前发展。恩格斯在《法德农民问题》中提出从小农经济过渡到合作制经济的方法论。他指出："对于小农的任务，首先是把他们的私人生产和私人占有变为合作社的生产和占有，但不是用强制的办法，而是通过示范和为此提供社会帮助。"(马克思、恩格斯，1995)在《苏联农业经济学词典》中，"合作社所有制"是指"社会主义条件下生产资料公有制的形式之一。它是在合作社成员自愿将其全部或部分生产资料公有化和股金的基础上产生的。之后，它依靠由生产活动决定的内部积累不断发展"(Г·А·多尔戈舍伊，1990a)。在该术语的解释中，还阐述了在将来科学技术等现代农业生产力在客观上得到大力发展的情况下，应该以崭新的态度对待专业化的组织农业生产问题，以便合理地使用土地、劳动力资源和物资。这一点与邓小平后来的"第二次飞跃"论也是吻合的。"合作社所有制"与"列宁的合作社计划"有着不可分割的联系。"列宁的合作社计划"是指"对农村进行社会主义改造的计划，其途径是通过逐步的自愿联合，将个体小农户联合成大型集体经济。大型集体经济能广泛利用科学—技术进步的成就，并为生产和劳动的社会化开辟道路"(Г. А. 多尔戈舍伊，1990b)。通过"合作社所有制"和"列宁的合作社计划"的历史表述，可以发现合作经济在苏联社会主义建设初期所起到的重要历史性作用。

马克思在1875年的《巴枯宁〈国家制度和无政府状态〉一书摘要》中论及改造农民私有制时第一次使用了"集体所有制"的概念，明确指出，"应当促进土地的私有制向集体所有制过渡，让农民自己通过经济的道路来实现这种过渡"(马克思、恩格斯，2009)，对集体经济的探索提供了坚实的理论武器。此后，苏联社会主义制度的实践与改革中，逐渐由斯大林倡导的集体经济取代列宁倡导的合作经济。斯大林从1924年开始执政，放弃了列宁的新经济政策，全力进行社会主义工业化和农业集体化建设。他在农业集体化建设中曾提出过"集体农庄经济""集体化经济""集体大经济"等表达方式。这些表达都属于集体经济的概念范畴。斯大林的集体经济理论是坚持社会主义道路，通过集

体农庄的模式发展集体经济。在论及社会主义农业的出路问题时，他指出“社会主义农业的出路就在于使农业成为大农业，使农业能实行积累和实现扩大再生产，从而改造国民经济的农业基础”(斯大林，1979)。在论及如何使农业成为大农业时，他指出“社会主义道路就是在农业中培植集体农庄和国营农场，结果是使小农经济联合成为以技术和科学的集体大经济，这种经济有可能向前发展，因为它能够实现扩大再生产”(斯大林，1979)。

(二)我国宪法和党的报告中关于农村集体经济和合作经济

我国宪法和党的全国代表大会报告没有对集体经济和合作经济的概念进行明确的区分，但从中可以肯定的是集体经济和合作经济存在内在必然的联系。在新时代中国特色社会主义建设过程中，坚持农村集体所有制，最优为壮大集体经济，而发展合作经济或股份合作经济可以作为一种过渡形式。

1982年《中华人民共和国宪法》的第一章第八条指出:“农村人民公社、农业生产合作社和其他生产、供销、消费等各种形式的合作经济，是社会主义劳动群众集体所有制经济。”1993年《中华人民共和国宪法修正案》的第一章第八条修改为:“农村中的家庭联产承包为主的责任制和生产、供销、信用、消费等各种形式的合作经济，是社会主义劳动群体集体所有制经济。”1999年《中华人民共和国宪法修正案》的第一章第八条修改为:“农村集体经济组织实行家庭联产承包经营为基础、统分结合的双层经营体制。农村中的生产、供销、信用、消费等各种形式的合作经济，是社会主义劳动群体集体所有制经济。”此后的2014年宪法修正案和2018年的宪法修正案都继续沿用了1999年的表述。

在党的报告中，十五大报告明确指出“集体所有制经济是公有制经济的重要组成部分。集体经济可以体现共同致富原则，可以广泛吸收社会分散资金，缓解就业压力，增加公共积累和国家税收。要支持、鼓励和帮助城乡多种形式集体经济的发展”，并且“逐步壮大集体经济实力”。这对发挥公有制经济的主体作用意义重大。十六大报告的表述是“增强集体经济实力”。十七大报告提出“探索集体经济有效实现形式，发展农民专业合作组织”。十八大报告指出“壮大集体经济实力，发展农民专业合作和股份合作”。十九大报告中再次明确提出要“壮大集体经济”。由此可见，从党的十五大到党的十九大的20年间，“壮大农村集体经济”都成为解决“三农”问题的要点。随着中国特色社会主义进入新时代，我国社会主要矛盾已经转化为人民日益增长的美好生活需要与不平衡、不充分的发展之间的矛盾。经济发展不平衡、不充分的问题需要在经济发展新常态下深刻变革生产关系才能从根本上得到彻底解决，进而进一步实现人民共同富裕。而壮大集体经济是解决农村经济发展不平衡、不充分的良方。

(三)关于“集体经济和合作经济”的学界定义

1.“集体经济包含合作经济，集体成员可以完全自愿和自由地进入和退出集体经济”(邹东海、欧阳日辉，2008)

该定义指出集体所有制经济包含以下特征：“以集体所有制为特征，采用公用产权形式，实行财产终极所有权、法人财产权和经营权‘三权分离’，集体成员当家作主，实行按股分红和按劳分配相结合，集体成员的进入和退出完全自愿和自由，而且认为我国集体所有制经济有三类，分别是合作所有制、社区所有制和社会集团所有制。”(邹东海、欧阳日辉，2008)

这种定义值得注意的地方有两点。第一，如果集体成员可以完全自愿和自由地进入和退出集体经济，而没有任何限制条件，例如限制退出集体经济不能带走原有资产或不能把所属资产转卖给其他公司等，否则原有的集体经济所有者所拥有的资产倍数差距将逐渐拉大，原有的集体所有制经济形式就可能无限接近于私人股份制，集体经济就存在严重的私有化风险。第二，集体所有制经济和合作所有制经济在生产资料是否量化给个人问题上有着本质区别，因此说集体经济包含合作经济显然是有待探讨的。

2.“集体经济是合作经济，但合作经济未必都是集体经济”(于光远，1985)

该定义指出合作经济与集体经济不是同一个概念。集体经济是合作经济，是组成集体的诸成员间进行合作的经济，但是合作经济未必都是集体经济，合作经济有多种形式，它是集体经济这个概念所不能包容的。

这种理解的言外之意就是合作经济的概念范围要大于集体经济的范围，可以说合作经济在形式多样性方面和“分”与“统”的灵活性方面的确所指范围更广，但把区分集体经济和合作经济的重点放在讨论集体经济和合作经济的所属关系上似乎并没有抓住问题的核心。

3.“合作经济是集体公有制经济而不是合资经营的集体私有制经济，是自愿结合、联合劳动的社会主义性质经济而不是半社会主义经济集体所有制”(杨坚白，1988)

我国社会主义农业所有制的改革方向应是以邓小平“第二次飞跃”论为指导，发展集约化基础上的集体经济，发展合作经济或股份合作经济可以作为一种过渡性选择。合作经济是自愿结合、联合劳动的社会主义性质经济，这一定义是准确的。但如果把集体经济和合作经济的概念等同起来并不符合实际情况。

4.“把村级集体经济产权制度改革后成立的组织定义为新型集体经济组织”(郭光磊，2016a)

在《北京农村研究报告(2015)》中关于村级集体经济产权制度改革效果研究的报告中，指出北京农村集体经济产权制度改革98%选择了“存量资产量化”为主的新型集体经济产权改革，主要是发展存量资产量化型的股份合作制，成立股份合作企业、有限责任公司或股份有限公司、股份经济合作社。报告中把股份合作制的合作所有制经济形式定义为新型集体经济值得探讨，将现有集体经济组织成员的净资产进行股份量化显然已经具有了合作经济的特质，若把其定义为半集体经济半合作经济会更为妥当。

5.“社会主义国家把合作经济作为集体经济的一种实现形式”(朱有志，2013)

《中国新型农村集体经济研究》一书中指出：“目前理论界与社会各界尚对‘合作经济’与‘集体经济’两个概念及相互之间的关系存在部分模糊的认识，对我国集体经济发展造成一定影响。正确把握二者之间的关系，对促进我国农村集体经济理论与实践的健康发展至关重要。”(朱有志，2013)该书从社会主义国家和资本主义国家不同的理论与实践的视角出发，充分论证了农村集体经济与合作经济思想的内在联系，指出：“社会主义国家把合作经济作为集体经济的一种实现形式”“资本主义国家虽然没有公有制意义上的‘农村集体经济’，但有经营层面上的合作经济”。(朱有志，2013)此外，书中依据资本主义国家和社会主义国家对待农村集体经济和合作经济发展问题上的相互补充与融合，科学地提出世界农村集体合作经济。书中侧重于阐明农村集体经济和合作经济的内在联系，而对于两者的本质区别有待进一步明晰。

二、农业合作经济的核心特质是资产量化

迄今为止人类社会所有制共有私人所有制、私人股份制、合作股份制、股份合作制、合作所有制、集体所有制等多种形式。这些所有制形式的并存或转化都需要经历人类漫长的发展过程。其中，最容易混淆的概念是股份合作制、合作所有制、集体所有制的经济形式。通过国内外实践发现，集体经济与合作经济或股份合作经济都可以通过资产构成与分配、劳动贡献、管理模式的三个方面加以界定。而区分集体经济与合作经济或股份合作经济的区别有一个重要考察标准，即资产是否量化给个人。资产量化与否成为区分两者的重要原则。具体来说，合作经济或股份合作经济资产量化给个人，且量化后资产倍数差距不大，而集体经济资产一般不会量化给个人。

(一)股份合作经济

1. 马克思关于股份制、土地股份合作产权的观点

马克思完整阐述了股份制、土地股份合作产权的基本观点，对于股份合作制的定位与发展具有重大的理论意义，是探索和发展股份合作所有制经济的理论指南，对于界定和发展合作经济具有重要的启示作用。马克思在《资本论》中，对于股份公司的出现总结了三点历史意义。第一，股份公司是生产规模社会化的产物。第二，股份公司是建立在生产资料和劳动力的社会集中的

基础上,是私人财产在资本主义生产方式范围内的扬弃。第三,股份公司是私人资本再转化为生产者联合起来的社会财产所必需的过渡形式,因为"在股份公司内,职能已经同资本所有权相分离,因而劳动也已经完全同生产资料的所有权和剩余劳动的所有权相分离"(马克思、恩格斯,1975a)。其中,马克思论述了股份制是"所有那些直到今天还和资本所有权结合在一起的再生产过程中的职能转化为联合起来的生产者的单纯职能,转化为社会职能的过渡点"(马克思、恩格斯,1975b)。马克思所论及的股份制是一种从私人资本向社会资本转化的可能性,在社会主义发展的今天,股份合作制对于探索社会主义公有制的多种实现形式、探索土地集体经济的壮大都有深远的影响。

2. 股份合作经济的概念与国内实践

股份合作经济是合作者占有的量相当,成员承包土地以及联合资金、设备、技术等其他生产要素都要统一量化入股,同时每个人都要在本企业劳动,分配是在扣除各项税费、公积金、公益金等余额之后进行的按股分红。股份合作制的主要特点是入股和分配的倍数差别相对不大,重大问题或决策"一人一票",个别主要问题"一股一票"等。而私人股份经济是资本差别较大的个人投资,投资者可不在本企业劳动,重大问题或决策"一股一票"。

股份合作制在我国产生于20世纪八九十年代的农村。1978年党的十一届三中全会以来,邓小平大力推动开放与改革,以农村的开放作为起点,把农村取得的成功经验逐步推广到城市。家庭联产承包责任制和乡镇企业为核心的农村经济体制改革,为股份合作制的出现提供了重大政策支撑。股份合作制在我国的发展在一定程度上解决了土地家庭承包所造成的土地细碎化、生产效率低、大面积抛荒等问题,促进了农村土地规模经营的发展。

20世纪90年代初股份合作制的大幕在全国拉开。20世纪90年代初,珠江三角洲地区积极探索股份合作制改革的推广模式。1993年1月广东省南海市正式成立国内第一家股份合作公司——下柏股份集团公司。(张笑寒,2010a)这种变革从原有的家庭分散经营发展为土地规模经营,使广大农户可以共同分享土地所带来的经济效益。当地政府确立了以土地股份合作制来替代传统的集体所有权的农业合作化发展道路,并得到了全国很多地方的效仿。此后,党的十五大把股份合作制引入了城镇集体所有制企业和部分国有中小型企业,从此股份合作制在实践中成为一种较为广泛的企业组织形式。

伴随着股份合作制的深入发展,所有制性质模糊、法律主体地位缺失、运行体系不完善等问题逐渐显现。面对发展的诸多问题,江苏省率先进行了探索实践,在完善市场主体资格和地方法律立法方面取得了突破。一方面,2006年3月江苏省苏州市吴中区工商行政管理局向该区的林村颁发了首张土地股份合作社营业执照。(张笑寒,2010b)另一方面,2009年11月江苏省人大常委会通过了《江苏省农民专业合作社条例》,确立了股份合作社的法律地位,推

动了股份合作制的立法进程。(张笑寒,2010c)

2014 年以来,贵州省六盘水市进行的“资源变股权,资金变股金,农民变股民”的“三变”股份合作改革模式得到了较广范围内的推广。“三变”股份合作改革调动了可以调动的力量,把分散的资源、资金、农民联合起来,实现农户与经营主体联产联业、联股联心,发展多种形式的股份合作经济,助力精准扶贫、精准脱贫,确保到 2020 年解决我国区域性整体贫困问题。“三变”股份合作改革模式中,“资源变资产”是指村集体将土地、林地等自然资源通过土地经营权入股的方式盘活,让绿水青山变金山银山;资金变股金是指在不改变资金使用性质及用途的前提下,将各级财政投入到农村的资金量化为农民持有的股金,将其投入各类经营主体;农民变股东,农民自愿将个人的资源、资产、资金、技术等入股到经营主体,按“保底分红+按股分红”的方式进行分配。[①]“三变”股份合作改革模式体现了资产量化分红的合作经济特质。

中国农村改革第一村、安徽省凤阳县小岗村近年来从率先实行“大包干”向尝试着实现“第二次飞跃”转变,走上了股份合作经济的道路。2016 年作为农村集体资产股份权能改革制度的改革试点,小岗村“集体资产股份合作社与小岗创发公司按比例搭建股权结构,合作社探索以品牌作为无形资产和经营性资产联合入股小岗创发公司,作价 3 026 万元,占股 49%,赋予权能,量化到村民”(高云才、朱思雄、王浩,2018)。根据 2017 年村集体经济的收益,2018 年小岗村合作社共获得分红 156.8 万元,其中提取部分收益作为公益性资产,村集体资产收益首次分红,村民每人获得 350 元。

(二)从农业合作社的互助资金看合作经济的特质

合作经济在资产或股份构成与分配层面,资产或股份量化或平均量化,实行按股分配,其区分于股份合作经济的突出特点是股份分配各成员的所得倍数相差更小;在劳动贡献层面,全体成员都要参与劳动,实现“互帮、互助、互享”;在管理模式层面,民主管理,企业重大决策实行以“一人一票”为之表决方式。例如,农业合作社的互助资金可以充分展现合作经济的特质。

农业合作社的互助资金是专业合作的一种形式,是指经农民专业合作社成员代表大会决议通过,以产业为纽带,以成员信用为基础,由本社全部或部分农户成员自愿出资筹集互助资金,为本社农户成员发展专业化生产提供互助资金借款业务的活动。(郭光磊,2016b)

合作社的互助资金全部来自社员所缴纳的股金,即来自合作社内部,并不吸纳储蓄且不接受外部出资入股。根据互助资金投入后实际取得的利润进行分红。需要注意的是,合作社互助资金是农村弱势群体的资金合作,不以利润

---

① 中央党校农村改革调查课题组,中国农村改革发展的新探索——贵州省六盘水市“三变”改革工作调查,《中国党政干部论坛》,2016 年,第 87 页。

最大化为目标，而是为社员提供资金融通，合作社是按照互惠互利、风险共担、利益共享、一人一票的原则进行民主管理。例如，被评为全国农民专业合作社示范社的北京裕群养殖专业合作社从2009年开展资金互助，通过“取于社员、用于社员”，增强了合作社自身“造血”功能，其互助资金具有“民办、民享、民营”的特点，充分体现了合作经济的特质。“民办”方面，该合作社2013年10月就实现了当地100%农户参与，而且规定互助金的资金投入额度最低是100元且最高投入额度不得超过总额的20%，这就充分保证了成员间资产或股份构成差别不被拉大。互助金总额为140万元，使用互助金达到500余次，使用金额合计510万元。“民享”方面，2014年合作社实现产值5 000多万元，年终分红32万元，农户成员户均收入达5万多元。“民营”方面，实现一人一票、自我服务、民主管理的结合。(郭光磊，2016c)

三、新时代壮大集体经济应坚持集体资产归集体成员所有

程恩富教授曾经对农村集体所有制经济进行了科学的定义。他指出：“农村集体所有制经济，是指生产资料归农村部分劳动者集体所有的一种公有制形式，并在分配上实行多种形式按劳分配。其严格的经济本质规定性是‘整体所有、自主决策、联合劳动、按劳分配’。”(程恩富，2010)其中，“整体所有”就指明了集体所有制经济的集体资产应归集体所有，不能随意分割与变卖。农村集体资产是发展农村经济和实现农民共同富裕的重要物质基础，对于发展壮大集体经济，增强集体经济组织服务功能，增加农民财产性收入具有重要作用。① 由此，农村集体资产必须做到财务管理的公开、透明、规范。

所谓集体所有制经济，在资产构成与分配层面，是指农村集体经济组织成员出资或持股、资产不量化到个人、实行按劳分配或按股分配；在劳动贡献层面，是指集体参与劳动；在管理模式层面，是指民主管理、设立农村集体经济组织大会、制定本集体经济组织章程、会议所做决定应实行“一人一票”或者“一户一票”等表决方式并须本集体经济组织2/3以上的户的代表参加并到会人员过半数投票才能通过、成立理事会及监事会等部门负责审议其他重大事项。

其中，资产或股份集体所有而不能量化给个人是界定是否属于集体经济的核心特质。假如出现农村集体经济组织或丧失成员资格的成员自愿退出集体经济组织的情况，不可以分割集体资产并带走。可行的方式是可以由农村集体经济组织同意转让其股份给集体经济的合法继承人，但为了防止合法继承人总共获取的转让份额过大从而拉大股份倍数差异，农村集体经济组织也

① 中华人民共和国农业部，《中国农业发展报告(2014)》，北京：中国农业出版社，2014年，第104页。

应设置受让方占有股权的上限。在实践中,按照资产或股份集体所有和量化程度,可以将带有集体经济特征的集体形式分为两种类型。第一种是集体经济,特点是资产或股份集体所有不能量化给个人,如果一旦资产或股份量化到个人就不能称为完全的集体经济。第二种是半集体经济、半合作经济,特点是部分资产或股份集体所有,部分资产或股份合作社所有,其余资产或股份量化到个人所有,三者的份额大致相当。

(一)国内集体经济典型分析——以周家庄为例

河北省周家庄是目前中国唯一实行乡级核算管理体制的乡,现辖有 6 个自然村,划分为 10 个生产队,实行集体经营、统一核算、专业承包、分工分业的管理模式。周家庄近 70 年来因地制宜、实事求是,坚持走社会主义集体化道路,坚持实现共同富裕的目标,加快建设社会主义新农村,坚持一二三产业融合发展,发展现代生态农业。在农业领域,周家庄建成了优质小麦繁育、红地球葡萄、出口鸭梨、蔬菜大棚、高档苗木 5 个专业生产基地,筹建了奶牛养殖示范园,发展订单农业,充分确保生产质量,坚持绿色发展;在工业领域,建成了阀门厂、彩色胶印厂、建筑公司、纸箱厂等多家集体企业;在第三产业方面,大力发展现代商业和旅游业,建设周家庄新村,开发了农业观光采摘旅游项目。周家庄在乡灵魂人物——雷金河的带领下坚持集体化道路、坚持“一张蓝图绘到底”的长效机制①,使集体经济基础更为雄厚、社员生活水平逐年提高。周家庄之所以成为国内发展集体经济的典型是因其集体资产并不量化给个人,而是坚持国家、集体、个人三个主体一本账也即“完成国家的,留足自己的,剩余全是集体的”②,其中集体资产用于公积金、公益金和再分配风险基金等公共积累。均衡富裕(不能理解为平均富裕)是壮大集体经济的重要特征,周家庄既坚持按劳分配的原则,又注重平衡社员之间的劳动收益,确保效率和公平的统一。2015 年周家庄工农业总收入 101 123 万元,集体纯收入 24 541 万元,上交国家税金 2 788 万元,留公共积累 3 189 万元,人均现金分配 13 189 元,人均纯收入 18 048 元,集体公共积累截至 2015 年底累计余额 52 291 万元,待分配风险基金 16 289 万元,集体累计公共积累比 1978 年前增长 104 倍,社员生活水平增长 142 倍,工农业总收入增长 139 倍。③

(二)国外集体经济典型分析

1. 日本山岸会

在日本,山岸会是依据《农业协同组合法》(1947)所成立的非营利性的农事组合法人,由 17 个法人组合而成。根据 2012 年 7 月东洋经济新报社刊发

---

① 中国红色文化研究会,《田野的希望——榜样名村成功之路》,北京:北京日报出版社,2017 年,第 8 页。

② 同上,第 15 页。

③ 同上,第 15 页。

的《周刊东洋经济》中关于农业组合法人绩效排名，山岸会的丰里实显地位列第2，春日山实显地排名第30位。（村冈到，2013a）例如，位于三重县的丰里实显地于1969年设立，经营着乳牛、肉牛、猪、鸡等畜牧业及相关加工业，以及蔬菜、果树等多样性农业。山岸会的实验田被称为“实显地”，寓意是依靠强大集体的意识来实现共同繁荣的目标。山岸会实践循环农业和有机农业，在日本农业经济整体衰退的情况下，山岸会反而取得了卓有成效的成绩，这一切都要归功于其集体所有的经济形式。

山岸会的核心理念是1960年由山岸社创始人山岸巳代藏所提出的“打造不需要金钱的和谐、幸福农村”。山岸会坚持“现代农业经济的发展依靠土地私有无法实现”的基本观点，在1978年集体发表的《山岸主义给日本农业的建议》中就明确指出“农地比私人所有更为重要的是使用本位思想”（村冈到，2013b），言外之意就是土地集中、集约使用比土地私有更符合现代农业的发展特点。山岸主义宣称找到了突破苏联式集体农庄型集体经济弊病的钥匙即坚持自愿原则，长期致力于通过建设集体所有的社会来发展集体经济。发展集体经济即是山岸会的长远目标，又是其所希望实现的理想，以此改变私有经济占主体地位的社会现状。山岸会的成员虽然进行集体劳动但没有工资收入，农业经营的盈余并不量化给个人。山岸会没有给成员规定上下班时间以及休息日时间，在完成工作任务的前提下完全由成员自主决定工作时间。在资产不能量化以及绝对弹性工作的前提下，可以提高成员的工作积极性，确保工作任务的高质量完成来发展集体经济，在日本国内绩效依然名列前茅，可以说，为当今世界农村集体经济的发展提供了良好的案例。

究其模式成功的原因主要来自两方面。一方面，在创始人山岸巳代藏精神的感召下，人人具有为实现集体和谐、生活幸福而奋斗的理想；另一方面，山岸会实现了对全体成员在衣食住行、教育、医疗等方面的全方位保障，实现了可以不花一分钱就可实现“全人幸福”的根本愿望。山岸会成员在衣食住行方面，可依据个人喜好到衣服生活馆里挑选需要的外套、西服、内衣等衣物，还设置了专门清洗衣物的洗衣馆；可以在设施完备、菜品做工优良的食堂就餐，食材大部分来自内部生产且绿色环保，其中丰里实显地的“爱和馆”食堂具有专业厨师32人，此外，在村的商店里摆有面包、点心、牛奶等食物可以按需取用，把“民以食为天”的精神发挥到了极致；提供的居住房大致每栋2—3层，每栋有20家左右，每家大致是10平方米的卧室，虽然面积较小，但卧室里有电视和桌子等，每层具有公共的卫生间和开水房，附近配备有温泉设施，如丰里温泉的和乐馆等；实现了使用生活用车或工作用车的“共享汽车”模式，还配有手机等生活必需品。教育方面，致力于通过“乐园村”让孩子们从小回归自然、回归本真。医疗方面，实显地内部设有医务所，由于当地医疗水平有限，如果需要去附近的大医院就医，其医药费也可全额报销。（村冈到，2013c）

2. 西班牙蒙德拉贡合作社

2015年西班牙蒙德拉贡合作社已拥有社员约7.4万名，合作社工厂257家，发展成集工业、商业、金融、教育、服务等为一体的欧洲范围内最大的综合型合作社集团。蒙德拉贡合作社的基本原则是尊重劳动的最高权力性，通过联合劳动摆脱资本的剥削从而摆脱贫困。蒙德拉贡合作社根据“一人一票”的原则，建立全体社员大会及下属管理委员会、审计委员会和社会委员会等资本服务于集体经济的制度。合作社在股份合作制基础上进行创新实践，实践的核心是在兼顾效率与公平的原则下使个人资产集体化运用，其主要体现在个人资产账户的设立。（解安、朱慧勇，2016）合作社的全体社员都必须缴纳相当于一个年轻社员一年收入的会费用于存入个人资产账户，而个人账户的联合会形成集体资产共同用于产业投资与经营。蒙德拉贡合作社为充分调动社员的积极性，把盈余的70%在形式上量化到个人账户，把剩余的30%分配给集体账户。更主要的特质是通过个人账户的资金不得随意提取，来保障集体资产的长期性与稳定性，蒙德拉贡合作社与日本山岸社类似实质上“资产长期不能量化”。个人账户的“资产长期不能量化”得益于合作社具有严格的分红标准，既为保障集体经济的特质，个人资产账户内的资金不允许被随便取出，只有在离职、退休、去世等情况发生时才可以提取，并通过合理的弹性薪酬制调节收入分配。因此，蒙德拉贡合作社属于集体经济的范畴。

（三）国内半集体经济、半合作经济典型分析

我国许多实践新型集体经济的区域采用半集体经济、半合作经济的形式，甚至是出现了从集体经济为主向合作经济或股份合作经济为主转化的新情况。

1. 塘约村

2014年以来，贵州省塘约村成为全国贫困村脱贫致富的标杆，被称为塘约道路。塘约道路成为中国大多数村落可以借鉴的发展道路，也成为世界侧目观望的道路。塘约村依托村级土地流转中心和农村产权确权信息管理平台，全村土地、林地、集体建设用地（宅基地）、农村房屋、小型水利、集体财产等七权进行确权，实现了土地所有权、承包权、经营权的“三权分置”。在此基础上，采取“合作社＋基地＋农户”“公司＋合作社＋农户＋市场”等模式，村民变成股东可以获得更多量化收益。塘约村资产或股份的收益分配模式为分配给集体30%、合作社30%、村民40%（胡丽华，2016），其中集体、合作社以及分配给村民的三部分份额大致相当，集体和合作社分配份额相等。

2. 北京市村级集体经济组织

北京市集体经济在新中国成立后长达60年的时间里得到了迅猛发展，累积了巨额的集体资产。根据《北京农村研究报告（2015）》所发布的数据，截至2014年底，北京市共有乡村集体经济组织4 172个，其中乡级195个，村级

3 977个。农村集体总资产达到5 207.9亿元,其中乡级集体资产2 107.3亿元,村级集体资产3 100.6亿元。农村集体净资产1 919.7亿元,其中乡级集体净资产508.8亿元,村级集体净资产1 410.9亿元。北京市村级集体经济在逐步实施产权制度改革,截至2015年,累计完成改制单位3 585个,农民成为新型组织的股东数为326万人。在改革中,所实施的主要手段是股份量化,有98%的农村实施"存量资产量化",将属于现有集体经济组织成员的净资产划分为集体股和个人股。其中,集体股的比例一般占30%;个人股占70%,个人股又分为普通股和优先股,普通股又具体包括劳动贡献股、现金股、土地承包经营权股、自然资源股、户籍股等多种股份。(郭光磊,2016d)

从过去农村集体经济组织到存量资产量化型股份合作制现代企业,从过去完全集体持股到集体持股只占30%而其余部分全部资产或股份量化给个人,可以说完成了从集体经济为主向合作经济为主的转化,具有了半集体经济、半合作经济的性质。但这种解决集体经营中"集体所有权缺位"的所有制改革,将农村集体经济组织向现代股份公司转变,可能会进一步增加集体资产流失风险。村级集体经营性净资产可能会继续全部量化给个人,以致不留集体股份,缩窄了集体经济的发展空间,甚至会出现原集体经济组织私有化的风险。

3. 华西村

具有"天下第一村"美誉的江苏省华西村以雄厚的集体经济为后盾,长期是全国集体经济发展的样板。在华西村的企业中,实行"村企合一、多元并举"的经营体制,农村劳动力全部由农民转变为企业工人并拥有自己的股份,但村集体要确保占有大份。华西村提出了"抓大扶小"甚至是"抓大放小"的改革思路,始终保持对于毛纺厂、线材厂、型钢厂等关系经济命脉的大企业进行掌控,对于一些经济效益较差的小企业可以把资产或股份量化给小企业经营。华西村在资产或股份量化方面长期属于集体经济为主的范畴,大致利润的20%分配给村民,80%归村集体所有并作为新的投资。2002—2012的十年间华西村通过集体积累的可用资金为212.62亿元,人均每年119.92万元。(彭维锋、冯治,2013a)

华西村在资产或股份量化方面也从集体经济为主向合作经济为主转变。被命名为"中国农村第一股"的"华西村"的A股股票于1999年7月13日经证监会批准在深圳上市,由此华西村股份有限公司成为中国第一家以农村名命名的上市公司。"华西村"股票上市共募集资金2.9亿元,该资金用于电厂扩能、毛纺厂技术改造,并设立了一个新的化纤项目。此后,2003年,华西村提出金融服务业拓展改革方案,时至今日华西村已经拥有小贷公司、典当公司、财务公司等,并参与了多家银行、证券、期货公司的股权投资。(彭维锋、冯治,2013b)在金融改革的道路上,华西村也逐渐对于原本80%归村集体经济所有的部分不再留置而是逐步量化。虽然集体经济仍持有股份，但所占比例在逐渐减少，如果任其发展，原有的集体经济就可能退归到以合作经济为主、甚至是合作人制度等股权形式。如果按股分配差距拉大，就越具有剥削性质，也就越接近私人股份制等私有制形式，如按股分配差距越小，才会越接近合作所有制或集体所有制。截至 2013 年年底，我国村组两级集体资产量化总额达 4 362.2 亿元，设立个人股东 4 202.1 万个，农村“资产变股权，农民当股东”的变革进一步加剧。①

对于集体经济为主向合作经济为主转变的情况应引起各界的高度关注。特别是在社会主要矛盾转化为“人民日益增长的美好生活需要和不平衡不充分的发展之间的矛盾”的新时代，实施乡村振兴战略被赋予了实现共同富裕的时代使命。由此，乡村振兴绝不能被资本的盛宴所绑架，应因地制宜地坚持集体经济组织的资产归成员集体所有，这是新时代壮大集体经济的重大原则。如果集体资产进一步量化、分割，就存在把集体经济搞垮的巨大风险。因此，应警惕把集体产权股份化等分割集体资产的做法，也应警惕以农村集体资产量化的名义瓦解集体经济的行为。

参考文献

[1]村岡到，2013，《農業が創る未来．ヤマギシズム農法から》，東京：ロコス，第 42—43 页 a、第 129 页 b。

[2]村岡到，2013，《ユートピアの模索 ヤマギシ会の到達点》，東京：ロコス，第 30—39 页 c。

[3]Г. А. 多尔戈舍伊，1990，《苏联农业经济学词典》，北京：农业出版社，第 142 页 a、第 149 页 b。

[4]程恩富，2010，《程恩富选集》，北京：中国社会科学出版社，第 733—734 页。

[5]郭光磊，2016，《北京农村研究报告(2015)》，北京：社会科学文献出版社，第 238—239 页 a、第 275 页 b、第 279—281 页 c、第 237—239 页 d。

[6]高云才、朱思雄、王浩，2018—07—19，源自改革的市场活力—安徽省凤阳县小岗村实现人人分红纪实，人民日报。

[7]胡丽华，2016，“三权”促“三变”塘约路更宽——平坝区塘约村推进改革创建“小康村”见闻，《贵州日报》。

[8]马克思、恩格斯，1995，《马克思恩格斯选集》(第 4 卷)，北京：人民出版社，第 498—499 页。

[9]马克思、恩格斯，2009，《马克思恩格斯文集》(第 3 卷)，北京：人民出版社，第 404 页。

[10]马克思、恩格斯，1975，《马克思恩格斯全集》(第 25 卷)，北京：人民出版社，第 493

① 中华人民共和国农业部，《中国农业发展报告(2014)》，北京：中国农业出版社，2014 年，第 114 页。

页a、第494页b。

[11]彭维锋、冯治,2013,《吴仁宝传奇》,北京:北京大学出版社,第139页a、第122页b。

[12]斯大林,1979,《斯大林选集》,北京:人民出版社,第213页。

[13]解安、朱慧勇,2016,股份合作制的治理机制及其创新实践——西班牙蒙德拉贡合作社的借鉴与启示,《中共浙江省委党校学报》,第64页。

[14]于光远,1985,谈社会主义建设时期的合作经济问题,《中国合作经济报》。

[15]杨坚白,1988,正确认识和对待集体所有制的合作经济,《江汉论坛》,第2页。

[16]邹东海、欧阳日辉,2008,《中国所有制改革30年》,北京:社会科学文献出版社,第366页。

[17]朱有志,2013,《中国新型农村集体经济研究》,长沙:湖南人民出版社,第48页。

[18]张笑寒,2010,《农村土地股份合作机制的制度解析与实证研究》,上海:上海世纪出版集团,第3页a、第60页b、第63页c。

[19]张杨、程恩富,壮大集体经济要处理好"统""分"关系,《北京日报》理论版,2018年4月23日。

On the Different Characteristics of Rural Collective Economy and Cooperative Economy

Zhang Yang

Abstract The issue of agriculture, rural areas and farmers is a fundamental issue that concerns the national economy and people's livelihood. The 19th National Congress of the Communist Party of China clearly pointed out "strengthening the collective economy" in "the strategy of rural vitalization". According to Deng Xiaoping's "second leap" theory and Xi Jinping's idea of strengthening the collective economy in the new era, the collective economy should be the general direction of China's rural economic development, while the cooperative economy or the joint-stock economy can be a transitional choice. But now central documents or academic papers generally do not distinguish between collective economy and cooperative economy, and the two concepts are often generalized or cross-processed. Through the comprehensive study of the typical cases of collective economy and cooperative economy at home and abroad, it is concluded that the standard to distinguish between collective economy and cooperative economy is whether assets are quantified. A clear distinction between the collective economy and the cooperative economy will greatly contribute to the growth of the collective economy, ensuring that by 2020 China's overall regional poverty problem will be solved, and socialist agricultural modernization will be basically achieved by 2035, finally achieving the second leap in agriculture.

Key words Collective Economy　Cooperative Economy　Joint-stock Cooperative Economy　Asset Quantification　Political Economic Theory

改革开放以来中国农村财政扶贫资金使用效率评估研究

蒋永穆　任泰山　刘　涛

内容提要　农村财政扶贫资金使用效率关系到精准扶贫目标的实现,关系着我国到 2020 年能否顺利建成并进入小康社会。本文以 1981—2015 年国家贫困县农村扶贫资金来源数据为基础,以各项扶贫资金投入作为投入变量,以贫困差距指数、贫困发生率指数和农村基尼系数为产出变量,运用超效率 SBM 模型,分析农村财政扶贫资金的使用效率状况及成因,最后提出构建精准扶贫系统下的效率提升机制,包括完善扶贫对象精准识别机制、构建财政扶贫资金精准投向的运行机制、构建农村财政扶贫资金精准管理机制、构建扶贫资金绩效精准考核机制。

关键词　农村　农村财政扶贫资金超效率　SBM 模型　效率
中图分类号　G812.42

一、引　言

贫困问题是世界各国共同面临的难题。新中国成立以来,反贫困实践取得了举世瞩目的成就。世界银行数据显示,1981 年至 2015 年,中国累计减少贫困人口 7.28 亿,这一数字比拉美或欧盟的人口还要多,而同期世界其他地区脱贫人口仅有 1.52 亿。我们知道,促成贫困人口脱贫的原因是多方面的,但不可否认,政府投入大量扶贫资金也是重要因素之一。以 1978 年不变价格计算,1981 年政府农村扶贫资金投入为 6.11 亿元人民币,2015 年增长到 142.21 亿元人民币,而 2017 年增长到 860.95 亿元,30 多年间增长了 139.9 倍。大量政府扶贫资金对农村贫困人口的快速减少起着重要的支持和保证作用,但是在巨大的农村财政扶贫资金投入后,其使用效率究竟如何?

收稿日期:2018—09—30

作者简介:蒋永穆(1968—),四川大学经济学院教授,主要研究方向为农业经济、农村经济。任泰山(1974—),四川大学经济学院博士研究生,主要研究方向为农村经济。刘涛(1983—),河南理工大学应急管理学院副教授,主要研究方向为三农问题、产业经济。

基金项目:本文系国家社科基金重点项目"坚持和完善农村基本经营制度研究"(14AZD029)和国家社科基金一般项目"新中国成立以来党领导中国特色农业现代化建设的历史进程和基本经验研究"(14BDJ029)的阶段性成果。

2013 年 11 月，习总书记在湖南湘西视察期间首次提出了“精准扶贫”。“精准扶贫”思想的提出反映了我国扶贫资金在使用效率上依然存在着改进的空间。

目前国内理论界对农村扶贫资金使用效率进行了一些研究，梳理这些文献，主要集中于以下几个方面：

一些学者对旅游扶贫效率进行了评价分析。龙祖坤等(2015)运用 DEA 方法测算分析了 2009—2013 年武陵山区的旅游扶贫效率，结合 MI 指数评价其效率形态，分为 4 种类型。黄渊基(2017)运用 DEA 方法评价分析了武陵山湖南片区 20 个贫困县(市、区)的旅游扶贫效率，发现该地区的旅游扶贫绩效总体呈上升趋势，但仍有较大改进空间。李烨(2017)运用 DEA 方法中经典的 CCR 模型和 BCC 模型对 2010—2015 年我国乡村旅游扶贫效率进行了评估。曹妍雪等(2017)运用三阶段 DEA 模型对 2015—2016 年我国民族地区的旅游扶贫效率进行了评价并分析了其效率变动的驱动因素。孙春雷等(2018)利用 DEA 模型评价研究了湖北大别山区 16 个县市区的旅游扶贫效率，使用 ArcGIS 软件对扶贫效率的空间分异规律进行了研究。

另一些学者对农村金融扶贫效率进行了研究。黄琦等(2016)采用 DEA 方法和区域差异分析方法，对秦巴山集中连片特困区的金融扶贫效率测度、形态分布及精准优化进行了研究。陈银娥等(2018)运用 DEA 模型测度分析了 2009—2015 年我国 31 个省(市、自治区)的金融扶贫效率，运用泰尔指数和 Moran’s I 指数对农村金融扶贫效率差异及其空间相关情况进行了探讨。

已有文献着重对旅游扶贫效率、农村金融扶贫效率进行了评价研究，但是对改革开放以来我国农村财政扶贫资金使用效率的研究较少。在目前扶贫攻坚日益进入关键阶段、扶贫资金边际效率日益递减的情况下，本文将以目前公布的比较全面的以 1981—2015 年国定贫困县农村扶贫资金来源数据为基础，以各项扶贫资金投入作为投入变量，以贫困差距指数、贫困发生率指数和农村基尼系数为产出变量，运用超效率 SBM 模型，对农村财政扶贫资金使用效率进行分析，以期为相关研究及政策制定提供有益的借鉴。

二、农村财政扶贫资金使用效率的评估框架

(一)模型方法

数据包络分析方法(即 DEA)是一种基于同等程度上被评价单元(即 DMU)相对效率比较的非参数效率分析方法。DEA 方法不需要事先对被评价单元的生产函数形式进行明确界定，避免了参数的主观赋值，同时它对可比较的被评价单元进行相对效率的排序，使得评估具有客观性。DEA 模型目前已经发展了近 160 种模型，传统的 CCR 或 BCC 模型在评估过程中可能会出

现多个有效单元,这对于效率评估和对比有一定局限性。超效率SBM模型不仅解决了多个有效单元的排序问题,同时考虑松弛变量,对于进一步分析投入产出要素有更好的参考价值。因此,本文选取超效率SBM模型对中国农村财政扶贫资金使用效率进行评估。超效率SBM模型是2002年Kaoru Tone在基于投入松弛测度的SBM模型基础之上提出的。

假设有 m 种投入要素, s 种产出要素,建立一个线性规划方程:

$$\min \rho_{SE} = \frac{1+\frac{1}{m}\sum_{i=1}^{m} s_i^- / x_{ik}}{1-\frac{1}{s}\sum_{r=1}^{s} s_r^+ / y_{rk}}$$

$$\text{s. t.} \sum_{j=1, j\neq k}^{n} x_{ij}\lambda_j - s_i^- \leqslant x_{ik}$$

$$\sum_{j=1, j\neq k}^{n} y_{rj}\lambda_j + s_r^+ \geqslant y_{rk}$$

$$\lambda, s^-, s^+ \geqslant 0$$

$$i=1,2,\cdots,m; r=1,2,\cdots,q; j=1,2,\cdots,n(j\neq k)$$

其中, ρ 为效率值, λ 为包络乘数, x_k 和 y_k 分别是 $\mathrm{DMU_k}$ 的投入向量和产出向量, x_i 和 y_r 分别是第 i 种投入要素和第 k 种产出要素, s_i^- 为松弛投入, s_r^+ 为松弛产出。对于待评价单元 $\mathrm{DMU_k}$, ρ 为超效率值,可大于1。

(二)评估指标与数据来源

本文结合已有研究,认为农村财政扶贫资金使用效率的投入指标包括发展资金(亿元)、以工代赈(亿元)、扶贫贷款(亿元)、省级扶贫资金(亿元)和其他资金(亿元),产出指标为贫困差距指数、贫困发生率和农村基尼系数。

由于贫困差距指数、贫困发生率和农村基尼系数属于反向指标,但是DEA原理要求产出指标应为正向指标,需要对三个指标进行正向化处理,正向化处理方法有多种方式,本文我们用"1-产出变量"的处理方式加以处理。具体说明如下:

1. 贫困差距指数

贫困差距指数又称为贫困缺口率或相对贫困指数,是指贫困人口的纯收入与贫困线差距的总和与达到贫困线收入的总和的比率,也表示实际贫困缺口与理论上最大的贫困缺口的比值。贫困差距指数考察的是贫困人口的收入分布,即贫困人口实际收入与贫困线之间的差距及贫困状况的变化程度,值域为[0,1]。从扶贫的角度而言,我们希望贫困差距指数越小越好:贫困差距指数的减小表明收入低于贫困线的人口的收入上升,即贫困程度减轻;贫困差距接近0表示贫困人口的经济收入基本接近脱贫线,即将脱贫;贫困差距指数增大说明贫困程度增加,而贫困差距指数越接近于1表明贫困群体基本接近赤贫状态。因此，在本文的超效率 SBM 模型中，我们采取“1－贫困差距指数”的方式对变量进行了处理，其实质是贫困人口的纯收入的总和与达到贫困线收入的总和的比率，也表示贫困人口的实际收入水平与理论上最大的贫困缺口的比值。经过处理后的贫困差距指数变量表示为“贫困差距指数”。在模型中，“贫困差距指数”越大越好，其越接近于 1，表明贫困程度在减轻；越接近于 0，表明贫困程度在增加。

2. 贫困发生率

贫困发生率又称为绝对贫困指数或贫困人口调查指数，通常用贫困人口数占总人口数的比重来表示，反映了贫困人口的总体规模情况。贫困发生率反映的是贫困人口的比例，其值域为[0，1]。从扶贫的角度而言，我们希望贫困发生率越小越好：贫困发生率的减小表明收入低于贫困线的人口在总人口的比例降低，即贫困程度减轻；贫困发生率接近 0 表示贫困人口基本全部脱贫；贫困发生率增大说明贫困程度增加，而贫困发生率越接近于 1 表明贫困人口数量众多。因此，在本文的超效率 SBM 模型中，我们采取 1－贫困发生率的方式对变量进行了处理，其实质是非贫困人口数占总人口数的比重。经过处理后的贫困发生率变量表示为“贫困发生率”，也即非贫困人口率。在模型中，“贫困发生率”越大越好，其越接近于 1，表明非贫困人口占比越高，贫困程度在减轻；越接近于 0，表明非贫困人口占比越低，贫困人口占比越高，贫困程度在增加。

评估的决策单元为 1981—2015 年中国农村财政扶贫资金使用效率，各项扶贫资金来自历年《中国农村贫困监测报告》和《中国扶贫开发年鉴》，数据已按 1978 年不变价格消除了价格因素，GDP 平减指数以世界银行网站公布的数据为准。贫困距离指数、贫困发生率指数和农村基尼系数来自世界银行网站，所缺个别年份数据采取插值法补齐。由于部门年份的以工代赈和扶贫贷款的数据为 0，无法对数据存在 0 的年份进行效率评价，为此用较小的数值加以代替，此处选为 0.000 01。

三、农村财政扶贫资金使用效率的实证分析

运用 Maxdea6.18 专业版软件，从投入导向(调整)角度出发，使用超效率 SBM 模型，测算了 1981—2015 年中国农村财政扶贫资金使用效率的变动状况，如表 1、图 1 所示。

表 1　　1981—2015 年中国农村财政扶贫资金使用效率及其分解

DMU	CRS	VRS	SE	RTS
1981	1.011	1.023	0.988	Increasing

续表

DMU	CRS	VRS	SE	RTS
1982	1.016	1.005	1.011	Decreasing
1983	1.280	1.029	1.244	Decreasing
1984	1.025	1.022	1.003	Decreasing
1985	1.026	1.049	0.978	Decreasing
1986	1.011	1.011	1.000	Increasing
1987	1.060	1.567	0.676	Decreasing
1988	1.501	1.100	1.365	Decreasing
1989	1.005	1.480	0.679	Decreasing
1990	1.003	1.004	0.999	Increasing
1991	1.018	1.019	1.000	Decreasing
1992	0.943	1.001	0.942	Increasing
1993	1.013	1.013	1.000	Increasing
1994	0.814	0.814	1.000	Increasing
1995	0.898	0.899	1.000	Increasing
1996	1.119	1.337	0.837	Decreasing
1997	0.752	1.053	0.714	Decreasing
1998	0.761	1.015	0.750	Decreasing
1999	0.718	1.012	0.709	Decreasing
2000	0.839	1.030	0.815	Decreasing
2001	1.037	1.046	0.991	Decreasing
2002	0.646	0.696	0.929	Decreasing
2003	0.685	0.739	0.927	Decreasing
2004	0.747	0.781	0.956	Decreasing
2005	1.064	1.066	0.998	Decreasing
2006	1.027	1.029	0.998	Decreasing
2007	1.006	1.196	0.841	Decreasing
2008	0.770	0.924	0.833	Decreasing
2009	0.673	0.948	0.709	Decreasing
2010	0.651	1.003	0.649	Decreasing

续表

DMU	CRS	VRS	SE	RTS
2011	0.715	1.031	0.693	Decreasing
2012	0.815	1.127	0.723	Decreasing
2013	1.021	1.122	0.910	Decreasing
2014	0.708	1.001	0.707	Decreasing
2015	0.639	1.012	0.631	Decreasing
均值	0.915	1.034	0.892	

注:CRS、VRS、SE、RTS分别代表农村财政扶贫资金综合技术效率、纯技术效率、规模效率和规模收益变动状况。

(一)农村财政扶贫资金综合技术效率分析

农村财政扶贫资金综合技术效率是对决策单元的财政资金配置能力、资源使用效率等多方面能力的综合衡量与评价。综合技术效率大于等于1,表示该决策单元的投入产出是综合有效的,综合技术效率小于1,表示该决策单元的投入产出是无效的,资源存在浪费现象。

由表1,通过计算1981—2015年中国农村财政扶贫资金综合技术效率的均值,得到其均值为0.915,总体上并未达到有效,反映出部分年份中国农村财政扶贫资金综合技术效率比较低,农村财政扶贫资金利用不充分。

由图1可知,1981—2015年中国农村财政扶贫资金综合技术效率波动性较大,1981—1993年农村财政扶贫资金综合技术效率较高,其效率值都高于均值水平。这段时间也出现了两个高峰,分别为1983年和1988年,其效率值分别达到1.28和1.501。1994年后出现较大幅度的波动,效率值先降后升又急速下降的态势,1994年效率值为0.814,到1996年又升至1.013,但1999年降到了一个低点,效率值仅为0.718,直到2001年达到有效状态。反映出这段时间中国农村财政扶贫政策有较大波动,农村财政扶贫资金综合技术效率忽高忽低。进入21世纪以来,伴随着农村财政扶贫政策调整,扶贫资金投入不断加大,除了个别年份外,农村财政扶贫资金综合技术效率总体上趋于下滑。其中,2002—2004年农村财政扶贫资金综合技术效率处于一个低谷,2005—2007年又达到有效状态,2008年后除了2013年曾达到1.021的有效水平外,其余年份都小于均值水平,农村财政扶贫资金利用不充分,处于低效率状态。

由此可见,21世纪以来中国农村财政扶贫资金综合技术效率仅在个别年份达到有效,大部分年份处于无效状态,2008年以来的形势更不容乐观,反映出我国农村财政扶贫资金利用并不充分,存在财政扶贫资金闲置浪费的问题,农村财政扶贫资金使用效率亟待提升。

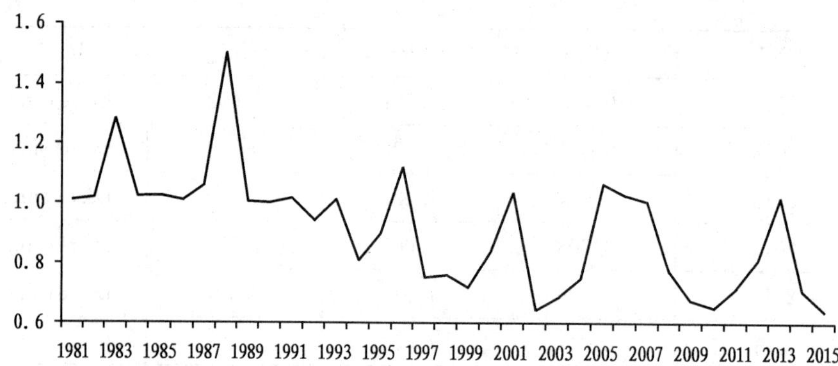

图1 1981—2015年中国农村财政扶贫资金综合技术效率变动趋势

资料来源:根据1981—2015年中国农村财政扶贫资金使用效率及其分解整理绘制。

(二)农村财政扶贫资金使用效率的分解

为了进一掌握中国农村扶贫资金使用效率的状况,需要进一步考察农村扶贫资金使用效率变动的原因,主要涉及农村财政扶贫资金综合技术效率的分解。

综合技术效率可以分解为两部分,即纯技术效率和规模效率。纯技术效率反映的是DMU在一定(最优规模时)投入要素的生产效率,纯技术效率是决策单元由于管理和技术等因素影响的生产效率。规模效率反映的是实际规模与最优生产规模的差距,规模效率是由于决策单元规模因素影响的生产效率。纯技术效率大于等于1,表示在目前的技术水平上,其投入资源的使用是有效率的;反之,则说明其是无效的。规模效率大于等于1,表示其规模达到最优规模;反之,则与最优规模存在一定距离。三者存在以下关系:综合技术效率=纯技术效率×规模效率。

根据表1绘制出1981—2015年中国农村财政扶贫资金综合技术效率的分解图,即图2。由图2可知,1981—2007年间,农村财政扶贫资金的纯技术效率在大多数时间内大于1,而且与综合技术效率变动基本同步,可见,1981—2007年间,农村财政扶贫资金管理效率较高,这也是农村财政扶贫资金综合技术效率变动的主要原因。2008年后,农村财政扶贫资金综合技术效率有所下降,而且,推动其变动的原因发生了变化。除了2008年和2009年纯技术效率较低之外,其余年份的纯技术效率都比较高,基本维持在1左右,这表明2008年后农村财政扶贫资金的管理效率同之前相比,虽然有所下降,但变化幅度不大,而推动财政扶贫资金综合技术效率下降的主要动力是规模效率。令人费解的是,2008年全球金融危机后,为了缓解经济危机促进经济增长和推动2020年全面进入小康社会战略目标的实现,我国政府加大了农村财政扶贫资金的投入力度,各项财政扶贫资金均有大幅度的增长,但扶贫资金的规模效率非但没有提高反而有所下降，可能的原因在于，同资金供给相比，资金需求增加更快从而导致缺口更大。

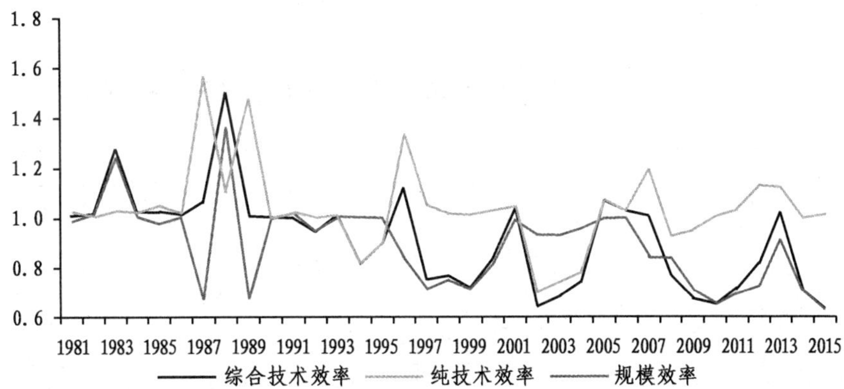

图 2　1981—2015 年中国农村财政扶贫资金综合技术效率的分解

资料来源：根据 1981—2015 年中国农村财政扶贫资金使用效率及其分解整理绘制。

（三）规模收益变动分析

规模收益是指当所有投入要素的使用量都按同样的比例增加时，这种增加会对总产量的影响。规模收益变动规律是指在技术水平不变的条件下，生产投入要素增加时，最初这种增加会使产量的幅度大于规模扩大的幅度，但当其超过一定界限时，产量增长的幅度会小于规模扩大的幅度，即规模收益递增、规模收益不变、规模收益递减三个阶段。

由表 1 可知，1981、1986、1990、1992—1995 年农村财政扶贫资金综合技术效率处于规模收益递增阶段，增加投入可以引起产出的成倍增加。其他年份农村财政扶贫资金综合技术效率处于规模收益递减阶段，如果增加投入，则产出增加的幅度要小于投入增加幅度。由此可见，当前农村财政扶贫资金综合技术效率已处于规模收益递减阶段，鉴于当前扶贫资金的缺口依然较大，因此，在加大财政扶贫资金投入力度的同时，也要适度控制其投入规模，因为农村人均纯收入的增速小于投入的增速。

（四）松弛变量分析

表 2 显示了 1981—2015 年农村财政扶贫资金使用效率的投入松弛变量和松弛比例，剔除了个别无效年份，其中，松弛比例＝松弛量/原始投入量。根据表 2 分别对松弛变量和松弛比例绘制了图 3 和图 4。

从不同变量来看，松弛绝对量和松弛比例最高的是扶贫贷款和以工代赈，其次是发展资金，再次是其他资金，最后是省际扶贫资金。

从不同年份来看，1992 年扶贫贷款和以工代赈松弛量分别为 1.202 亿元和 0.278 亿元，发展资金、其他资金和省际扶贫资金松弛量则比较小。1994

年以工代赈松弛量最高，达到5.875亿元，松弛比例高达53.51%；其次是扶贫贷款，松弛量为0.967，松弛比例为7.74%。1995年以工代赈松弛量最高，达到2.497亿元，松弛比例高达23.94%；其次是省级扶贫资金，松弛量为0.238，松弛比例为12.66%。

表2 1992—2015年中国农村财政扶贫资金使用效率的投入松弛变量和松弛比例

单位：亿元，%

DMU	CRS	扶贫贷款		以工代赈		发展资金		其他资金		省级扶贫资金	
		松弛变量	松弛比例	松弛变量	松弛比例	松弛变量	松弛比例	松弛变量	松弛比例	松弛变量	松弛比例
1992	0.943	−1.202	−9.85	−0.278	−5.84	0	0	−0.015	−1.98	−0.205	−10.8
1994	0.814	−0.967	−7.74	−5.875	−53.51	−0.138	−5.88	−0.105	−10.14	−0.294	−15.7
1995	0.898	−0.076	−0.64	−2.497	−23.94	−0.142	−6.36	−0.084	−7.32	−0.238	−12.66
1997	0.752	−7.711	−39.67	−4.582	−50.07	−1.215	−22.97	−0.129	−11.29	0	0
1998	0.761	−9.747	−44.45	−4.146	−47.28	−1.656	−26.84	−0.008	−0.76	0	0
1999	0.718	−19.062	−60.17	−3.742	−44.28	−2.551	−36.44	0	0	0	0
2000	0.839	−8.546	−27.54	−2.29	−27.69	−2.271	−25.43	0	0	0	0
2002	0.646	−17.382	−49.61	−5.054	−66.68	−2.436	−24.91	−0.907	−35.85	0	0
2003	0.685	−14.968	−44.55	−4.163	−57.34	−2.615	−24.15	−0.817	−31.29	0	0
2004	0.747	−11.567	−36.77	−3.273	−48.13	−2.131	−19.13	−0.574	−22.69	0	0
2008	0.77	−4.928	−18.24	−2.009	−39.86	−4.12	−31.29	−0.694	−25.69	0	0
2009	0.673	−7.172	−23.74	−2.588	−55.65	−6.747	−44.98	−1.223	−39.32	0	0
2010	0.651	−22.439	−49.12	−1.722	−41.1	−7.107	−44.84	−1.284	−39.39	0	0
2011	0.715	−18.763	−43.95	−0.58	−15.43	−8.46	−46.61	−1.236	−36.46	0	0
2012	0.815	−11.815	−25.85	0	0	−7.315	−35.68	−1.242	−30.91	0	0
2014	0.708	−47.485	−56.88	0	0	−11.929	−47.24	−2.046	−42	0	0
2015	0.639	−73.283	−69.95	0	0	−17.694	−60.18	−2.594	−50.47	0	0

注：CRS代表农村财政扶贫资金综合技术效率。

1997—2004年扶贫贷款的松弛量一直较高，其次是以工代赈，反映出这一阶段两种扶贫资金的利用率比较低，亟待加强两种资金利用效率的管理。

2008年之后，在各类扶贫资金中利用不充分的扶贫资金发生了较大改变，松弛量比较高的是扶贫贷款和发展资金，分别占据前两位。但是从松弛比例来看，两种资金在不同年份有较大不同。2008年扶贫贷款松弛量为4.928亿元，高于发展资金的4.12亿元①，但是松弛比例(18.24%)要低于发展资金(31.29%)。2009年扶贫贷款松弛量(7.172亿元)高于发展资金(6.747亿元)，但是其松弛比例(23.74%)仍低于发展资金(44.98%)。2010年扶贫贷款松弛量(22.439亿元)高于发展资金(7.107亿元)，其松弛比例(49.12%)也高于发展资金(44.84%)。2011年扶贫贷款松弛量(18.763亿元)高于发展资金(8.46亿元)，但是其松弛比例(43.95%)仍低于发展资金(46.61%)。2012

① 数据来源于《中国扶贫开发年鉴》。

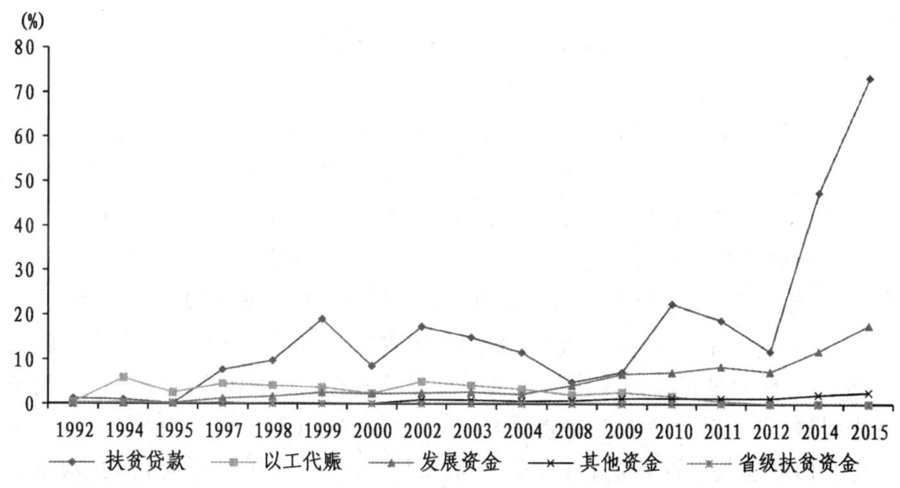

图 3　1992—2015 年农村财政扶贫资金使用效率的投入松弛变量

年扶贫贷款松弛量(11.815 亿元)高于发展资金(7.315 亿元),但是其松弛比例(25.85%)仍低于发展资金(35.68%)。2014 年扶贫贷款松弛量(47.485 亿元)高于发展资金(11.929 亿元),其松弛比例(56.88%)也高于发展资金(47.24%)。2015 年扶贫贷款松弛量(73.283 亿元)高于发展资金(17.694 亿元),其松弛比例(69.95%)也高于发展资金(60.18%)。

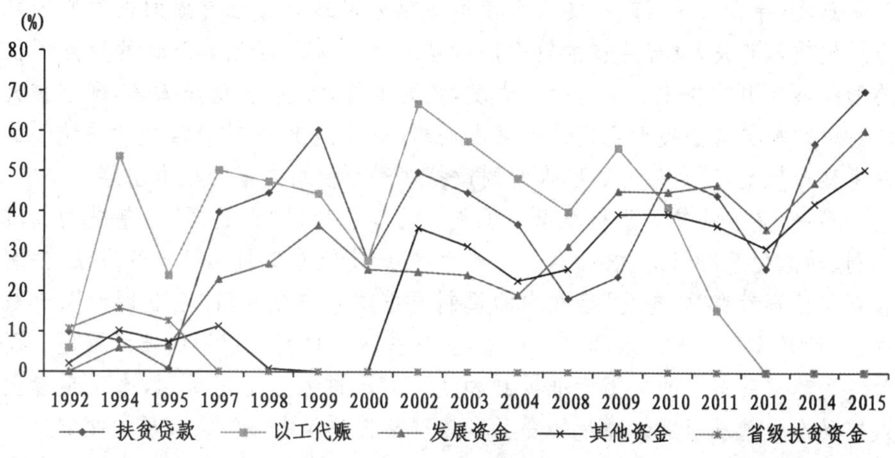

图 4　1992—2015 年农村财政扶贫资金使用效率的投入松弛比例

由此可见,扶贫贷款和发展资金的松弛量和松弛比例都非常高,反映出当前农村财政扶贫资金使用效率不高,主要体现在扶贫贷款和发展资金的利用效率不高,需要着力加强两种资金的利用效率。为此,适度控制扶贫贷款和发展资金的规模,提高资金利用效率迫在眉睫。

四、结论与政策建议

本文使用超效率SBM模型，测算分析了1981—2015年中国农村财政扶贫资金使用效率及其变动状况，研究发现：(1)1981—2015年中国农村财政扶贫资金综合技术效率的均值为0.915，总体上并未达到有效，反映出部分年份中国农村财政扶贫资金综合技术效率比较低，农村财政扶贫资金利用不充分。进入21世纪以来，伴随着农村财政扶贫政策调整，扶贫资金投入不断加大，除了个别年份外，农村财政扶贫资金综合技术效率总体上趋于下滑。反映出2008年以来我国农村财政扶贫资金利用并不充分，存在财政扶贫资金闲置浪费的问题，农村财政扶贫资金使用效率亟待提升。(2)2008年后农村财政扶贫资金的管理效率同之前相比，虽然有所下降，但变化幅度不大，而推动财政扶贫资金综合技术效率下降的主要动力是规模效率。(3)扶贫贷款和发展资金的松弛量和松弛比例都非常高，反映出当前农村财政扶贫资金使用效率不高，主要体现在扶贫贷款和发展资金的利用效率不高，需要着力加强两种资金的利用效率。为此，适度控制扶贫贷款和发展资金的规模，提高资金利用效率迫在眉睫。(4)从规模收益变动分析，1981、1986、1990、1992—1995年农村财政扶贫资金综合技术效率处于规模收益递增阶段，其余年份农村财政扶贫资金综合技术效率处于规模收益递减阶段。

总之，导致农村财政扶贫资金使用效率未能达到综合有效的根本原因既与规模效率有关，也与纯技术效率即管理效率有关。因此其改革的重点不仅要继续增加财政扶贫资金的投入力度，还要更好地发挥其管理效率，即在扩大农村财政扶贫资金投入规模的基础上，推行精准扶贫，构建精准扶贫系统下的效率提升机制，这是提升中国农村财政扶贫资金使用效率的根本出路。

第一，完善扶贫对象精准识别机制。构建包括以“大数据”为基础的精准识别、动态化精准识别、农民自组织能力提升、定性与定量相结合的方法、法制教育与德育教育“常态化”等在内的机制或方法。充分利用“互联网+”、大数据、云计算等互联网技术和信息技术，突破贫困人口精准识别的技术难题。同时通过建立动态化的贫困标准机制和扶贫对象进入与退出机制，来实现贫困人口动态化精准识别。通过转变县乡政府及相关职能部门在基层扶贫实践中的角色和身份，以及成立农村互助合作组织提升农民自组织管理能力和自我发展能力，来不断提升农民自组织能力，从而转变农村贫困群体在扶贫实践中非常不利的结构性位置，保障贫困群体在扶贫资源分配中获得主动权和享有话语权。通过定性与定量相结合的方式，完善精准识别方法，提高精准识别的科学性。

第二，构建财政扶贫资金精准投向的运行机制。一是产业布局精准投向机制包括构建主导产业遴选机制、构建具有经营能力和责任意识的多种类型市场主体的培育机制、构建以人为本的贫困农户参与机制、构建产业帮扶的公共服务供给机制。二是精准的教育投向机制包括构建教育经费投入保障机制、构建均衡发展机制、完善教育精准资助机制、制定和实施面向中西部贫困家庭子女的特殊招生政策、进一步完善中西部贫困家庭子女教育帮扶政策、构建贫困家庭子女就业促进机制、建立技能培训制度。三是构建一套行之有效的基础设施帮扶机制，包括制定和实施老、少、边、穷地区基础设施建设促进计划、构建中央和地方政府的财政共同投入机制、构建市场和社会广泛参与落后地区基础设施建设的促进机制、发行专门针对中西部落后地区基础设施建设的中长期债券，解决基础设施帮扶的资金困难。四是农村公共服务精准投向机制包括公共服务对口帮扶机制、公共服务充足帮扶机制、公共服务即时帮扶机制、公共服务条件帮扶机制。五是精准的移民搬迁帮扶机制包括建立移民搬迁资金投入机制、建立移民搬迁用地保障机制、完善被搬迁者的社会保障体系、构建针对被搬迁者的公共服务供给机制。六是结对、定点、驻村精准帮扶机制包括由县扶贫开发领导小组牵头成立扶贫开发协调组织，构建结对、定点、驻村帮扶的协调机制。建立结对帮扶、定点帮扶、驻村帮扶的激励机制，倒排工期跟进机制，绩效奖罚分明机制。

第三，构建农村财政扶贫资金精准管理机制。一是探索扶贫资金多元化来源机制，包括矫正对“扶贫资源”的错误认知、深化体制改革引导民间资本和社会资本进入扶贫体系、深化农村金融制度改革，撬动农村金融扶贫资本。二是创新扶贫项目精准管理机制，包括建立扶贫项目竞争分配制、引入扶贫项目专家评审制、探索第三方机构参与扶贫项目的咨询和验收制、采取扶贫项目县、乡镇、村三级公示制度、严格执行扶贫项目竣工验收审计制度。三是实行扶贫资金使用无缝监管机制，包括完善扶贫资金使用范围的监管、实现扶贫资金使用无缝流程监管、完善扶贫资金使用监管手段、设置扶贫资金使用专业化监管机构、创新扶贫资金使用监管的实现形式。此外，还要完善扶贫资金使用范围负面清单管理办法，完善扶贫资金管理部门间协调机制。

第四，构建扶贫资金绩效精准考核机制。一是农村财政扶贫资金扶贫成效考核，包括扶贫资金使用后的减贫成效、扶贫资金的专项成效。此外，扶贫成效考核除了对贫困对象脱贫情况、扶贫对象收入情况等脱贫的“硬指标”进行考核以外，还要对扶贫对象对扶贫成效认不认可、满不满意等“软指标”进行考核。二是农村财政扶贫资金投入与使用考核，一方面是扶贫资金的来源结构考核，具体指标应该包括各个来源扶贫资金的比例、各个来源扶贫资金的计划数额与实际到位数额比值、政府财政扶贫资金的放大系数。另一方面是扶贫资金的投向范围与使用方式考核，具体的考核指标包括各类型扶贫资金的实际支付到贫困村、贫困户的比例以及扶贫资金使用、拨付的方式。三是农村财政扶贫资金管理考核。首先是扶贫项目的验收与报账管理，主要包括扶贫项目的完成验收情况、扶贫资金的报账率。其次是扶贫项目的进展。主要是对扶贫资金投入使用后扶贫项目的具体建设、产出情况进行考核，对扶贫资金投入后扶贫项目是否足额及时地完成相应目标进行考核。最后是扶贫资金的帮扶情况。主要是在扶贫对象瞄准的基础上，对瞄准的扶贫对象是否进行具有针对性的帮扶进行考核。

参考文献

[1]Tone,K.,2001,A Slacks-Based Measure of Efficiency in Data Envelopment Analysis,*European Journal of Operational Research*. Vol. 1,pp. 498—509.

[2]Tone,K.,2002,A Slacks-Based Measure of Super-efficiency in Data Envelopment Analysis,*European Journal of Operational Research*. Vol. 143,pp. 32—41.

[3]曹妍雪、马蓝，2017，基于三阶段DEA的我国民族地区旅游扶贫效率评价，《华东经济管理》，第9期，第91—97页。

[4]陈银娥、金润楚，2018，我国农村金融扶贫效率的区域差异及空间分布，《福建论坛(人文社会科学版)》，第4期，第28—38页。

[5]黄琦、陶建平，2016，扶贫效率、形态分布与精准优化：秦巴山片区例证，《改革》，第5期，第76—88页。

[6]黄渊基，2017，连片特困地区旅游扶贫效率评价及时空分异——以武陵山湖南片区20个县(市、区)为例，《经济地理》，第11期，第229—235页。

[7]侯翔、马占新、赵春英，2010数据包络分析模型评述与分类，内蒙古大学学报(自然科学版)，第5期，第583—593页。

[8]李烨，2017，中国乡村旅游业扶贫效率研究，《农村经济》，第5期，第72—78页。

[9]龙祖坤、杜倩文、周婷，2015，武陵山区旅游扶贫效率的时间演进与空间分异，《经济地理》，第10期，第210—217页。

[10]孙春雷、张明善，2018，精准扶贫背景下旅游扶贫效率研究——以湖北大别山区为例，《中国软科学》，第4期，第65—73页。

Evaluation Research on the Efficiency of Rural Poverty Alleviation Funds in China Since the Reform and Opening up

Jiang Yongmu Ren Taishan Liu Tao

Abstract The efficiency of rural financial poverty alleviation funds is related to the realization of the goal of accurate poverty alleviation, which is related to whether China can successfully step into a well-off society. Based on the data of poverty alleviation funds in the national poor countries, the paper takes the input of poverty alleviation funds as input variables and takes the poverty gap index, the poverty incidence index and the rural Gini coefficient as the output variables. It uses the super efficiency SBM model to analyze the use efficiency and the cause of the rural financial poverty alleviation funds. Finally, It puts forward the mechanism of improving the efficiency of the precision poverty alleviation system, including the precision identification mechanism of the poverty alleviation target, the construction of the operating mechanism of the accurate investment of the financial aid for poverty, the construction of the precision management mechanism of the rural financial poverty alleviation funds, and the construction of the precision assessment mechanism for the performance of the poverty alleviation funds.

Key words Countryside Rural Financial Poverty　Alleviation Funds　Super Efficient　SBM Model Efficiency

地方政府竞争与经济效率:增长还是创新?

王 莉

内容提要 在我国全面实施创新驱动战略过程中,财政分权体制下的地方政府之间关系呈现出围绕经济增长的传统式竞争和围绕技术创新的新型竞争模式。通过阐述这两种竞争模式的制度背景及其对经济效率影响的内在机制,本文借鉴动态空间面板杜宾模型的分析思路,实证考察了地方政府围绕经济增长的竞争行为和围绕技术创新的竞争行为对经济效率的影响效应。研究发现,考察期内,地方政府之间围绕经济增长的竞争行为无法对经济效率提升产生显著影响,而围绕技术创新的竞争行为则取得了较好的效果;财政分权体制能够对这两种竞争行为产生催化作用。就其时空分解效应来看,围绕经济增长的竞争在短期内能够通过本地区的直接影响效应而促进经济效率的提升,但不具备长期影响,而围绕技术创新的竞争在短期和长期内均具有显著的正向影响。且地方政府竞争对经济效率的影响主要是通过效率改善效应产生作用。研究结论为优化地方政府之间关系、促进创新型国家建设提供启示。

关键词 地方政府竞争 经济效率 技术创新 动态空间面板杜宾模型

中图分类号 F221

一、引 言

在中国多层级的行政体制下,如何更好地在地方政府之间配置经济资源、发挥地方政府的积极性一直是学术界关注的重要议题。特别是在20世纪80年代所实施的财政分权改革,从根本上改变了中央政府和地方政府之间的激励结构,赋予地方政府更多受制度保障的地方财政收益和支配权力,强化了其在整个纵向政府层级结构中的作用,也进一步激化了地方政府之间为了获取更多的财政权益而开展策略性的竞争行为。以 Qian and Weingast(1997)等

收稿日期:2018—10—16

作者简介:王莉(1984—),南京师范大学马克思主义学院讲师,主要研究方向为行政管理、大学生思想政治教育。

基金项目:本文系江苏省高校辅导员工作研究会重点立项项目"中国经济新常态背景下大学生就业竞争力提升研究"(14FYHZD0714FYHZD07)的阶段性研究成果。

为代表的第二代财政联邦主义理论就认为财政分权能够通过地方政府竞争来改进不同层级政府的激励机制，并提高社会资源的配置效率。

在财政分权体制下，地方政府为了满足其自身的财政支出需求，其往往需要不断扩大财政收入，而在财政转移支付较难获取、预算外收入规模不断压缩的情况下，地方政府只能通过不断地扩大税基才实现财政收入的增长，这就会引发地方政府之间为促进经济增长而开展竞争活动。不仅如此，与中国经济上的分权改革相对应的是行政上的集权，中央政府以显性的经济增长绩效为指标，直接对地方政府官员的考核和任命机制也强化了地方政府为发展本地经济、获得政治升迁而展开的竞争行为。以上两种情形所体现的地方政府竞争是一种传统意义上的地方政府竞争，我们将其称之为地方政府围绕经济增长的传统式竞争行为。然而，在当今我国全面实施创新驱动战略的背景下，面对产能过剩、环境污染、结构性失调等诸多问题，地方政府竞争还可能表现为地方政府之间为了争取更多的创新资源而开展的竞争，其突出表现为中央政府对地方政府的财政科技投入指标考核，我们将这一类型的地方政府竞争称为地方政府之间围绕技术创新而展开的新型竞争行为。那么，这两种地方政府竞争行为的影响效应究竟如何呢？其是否能够促进经济效率的提升呢？关于这些问题的思考和回答，对优化地方政府之间的关系、推动创新型国家建设均具有重要的理论和现实意义。

以往研究中，学者们从不同方面对地方政府竞争的影响效应进行了分析，如地方政府竞争视角下的环境污染问题（邓玉萍和许和连，2013；李胜兰等，2014）、产能过剩（江飞涛等，2012）、出口增长（任志成等，2015）、地区城市化（谢冬水，2016）等。还有一些学者关注了地方政府竞争视角下的地区经济增长问题，如吴振球和王建军（2013）的研究发现在省际层面上，地方政府竞争显著促进了经济发展方式的转变。谭光荣等（2016）则基于生产性支出的视角，认为地方政府竞争引起了财政支出结构的扭曲，从而影响了企业的全要素生产率，且地方政府加大教育支出有利于改善企业全要素生产率。目前，尽管有一些学者开始注意到了财政分权体制下地方政府竞争对技术创新的影响，如顾元媛和沈坤荣（2012）认为，科技研发活动是一种生产性的公共物品，虽然能够在长期内增加产出、扩大政府的财政收入，但是它缺乏短期增长效应，因此唯GDP至上的地方政府会减少研发创新支出。解维敏（2012）也认为，在财政分权体制下，地方政府官员为了增加财政收入，提高经济增长绩效，获取政治晋升的机会，会积极地利用手中的权力和资源去干预企业的经营行为，并降低企业的研发投入。当然，也有学者认为财政分权体制能够促进技术创新活动的开展，如周克清等（2011）的研究就认为科技创新实际上具有经济性公共物品的属性，属于生产性支出的范畴，因而财政分权能够提高地方政府的财政科技投入水平，从而有助于科技创新。

但是,这些研究所关注的地方政府竞争行为仍然局限于传统的围绕经济增长规模的竞争,忽视了当前背景下地方政府之间围绕技术创新的竞争性行为,即这些研究没有关注到在当前我国深入落实创新驱动战略过程中各地方政府以创新作为标尺来展开竞争的现象,这势必将不利于我们更加全面地刻画地方政府之间的竞争行为及其所产生的影响效应。基于此,本文试图对以往研究做进一步地深化和补充,并可能在以下两个方面丰富了已有文献:第一,在探讨财政分权体制下的地方政府竞争对经济效率的影响时,我们同时考虑了地方政府之间围绕经济增长的传统竞争模式和围绕技术创新的新型模式,以期在一个更加全面的角度上刻画创新驱动战略背景下的地方政府竞争行为,进而也将对我国相关财政政策和科技政策的制定提供有益的启示。第二,本文在对地方政府竞争影响经济效率的实证分析过程中借鉴了动态空间面板分析模型,这能够更加真实地衡量地方政府之间的互动关系,我们也对这一影响过程的时空效应和影响机制进行了分析,从而能够提高研究结论的深度和说服力。

本文后续研究安排是:第二部分介绍了制度背景,以及地方政府竞争影响经济效率的内在机理;第三部分介绍了本文计量模型的设定和指标的衡量方法,并对相关数据进行了说明;在第四部分,我们对本文的实证回归结果进行了报告和分析;最后为结论和政策建议。

二、制度背景与影响机理分析

(一)地方政府竞争的制度背景

地方政府竞争一直是经济学领域研究的重要议题,特别是在 Tiebout (1956)的"用脚投票"理论和 Breton(1996)所提出的"竞争性政府"理论后,关于地方政府竞争问题的研究进入了前所未有的高度。在中国,单一制的国家结构形式决定了中央政府与地方政府之间的层级关系,一切政治权力来源于中央政府,而地方政府也并非独立的经济和政治主体。特别是中国在经济上所实施的财政分权体制,这与政治上的集权制共同构成了地方政府竞争的现实来源。

中国在1994年施行了分税制改革,以税种税率分成代替财政包干制的收入分成,分税制改革进一步释放了地方政府的经济活力,同时也扩大了中央财政收入,增强了其对经济社会发展的调控能力。但是,此次分税制改革的重点落在了对中央和地方财政收入的体制安排上,而关于中央和地方财政支出的责任分配仍停留于财政包干阶段,这就导致了地方政府在财政收入和支出方面的不匹配,即所谓的"中央请客,地方买单"现象,特别是在一些重要的公共服务领域,地方政府的支出通常占总支出的90%以上。这一体制下,地方政府只能通过争取中央政府转移支付、预算外收入和支出结余、提高预算内财政收入等方式获取更多的财政收入以维持其支出责任。但并不是所有地方政府都能获得中央的转移支付,而由于预算外收入可能会导致乱收费、乱摊派等问题,因而中央政府对预算外收入的法制化管理使得地方政府预算外收入规模在逐渐变小。因此,各地方政府为了扩大税收来源,增加财政收入,往往会与其他地方政府之间竞争更加优质的资源以促进本地经济的快速发展,这就会形成地方政府竞争。

不仅如此,与经济上分权相对应的是政治上的集权,上级政府官员对于下级政府官员能够进行直接的任命,而下级政府官员对于仕途的关心也激励了他们会主动地向上级政府看齐,但并不是所有的地方官员都会得到升迁,上级政府会通过设置某些标尺来作为地方官员升迁衡量标准,这使得地方政府在相对绩效的标尺下为晋升而展开竞争(Maskin etc,2000),这种“晋升锦标赛治理模式”成为中国政府官员的激励模式(周黎安,2007),因而也成为地方政府竞争的重要来源之一。

(二)地方政府竞争影响经济效率的机理分析

正如前文所述,在财政分权体制和创新驱动战略实施的双重背景下,中国地方政府之间的竞争可能呈现出围绕经济增长的传统式竞争行为和围绕技术创新的新型竞争行为,二者对经济效率的影响机制是不同的。

一方面,在财政分权体制下,地方政府为了获得更多的财政收入,其唯一可行的方式可能就是扩大税基,而扩大税基则需要庞大的地方经济规模。因此,各地方政府会有更加积极的态度去发展本地区经济,并为此展开了争夺优质生产要素和生产方式等行为。不仅如此,在地方官员“晋升锦标赛”的模式下,由于上级政府与下级政府之间的信息不对称,上级政府在设置衡量标尺过程中往往会选择能够综合反映本地区治理信息的经济增长绩效指标。为了获得更多的政治利益和升迁机会,各地方政府官员在发展社会经济方面也会表现出更加积极的态度,因而会主动地去竞争更多的经济资源。Li and Zhou (2005)的研究发现中央的确是在按照一种相对经济增长绩效来提拔官员,即将地方官员的升迁与其经济增长绩效挂钩。因此,在扩大财政收入和“晋升锦标赛”的双重激励下,各地方政府之间围绕经济增长展开竞争。然而,地方政府围绕经济增长的竞争往往可能会扭曲地方政府的激励行为,促进地方政府官员过度注重单一的经济增长规模,出现盲目增加生产性投资、开发资源等行为,并导致了环境污染、资源浪费、产能过剩等多重问题,这势必不利于经济社会的可持续发展,也不利于经济效率的提升。

另一方面,近年来,伴随着中国经济进入新常态,结构性调整和转型升级成为经济发展过程中的重要问题。与世界上主要发达国家一样,中国政府也开始重视科技创新的重要性,提出了创新驱动战略,更是将其摆在了国家发展全局的核心位置,并不断加大对技术创新的投入和支持力度。特别是在2014

年,中国国家财政科技支出占政府公共财政支出的比例已经达到了4.25%。而与这一数字相伴随的是地方政府对于科技创新活动的支持,在中央政府的政策"指挥棒"下,各地方政府竞相列出各种各样的创新清单和创新项目。如果其他地方政府都增加对技术创新活动的支持力度,如果本地区政府不采取相应的对策,更多的高素质人才、优质资源等在"用脚投票"的机制下会产生外流,这不利于本地区经济的持续健康发展,这是造成地方政府之间围绕技术创新活动开展竞争的一个重要原因。不仅如此,为了督促地方政府更好地落实中央政府的创新驱动战略,其也会对地方政府提出一些刚性要求,如一些上级政府已经将财政科技经费投入作为下级政府官员晋升的"一票否决"指标,这也激励了地方政府官员之间为了自身的政治前途而开展围绕技术创新的竞争行为。当然,这种竞争行为具体表现为地方政府增加对科技创新的支持和投入力度,从而促进了技术创新活动的开展。而根据内生经济增长理论,技术进步是经济增长的内生动力,故地方政府围绕技术创新的竞争行为能够作用于技术进步而对本地区经济效率的提升产生促进作用。

三、模型、变量与数据

(一)模型构建

正如前文所述,地方政府竞争主要表现为地方政府之间所采取的一些策略性行为和互动关系,目前研究中所使用的空间计量经济学模型为分析地方政府竞争提供了一个很好的思路。参考 LeSage and Pace(2009)、Elhorst(2012)等学者的研究,本文采用的是能够同时控制自变量空间关系和时间关系的动态空间面板杜宾模型来实证分析地方政府围绕经济增长和技术创新而开展竞争的影响效应。其一般形式为:

$$Y=\alpha+\rho\omega Y+\beta X+\theta\omega X+\mu \tag{1}$$

式(1)中,Y表示因变量,α表示截距项,ω表示空间权重矩阵,ρ表示空间自回归系数(其含义为:与本地区存在空间关联地区的因变量对本地区因变量的影响效应),X表示自变量,β表示相应的待估系数。自变量的空间溢出系数θ表示与本地区存在空间关联地区的自变量对本地区因变量的影响效应,μ表示随机误差项。因此,结合本文的研究,式(1)所示的空间杜宾模型可以转化为:

$$\begin{aligned}tfp_{it}=&\tau tfp_{i,t-1}+\rho\omega tfp_{it}+\psi\omega tfp_{i,t-1}+\beta_1 eco_{it}+\beta_2 tech_{it}\\&+\gamma_1\omega eco_{it}+\gamma_2\omega tech_{it}+\lambda X+\theta\omega X+\varepsilon_{it}\end{aligned} \tag{2}$$

式(2)中,i和t分别表示地区数和时期数,因变量tfp表示经济效率(我们用全要素生产率指标对其进行衡量),τ表示时间滞后系数,ρ表示空间滞后系数,ψ表示时空滞后系数;ω表示一个二进制的空间权重矩阵,即如果两个地区相邻,则赋值为 1,否则即为 0。*eco* 和 *tech* 分别表示经济增长和技术创新,β_1 和 β_2 为响应的估计系数。γ_1 和 γ_2 即为本文所要估计的核心系数,即地方政府围绕经济增长和技术创新开展竞争的影响效应。X 表示本文所控制的一系列能够影响地区经济增长的控制变量,λ 表示相应的估计系数,ε 表示随机扰动项。事实上,式(2)为一个包含因变量时间滞后效应、空间滞后效应和时空滞后效应的动态空间面板杜宾模型,其能够更好地控制自变量对因变量影响过程中的时间和空间因素,更加全面,估计结果也更为稳健。

不仅如此,Lesage and Pace(2008)根据空间效应作用的范围和对象的不同,将空间计量模型中自变量对因变量的影响效应区分为总效应、直接效应和间接效应。其中,总效应报告的是自变量对全部区域产生的平均影响,直接效应反映了自变量对本区域因变量的平均影响,而间接效应则体现的是自变量对其他区域因变量的平均影响。因此,Lesage and Pace(2009)认为偏微分方法可以有效弥补点估计法在解释空间效应方面存在的缺陷,解释随机冲击对各个变量的影响,从而正确测度空间计量模型中自变量对因变量产生的总效应、直接效应和间接效应。以式(1)为例,其可以转换为:

$$(I_n-\rho\omega)Y=\alpha+\beta X+\theta\omega X+\mu \tag{3}$$

令式(3)中$(I_n-\rho\omega)^{-1}=p(\omega)$,且 $p(\omega)\cdot(I_n\beta_m+\theta_m\omega)=q_m(\omega)$,因此,式(3)可以转化为:

$$Y=\sum_{m-1}^{k}q_m(\omega)X_m+p(\omega)\alpha+p(\omega)\mu \tag{4}$$

基于式(4)可得因变量对自变量的偏微分方程,并将其转化为如下形式:

$$\begin{bmatrix}Y_1\\Y_2\\\vdots\\Y_n\end{bmatrix}=\sum_{m=1}^{k}\begin{bmatrix}q_m(\omega)_{11} & q_m(\omega)_{12} & \cdots & q_m(\omega)_{1n}\\q_m(\omega)_{21} & q_m(\omega)_{22} & \cdots & q_m(\omega)_{2n}\\\vdots & \vdots & \ddots & \vdots\\q_m(\omega)_{n1} & q_m(\omega)_{n2} & \cdots & q_m(\omega)_{nn}\end{bmatrix}\begin{bmatrix}X_{1m}\\X_{2m}\\\vdots\\X_{nm}\end{bmatrix}+p(\omega)(\alpha+\mu) \tag{5}$$

式(5)中,等式右边的第一个矩阵即表示因变量对自变量的偏微分矩阵,对角线元素表示了某地区自变量对本地区因变量产生的平均影响,即所谓的直接效应;非对角线元素表示的是某地区自变量对其他地区因变量产生的平均影响,即间接效应。因此,总效应(Total effect)、直接效应(Direct effect)和间接效应(Indirect effect)可分别表示为:

$$Total\ effect=q_m(\omega)_{it}+q_m(\omega)_{ij}$$

$$Direct\ effect=\frac{\partial Y_i}{\partial X_{im}}=q_m(\omega)_{ii}$$

$$Indirect\ effect=\frac{\partial Y_i}{\partial X_{jm}}=q_m(\omega)_{ij} \tag{6}$$

接下来,我们将对上文所提及的各变量的构造过程和数据选取进行说明。

(二)数据说明

后文实证分析过程中选取的是2001—2014年中国内地30个省级行政区域的面板数据(西藏数据缺失严重,暂不予研究),共420个研究样本。文中原始数据来自《新中国60年统计资料汇编》《中国科技统计年鉴》《中国财政年鉴》《中国统计年鉴》和各地区统计年鉴等。接下来,本文将对以上各变量的选取和测算方法进行详细说明。

(三)变量构造

1. 经济效率

新古典经济增长核算模型将经济增长的源泉分解为要素积累和全要素生产率(TFP)进步两个部分,这也成为越来越多的学者衡量经济增长的重要角度。基于此,本文亦将采用全要素生产率指标来对经济效率进行测算。近年来,一些学者基于数据包络分析(DEA)的Malmquist生产率指数方法对全要素生产率进行衡量,这有利于弥补新古典经济增长核算模型中未考虑技术无效率的缺陷。定义x和y分别为决策单元DMU_0的投入和产出,则产出导向下基准时期t的Malmquist生产率指数为m_0^t,且$m_0^t(x^{t+1},y^{t+1},x^t,y^t)=d_0^t(x^{t+1},y^{t+1})/d_0^t(x^t,y^t)$,其中$D_0^t$为以$t$时期技术为参照的距离函数。同理,以$t+1$时期为基准的Malmquist生产率指数为$m_0^{t+1}$,并满足$m_0^{t+1}(x^{t+1},y^{t+1},x^t,y^t)=d_0^{t+1}(x^{t+1},y^{t+1})/d_0^{t+1}(x^t,y^t)$。由于不同技术基准时期存在不同的数值,Fare(1994)的研究中将以上两个数值的几何平均值作为从t时期到$t+1$时期的Malmquist指数,得式(7):

$$m_0(x^{t+1},y^{t+1},x^t,y^t)=\left[\frac{d_0^t(x^{t+1},y^{t+1})}{d_0^t(x^t,y^t)}\cdot\frac{d_0^{t+1}(x^{t+1},y^{t+1})}{d_0^{t+1}(x^t,y^t)}\right]^{1/2} \tag{7}$$

对式(7)进行简单的变换,可得到:

$$m_0(x^{t+1},y^{t+1},x^t,y^t)=\frac{d_0^{t+1}(x_{t+1},y_{t+1})}{d_0^t(x_t,y_t)}\left[\frac{d_0^t(x_{t+1},y_{t+1})}{d_0^{t+1}(x_{t+1},y_{t+1})}\cdot\frac{d_0^t(x_t,y_t)}{d_0^{t+1}(x_t,y_t)}\right]^{1/2} \tag{8}$$

式(8)所示的Malmquist指数可以进一步分解为效率改善效应(MEC)和技术进步效应(MTC)的乘积形式。实际核算过程中,需要事先确定投入和产出变量。对于投入变量,目前的研究中主要存在两种:人员投入和经费投入。在本文的研究中,人员投入选取的是年末城镇单位就业人数表示劳动力投入,资本投入则采用相应年份的固定资产投资,并采用永续盘存法将其核算为存量形式。对于产出变量,我们参考目前研究中的主流做法,即采用的是考察期内各省区的地区生产总值,并采用以2001年为基期的GDP平减指数对其进行去价格化处理。

2. 地方政府竞争

本文所要关注的核心自变量是地方政府之间在经济增长和技术创新方面的策略性行为，我们主要采用的是式(2)所示的空间计量经济学模型对其进行表征，即式(2)中的 r_1 和 r_2。就指标选取而言，传统的地方政府竞争较为直接地表现在财政分权体制下，各地方政府之间围绕 GDP 增长而展开的相互竞赛，因此，本文选取各省区人均 GDP 作为其衡量指标，并采用各省区的消费价格指数将其核算为 2001 年的不变价，记为 *eco*。而在创新驱动战略背景下地方政府之间围绕技术创新的竞争则主要表现为在财政分权体制下，各地方政府竞相加大对技术创新的重视和支持力度，因而本文将采用 2001—2014 年各地区政府 R&D 经费补贴金额作为其衡量指标，记为 *tech*。

3. 控制变量

本文实证研究中尽可能控制了其他可能影响技术创新的因素，考虑数据的可得性，本文选取的控制变量主要包括：地区基础设施建设水平、地区对外开放程度、地区人力资本水平和地区制度环境等。

(1)地区基础设施建设水平(*inf*)。基础设施是技术创新活动的物质和基础保障，能够为区域创新活动提供完善的配套支撑。良好的基础设施能够有效地促进信息和技术的共享，降低创新主体的生产成本和交易成本，从而有利于技术创新活动的开展，并对其技术创新的效率产生促进作用。基于数据可获得性，本文采用 2001—2014 年各省区每平方千米内铁路里程长度作为表征地区基础设施建设水平的替代指标。

(2)地区对外开放程度(*for*)。技术创新过程中，创新主体与外界的交流与学习，能够对区域创新活动及其效率产生重要影响。一般情况下，地区开放程度越高，越有利于外部先进技术向本地区溢出，也有利于吸引外部更多的 R&D 投资。不仅如此，高度开放的环境也可以促进各种创新要素的自由流动和优化配置，从而提高技术创新活动的效率。本文选取的地区对外开放环境核算指标为地区的单位外资企业的投资总额，实际计算过程中利用当年人民币对美元实际汇率换算成人民币单位，并按照 GDP 平减指数核算成 2001 年不变价。

(3)地区人力资本水平(*hum*)。人力资本体现了个人的知识与技能水平，因而其高低会对技术创新活动产生重要影响。由于技术创新是一项知识密集型活动，大批高素质人才的存在能够为技术创新活动提供必要的要素支撑，这都有利于技术创新活动的开展及其效率水平的提升。本文选取地区人口的平均受教育年限来衡量人力资本水平，并采用基于不同学历人口的加权形式来核算平均受教育年限①。

(4)地区制度环境(ins)。在我国经济体制改革全面深入的今天,制度问题已经成为经济学家研究中国经济问题的重要方面。合理的制度安排对于区域创新活动有重要的影响,一个地区的政府与市场关系越清晰、知识产权保护越有效、产权关系越明晰,就越有利于激发创新主体的活力和积极性,这也会对技术创新效率产生影响。考虑到数据的可得性,本文选取单位国有控股工业企业的资产总额来衡量地区制度环境,并采用GDP平减指数将其核算为2001年不变价。这是一个反向变量,国有控股工业企业的资产比例越大,则该地区市场化程度越低,其制度环境也越差。表1给出了以上各变量的描述性统计结果。

表1 **变量描述性统计**

变量名	样本数	衡量方法	均值	标准差	最大值	最小值
tfp	420	全要素生产率,对数化处理	0.628	0.050	0.872	0.482
eco	420	人均GDP,对数化处理	9.091	0.467	10.329	7.868
tech	420	政府R&D经费补贴金额,对数化处理	11.776	1.439	15.504	7.667
inf	420	每平方千米内铁路里程长度,对数化处理	0.032	0.054	0.475	0.001
for	420	单位外资企业的投资总额,对数化处理	8.322	0.401	10.017	6.922
hum	420	加权后的平均受教育年限,对数化处理	2.238	0.076	2.590	2.092
ins	420	单位国有控股企业资产总额,对数化处理	11.114	0.878	12.673	8.981

四、实证结果与分析

(一)计量模型的检验

由于本文采用的是动态空间杜宾模型考察地方政府竞争对经济效率的影响,我们有必要对这一模型的合理性进行验证。考虑到空间杜宾模型是空间自回归模型和空间误差模型的一般形式,本文将基于非空间面板模型OLS回归,采用LM值检验空间杜宾模型是否可以转化为空间自回归模型或空间误差模型。基于非空间面板模型,通过构建残差的拉格朗日乘子(LM)检验及其稳健形式的统计量,检验是否存在空间自相关性。如果存在,那么支持空间计量模型的设定。在此基础上,我们将进一步基于空间杜宾模型,采用Wald

① 具体地,本文核算人均受教育年限的公式为$H_i=\sum T_n P_{in}$,其中,T_n表示第n种学历人口的受教育年数,P_{in}表示第i省区拥有第n种学历的人口数,$n=1$表示小学,$n=2$表示初中,$n=3$表示高中,$n=4$表示大学。由于数据的缺失,这里的大学学历包含本科和专科两种,并且不考虑其他学历的人口数;假定接受过小学教育的人口受教育年限为6年,接受过初中教育的人口受教育年限为9年,高中为12年,接受过大学教育的人口受教育年限为16年。

统计量和LR统计量考察是否可以将空间杜宾模型简化为空间自回归模型或空间误差模型。其原假设为(1) $H_{02}:\theta=0$；(2) $H_{03}:\theta+\rho\beta=0$。如果 H_{02} 和 H_{03} 均被拒绝，或者LR检验、Wald检验、LR检验所指向的模型不一致，选择空间杜宾模型；如果 H_{02} 不能被拒绝，且稳健的LM检验支持空间自回归模型，选择空间自回归模型；如果 H_{03} 不能被拒绝，且稳健的LM检验支持空间误差模型，选择空间误差模型。非空间面板模型的LM检验及其稳健形式的统计量如表2所示。①

表2　非空间面板模型与检验

	Pool OLS	Spatial Fixed	Time Fixed	Spatial-time Fixed
σ^2	0.002	0.002	0.001	0.001
Rbar-square	0.228	0.285	0.189	0.115
Log-likelihood	719.854	762.736	878.899	927.519
LM test no spatial lag	2 264.676*** (0.000)	278.181*** (0.000)	12.567*** (0.000)	9.916*** (0.002)
Robust LM test no spatial lag	0.696 (0.404)	15.073*** (0.000)	0.147 (0.701)	3.736* (0.053)
LM test no spatial error	278.615*** (0.000)	265.389*** (0.000)	12.602*** (0.000)	7.565*** (0.006)
Robust LM test no spatial error	14.634*** (0.000)	2.281 (0.131)	0.492 (0.483)	1.385 (0.239)
LR-test joint significance spatial fixed effects	97.240(0.000)			
LR-test joint significance time-period fixed effects	329.566(0.000)			

注：括号内为相应的概率 P 值；***、* 分别表示在1%、10%水平上显著。

由表2可知，空间自回归模型和空间误差模型的LM检验统计量显示，混合效应(Pool OLS)、空间固定效应(Spatial fixed)、时间固定效应(Time fixed)和时空固定效应(Spatial—time fixed)中的空间自回归模型和空间误差模型至少有一个通过了LM统计量及其稳健形式的检验。基于固定效应模型的联合显著性似然比LR检验在1%水平上拒绝了时间和空间固定效应联合不显著的原假设，说明模型应该包含时间和空间固定效应。综上所述，本文选择动态空间杜宾模型具有较好的合理性。

(二)基准回归估计结果

本文采用MATLAB软件对式(2)所示的动态空间杜宾面板模型进行了估计。估计结果如表3所示。其中，(1)和(2)列分别表示未加入和加入控制变量的估计结果。不仅如此，我们通过引入财政分权与地方政府竞争交互项

① 限于篇幅，这里仅报告了相关统计量的结果，未报告各变量的估计结果。如有需要，可与笔者联系。

的形式，以此进一步衡量财政分权体制对于地方政府竞争的影响效应①，其未加入和加入控制变量的估计结果如(3)和(4)列所示。

表3 **基准回归模型估计结果**

	(1)	(2)	(3)	(4)
τ	0.228***(2.847)	0.202**(2.361)	0.226***(2.806)	0.201**(2.365)
ρ	0.211***(2.596)	0.187**(2.339)	0.220***(2.704)	0.195**(2.433)
ψ	0.036***(3.604)	0.002***(3.147)	0.043***(3.665)	0.004***(3.211)
eco	0.085***(4.249)	0.096***(4.610)	0.130***(3.713)	0.150***(4.098)
tech	0.006**(2.197)	0.005***(2.941)	0.008**(2.569)	0.006**(2.518)
eco×fd	/	/	0.031(1.055)	0.054(1.391)
tech×fd	/	/	0.051***(4.311)	0.028***(3.982)
inf	/	0.063**(2.175)	/	0.054***(2.981)
for	/	−0.002(−0.442)	/	−0.001(−0.075)
ins	/	−0.009***(−4.848)	/	−0.013***(−5.105)
hum	/	0.027**(2.440)	/	0.064***(2.933)
ω×eco	0.028(0.761)	0.025(0.671)	0.052(0.664)	0.047(0.589)
ω×tech	0.026***(2.917)	0.034***(3.724)	0.015***(2.592)	0.001**(2.030)
ω×eco×fd	/	/	−0.125***(2.581)	−0.109**(2.373)
ω×tech×fd	/	/	0.100*(1.668)	0.084**(2.400)
ω×inf	/	0.055(0.768)	/	0.062(0.848)
ω×for	/	−0.010(−1.032)	/	−0.011(−1.061)
ω×ins	/	−0.051***(−2.820)	/	−0.051***(−2.805)
ω×hum	/	−0.053(−0.377)	/	−0.055(−0.343)
R-sq	0.605	0.618	0.609	0.622
Log-likelihood	871.595	878.165	873.751	880.608

注："/"表示该项为空；***、**、*分别表示在1%、5%、10%的水平上显著；括号内数字为相应的t值。

(1)至(4)列所示的估计结果均显示，地区经济效率指标无论在时间上还是空间上均存在显著的滞后效应，这进一步验证了本文采用动态空间面板杜宾模型的合理性。由(2)列所示的估计结果可知，尽管本地区地方政府的经济增长和技术创新都是促进经济效率提升的重要因素，但是地方政府之间围绕经济增长的竞争行为(ω×eco)对经济效率提升的影响效应是不显著的，这说明地方政府为了经济增长的策略性行为并没有起到较好的效果。然而，地方

① 关于财政分权指标(fd)的衡量，我们参考周业安和章泉(2008)、任志成等(2015)等学者的方法，基于地方政府的财政收入指标，其具体的衡量方式为：本级人均地方财政收入/(本级人均地方财政收入+本级人均中央财政收入)。

政府之间围绕技术创新的竞争行为(ω×tech)则取得了较好的效果，显著促进了经济效率的提升，面对经济结构转型升级的背景，各地方政府可能会更加倾向于选择实施创新驱动的发展战略，并不断加大对科技创新的投入力度，从而促进了本地区经济增长质量的提升。但是，在考虑财政分权的交互影响后，地方政府之间围绕经济增长的竞争对经济效率提升具有显著的负向影响(ω×eco×fd)，这说明财政分权体制进一步恶化了地方政府围绕经济增长的竞争行为，使得地方政府可能在经济增长业绩的指标下盲目竞争，竞相上马各种各样的项目，导致资源浪费和经济效率下降。且地方政府围绕技术创新的竞争在财政分权体制下得到进一步的释放，即其估计系数(ω×tech×fd)要显著高于未考虑财政分权体制时的情形。正如前文所述，财政分权改革后，各地方政府在选择地方经济社会发展战略方面拥有了更多的自主权和选择空间；而与此同时，伴随着技术创新已经成为促进我国经济社会发展方式转型升级的重要举措，各地方政府也逐渐认识到推进技术创新、发展创新经济能够促进地方经济社会的发展，从而有利于其晋升，因此，各地方政府之间围绕技术创新展开竞争有利于其经济增长质量的提升。

就其他控制变量而言，(2)和(4)列中的结果均显示，本地区基础设施建设(inf)对经济效率提升具有显著的促进作用，而其他地区基础设施建设的影响效应是不显著的(ω×inf)，这可能是因为，本地区的基础设施建设水平能够为科技创新等活动提供支撑和保障，从而能够促进本地区经济增长质量的提升；但如果存在来自其他地方政府的策略性影响，本地区政府有可能会将更多的资源用于基础设施建设，“挤出”其他方面的政府支出。无论是本地区的对外开放水平，还是来自其他地区的竞争，本文研究的研究结果均显示其对全要素生产率的影响效应是不显著的，虽然外资企业进入能够方便本地区的知识溢出，但是外资企业进入过程中所带来的竞争效应可能使得本土企业陷入劣势，这种正反两方面的影响可能会使得对外开放对经济效率提升的影响变得不显著。地区制度环境对经济效率的影响效应均显著为负，国有企业往往面临着“预算软约束”、组织冗余、裙带关系复杂、寻租空间较大等诸多弊端，因而在国有企业比重较高的地区，其经济增长质量也较低。最后，本地区人力资本水平越高，越有利于促进经济效率和经济增长质量提升，但是来自其他地区的竞争效应可能会进一步抵消这种促进作用。

(三)考虑时空分解效应的估计结果

正如前文所述，动态空间面板杜宾模型可以依据空间效应作用的范围和对象的不同，将空间计量模型中自变量对因变量的影响效应区分为总效应、直接效应和间接效应。而且本文所采用的动态空间面板模型中还控制了因变量的时间效应，因而自变量对因变量的影响效应还可以进一步区分为即期影响(短期影响)和长期影响。因此，我们基于上文中的(2)和(4)列的结果，采用表

4对地方政府竞争影响经济效率的时空效应进行分解。

表4 **考虑时空分解效应的估计结果**

	短期影响			长期影响		
	直接效应	间接效应	总效应	直接效应	间接效应	总效应
未考虑交互项影响						
eco	0.096*** (4.323)	−0.006 (−0.377)	0.090*** (3.425)	0.021 (1.475)	−0.007 (−0.249)	0.014 (1.029)
tech	0.004* (1.764)	0.059** (2.165)	0.063** (2.232)	0.005*** (2.648)	0.074** (2.143)	0.079** (2.194)
inf	0.060** (2.193)	−0.011 (−0.764)	0.049* (1.941)	0.076** (2.187)	−0.014 (−0.618)	0.062* (1.921)
for	−0.003 (−0.462)	0.028 (0.442)	0.025 (0.400)	−0.004 (−0.437)	0.035 (0.436)	0.031 (0.391)
ins	−0.009 (0.875)	−0.032*** (−3.054)	−0.042 (−2.861)	−0.011 (−0.855)	−0.041*** (−2.612)	−0.052** (−2.502)
hum	0.029** (2.449)	0.021 (0.519)	0.049 (0.642)	0.026** (2.440)	0.025 (0.469)	0.061 (0.611)
考虑交互项影响						
eco	0.152*** (3.989)	−0.059 (−1.421)	0.093*** (2.890)	0.192 (0.918)	−0.073 (−1.239)	0.119 (1.537)
tech	0.007** (2.466)	0.021*** (2.923)	0.028** (2.168)	0.008*** (3.454)	0.027*** (3.901)	0.036*** (4.077)
eco×fd	−0.055** (−2.419)	0.002 (0.148)	−0.053** (−2.312)	−0.069** (−2.406)	0.000 (0.009)	−0.069** (−2.215)
tech×fd	0.028* (1.914)	0.053 (1.043)	0.081** (2.388)	0.035*** (3.893)	0.069*** (3.004)	0.104*** (3.303)
inf	0.056** (2.101)	−0.015 (−0.920)	0.041* (1.788)	0.071** (2.086)	−0.019 (−0.673)	0.052* (1.758)
for	−0.001 (−0.157)	0.062 (0.924)	0.061 (0.906)	−0.002 (−0.132)	0.080 (0.889)	0.079 (0.856)
ins	−0.013 (−1.108)	0.000 (0.006)	−0.013 (−0.421)	−0.016 (−1.071)	0.001 (0.023)	−0.015 (−0.376)
hum	0.066* (1.949)	−0.043 (−0.519)	0.022 (0.207)	0.083* (1.947)	−0.055 (−0.491)	0.029 (0.199)

注：***、**、*分别表示在1%、5%、10%的水平上显著；括号内数字为相应的t值。

由表4所示的时空分解效应结果可知，在未考虑财政分权体制影响的情况下，地方政府之间围绕经济增长的竞争虽然在短期内能够促进经济效率的提升，且这种促进作用主要来自本地区的直接影响效应。但是从长期的角度来说，这种影响效应也不再显著，说明地方政府围绕经济增长的竞争不具有长期效应。就技术创新的竞争来说,其无论是在短期还是长期中,均能够对经济效率产生促进作用,且伴随着时间周期的延长,其影响效应也在进一步增加。考虑财政分权体制的交互性影响后,地方政府之间经济增长的竞争对经济效率提升具有显著的抑制作用,且这种抑制作用与时间长短也成正比关系;而地方政府围绕技术创新的竞争仍然能够显著促进经济效率的提升,其影响效应也要高于未考虑财政分权体制影响时的情形。

(四)关于影响机理的分析

根据式(8)可知,全要素生产率的增长主要来源于效率改善效应(MEC)和技术进步效应(MTC),前者主要是指通过制度创新、管理变革以及由于规模效率提升和资源配置效率提高所带来的实际生产点向前沿面的移动,后者主要是指使用更加先进的技术和工艺、通过新创造和新发明等手段增加产出,使得生产前沿面向外移动。因此,本文将从这两个方面考察地方政府竞争影响经济效率的内在机制。限于篇幅,我们仅报告了考虑交互项影响下的包含短期效应和长期效应,以及总效应、直接效应和间接效应的时空分解效应的估计结果,以此作为影响机理分析。如表5所示。

表5　　影响机理估计结果

	短期影响			长期影响		
	直接效应	间接效应	总效应	直接效应	间接效应	总效应
效率改善效应(MEC)						
eco	0.132*** (4.133)	−0.069* (−1.920)	0.062** (2.075)	0.053*** (1.945)	−0.096** (−2.253)	−0.043** (2.008)
tech	−0.019 (−1.635)	0.049* (1.813)	0.030* (1.679)	0.024 (1.625)	0.028*** (2.825)	0.052*** (2.669)
eco×fd	−0.078** (−2.353)	−0.008 (−0.566)	−0.086** (−2.177)	−0.088** (−2.342)	0.009 (0.513)	−0.079** (−2.152)
tech×fd	0.048* (1.859)	0.048 (0.902)	0.096** (2.573)	0.052* (1.774)	0.035 (0.692)	0.087*** (2.597)
技术进步效应(MTC)						
eco	0.036 (1.358)	−0.002 (−0.063)	0.034* (1.955)	0.054 (1.279)	−0.014 (−0.347)	0.039* (1.943)
tech	0.009 (0.942)	−0.009 (−0.441)	0.001 (0.060)	0.015 (0.878)	−0.014 (−0.502)	0.001 (0.076)
eco×fd	0.003 (0.110)	−0.000 (−0.069)	0.003 (0.107)	0.005 (0.116)	0.002 (−0.146)	0.002 (0.089)
ech×fd	−0.009 (−0.454)	0.033 (1.066)	0.024 0.697)	−0.018 (−0.555)	0.046 (1.098)	0.028 (0.696)

注:***、**、*分别表示在1%、5%、10%的水平上显著;括号内数字为相应的t值。

由表5所示的影响机理估计结果可知,地方政府竞争对于经济效率的影响主要是通过效率改善效应(MEC)产生作用的,技术进步效应(MTC)的影响通道尚未形成。具体地,在短期内,地方政府之间围绕经济增长的竞争会通过本地区的直接影响效应而促进效率改善效应的提升,但是这种影响效应在长期内受到其他地区溢出效应的影响而成为抑制效率改善效应的因素。而且在考虑财政分权体制的交互影响后,无论是在短期还是长期中,地方政府之间的经济增长竞争对效率改善效应均具有显著的抑制作用。不仅如此,地方政府之间围绕技术创新的竞争影响效率改善的总效应显著为正,说明地方政府对于技术创新活动的支持行为能够激励本地区企业的制度创新、管理创新等行为,优化资源配置,且在长期中这种促进作用会变得更加显著。

五、总结与启示

本文基于财政分权体制下我国地方政府之间围绕经济增长和技术创新的竞争行为对经济效率的影响机理和影响效应,研究发现,地方政府之间围绕经济增长的竞争行为无法对经济效率提升产生显著影响,而围绕技术创新的竞争行为则取得了较好的效果。在考虑财政分权的交互影响后,分权体制进一步恶化了地方政府之间经济增长竞争的结果,且地方政府围绕技术创新的竞争在财政分权体制下得到进一步的释放,其估计系数要显著高于未考虑财政分权体制时的情形。通过对以上影响的效应进行时空分解可以发现,地方政府之间围绕经济增长的竞争在短期内能够通过本地区的直接影响效应而促进经济效率的提升,但是在长期中这一影响效应不再显著。而无论是在短期还是长期中,地方政府之间围绕技术创新的竞争均能够对经济效率产生促进作用,且时间越长,其促进影响的效应也越大。不仅如此,在对地方政府竞争的影响机理进行估计过程中发现,地方政府竞争对于经济效率的影响主要是通过效率改善效应产生作用的,技术进步效应的影响通道尚未形成。

因此,在今后的工作中,要进一步合理引导地方政府之间的竞争行为,改善地方政府之间的竞争结构,更多地将技术创新等经济增长质量指标作为地方政府绩效和官员晋升的重要标尺,弱化传统以GDP作为核心的官员晋升标准,从而更好地激励各地方政府之间开展有益的竞争活动,促进区域之间经济社会的协调可持续发展。不仅如此,由于财政分权体制是影响和激化地方政府竞争的重要因素,因此今后还需要不断地完善财政分权体制改革,进一步优化各级地方政府的财权和事权结构,建立和完善技术创新方面的专项转移支付制度,形成中央和地方政府之间在财政收入和支出方面的有效匹配,逐步消除财政分权制度下的不利因素,形成有利于技术创新活动开展的体制架构,充分释放财政分权的积极效应。

参考文献

[1]Breton A. & Competitive Governments,1996,An Economic Theory of Politics and Public Finance,*Cambridge*:*Cambridge University Press*.

[2]Elhorst J. P. & Dynamic Spatial Panels,2012,Models,Methods and Inferences,*Journal of Geographical Systems*,Vol. 14,No. 1,pp. 5—28.

[3]Fare R& Grosskopf S,1994,Lovell C. A. K. Productions frontiers,*Cambridge*:*Cambridge University Press*.

[4]LeSage J. P. & R. K. Pace,2009,Introduction to Spatial Econometrics,*Chapman & Hall CRC Press*.

[5]LeSage J. P. & R. K. Pace,2008,Spatial Econometric Modeling of Origin-Destination Flows,*Journal of Regional Science*,Vol . 48,No. 5,pp. 941—967.

[6]Li H. B. & Zhou,L. A. ,2005,Political Turnover and Economic Performance:the Incentive Role of Personnel Control in China,*Journal of Public Economics*,Vol. 89,No. 9—10,pp. 1743—1762.

[7]Maskin E. & Qian Y. Y. & Xu C. G. ,2000,Incentives,Information and Organization Form. *Review of Economic Studies*,Vol. 67,No. 2,pp. 359—378.

[8]Qian Y. Y. &Weingast B. R. ,1997,Federalism as a Commitment to Reserving Market Incentives,*Journal of Economic Perspectives*,Vol. 11,No. 4 pp. 83—92.

[9]Tiebout C. M. ,1956,A Pure Theory of Local Expenditures,*Journal of Political Economy*,Vol. 64,No. 5,pp. 416—424.

[10]邓玉萍、许和连,2013,外商直接投资、地方政府竞争与环境污染——基于财政分权视角的经验研究,《中国人口·资源与环境》,第 7 期,第 155—163 页。

[11]李胜兰、初善冰、申晨,2014,地方政府竞争、环境规制与区域生态效率,《世界经济》,第 4 期,第 88—110 页。

[12]江飞涛、耿强、吕大国、李晓萍,2012,地区竞争、体制扭曲与产能过剩的形成机理,《中国工业经济》,第 6 期,第 44—56 页。

[13]任志成、巫强、崔欣欣,2015,财政分权、地方政府竞争与省级出口增长,《财贸经济》,第 7 期,第 59—69 页、第 108 页。

[14]谢冬水,2016,地方政府竞争、土地垄断供给与城市化发展失衡,《财经研究》,第 4 期,第 102—111 页。

[15]谭光荣、史卜云、金培振,2016,地方政府竞争、生产性支出与企业全要素生产率——基于空间溢出效应视角的经验证据,《产业经济研究》,第 4 期,第 39—50 页、第 99 页。

[16]吴振球、王建军,2013,地方政府竞争与经济增长方式转变:1998—2010——基于中国省级面板数据的经验研究,《经济学家》,第 1 期,第 38—47 页。

[17]顾元媛、沈坤荣,2012,地方政府行为与企业研发投入——基于中国省际面板数据的实证分析,《中国工业经济》,第 10 期,第 77—88 页。

[18]解维敏,2012,财政分权、晋升竞争与企业研发投入,《财政研究》,第 6 期,第 30—

32页。

[19]周克清、刘海二、吴碧英,2011,财政分权对地方政府科技投入的影响研究,《财贸经济》,第10期,第31—37页。

[20]周黎安,2007,中国地方官员的晋升锦标赛模式研究,《经济研究》,第7期,第36—50页。

[21]周业安、章泉,2008,财政分权、经济增长与波动,《管理世界》,第3期,第6—15页、第186页。

Local Governments' Competition and Economic Efficiency: Economic Growth or Technological Innovation?

Wang Li

Abstract Under the background of the overall implementation of innovation driven strategy in China, the relationship between local governments in the fiscal decentralization system presents a traditional competition of economic growth and a new mode of competition of technological innovation. By expounding the institutional background of the two competitive types and the internal mechanism of their impact on economic efficiency, this paper empirically investigates the impact of two competition types on economic efficiency based on the Dynamic Spatial Panel Durbin Model. According to the study, the competition of economic growth between local governments cannot have a significant impact on the promotion of economic efficiency, but the competition of technological innovation has achieved a good result. And the fiscal decentralization system can catalyze these two types. As to the decomposition of the space-time effect, the competition of economic growth can promote economic efficiency through the direct effect in the short term, but do not have long-term effects, but the competition of technological innovation has a significant positive impact both in the short and long term. Besides, the impact of local government competition on economic efficiency is mainly through the efficiency improvement effect. The paper may provide beneficial references for optimizing the relationship between local governments, and building an innovative nation.

Key words Local Governments' Competition Economic Efficiency Technological Innovation Dynamic Spatial Panel Durbin Model

长江经济带绿色发展的政治经济学思辨

王林梅　段龙龙

内容提要　为建设我国生态文明的“示范带”和绿色高质量发展的“试验带”,长江经济带在新时代被赋予了多重重大改革任务。但长江经济带绿色发展理念的形成经历了不断深化和完善的过程,其中马克思主义生态观为其提供了坚实的理论依据和价值指引。长江经济带绿色发展的践行目标致力于消除现代市场经济劣根性和资本逻辑所引致人与自然关系的严重对立,试图通过探索自然—经济—生态—社会绿色可持续发展的路径来达成马克思提出的两个和解愿景,是对马克思主义生态观在中国特色社会主义市场经济制度下的创新性应用。新时代理解长江经济带绿色发展的内涵精髓需要跳出其传统定义局限,分别从创新发展、协调发展和高质量发展三重向度建构长江经济带绿色发展的实质。

关键词　长江经济带　绿色发展　生态文明　马克思主义生态观　高质量发展

中图分类号　F062.2,F042

一、引　言

作为连贯我国东西的黄金大通道,长江经济带在中华文明的孕育和繁荣历史进程中起到了极为重要的作用。改革开放后,长江经济带的发展又紧密地与沿线省份的经济增长和沿江城市的功能发育连接在一起,逐步成为我国区域经济版图重塑和经济增长动力转型的核心增长轴;党的十八大以后,随着我国经济增长进入了“新常态”,长江经济带的发展转型又成为适应和引领“新常态”,积极落实和运用五大发展理念,促进我国经济提质增效,推动产业结构

收稿日期:2018—10—10

作者简介:王林梅(1987—),四川大学人口研究所副研究员、博士后,主要研究方向为政治经济学。段龙龙(1988—),四川大学经济学院讲师、博士后,主要研究方向为政治经济学。

基金项目:本文系国家社会科学基金项目“新时代建设现代化经济体系的理论依据及指标体系构建研究”(18XKS009)和中央高校基本科研业务费项目“保护性开发视角下长江经济带产业转型升级研究”(2018XBY-wanglinmei)的阶段性研究成果。

升级换挡的先行区和示范区，并被党和国家赋予了建设“生态文明”高地的重大改革任务，习近平总书记曾多次考察长江经济带流域发展与环境保护情况，并两次专门主持召开长江经济带发展座谈会，专门强调：“实施长江经济带发展战略必须把修复长江生态环境摆在压倒性位置，共抓大保护、不搞大开发。”①同时，将长江经济带未来的发展目标准确定位为：“生态更优美、交通更顺畅、经济更协调、市场更统一、机制更科学的黄金经济带。”②因此，如何推动长江经济带绿色发展转型，在全面扩大开放和建设现代化经济体系的新背景下，创新长江经济带沿线高质量发展的路径便成为党的十九大以后决策层和理论界亟待解决的关键问题。

虽然从国家总体战略上来看，对长江经济带新时代发展的导向、秉持的底线原则和战术性手段已非常明确，但理论界对如何理解长江经济带的绿色发展内涵却存在较大争论。首先从长江经济带绿色发展内涵的阐释层面来看，存在狭义和广义两种解释观点，持绿色发展狭义论的学者认为：绿色发展就是低碳发展，其本质是建构绿色经济（胡鞍钢，2014），因此长江经济带绿色发展的目的是实现长江沿线资源消耗的减量化和利用的集约化，因此更为强调绿色技术的创新应用及绿色经济模式的推广（李娟，2018）。而持绿色发展广义论的学者则指出：绿色发展的实质就是可持续发展（卢风，2017），是一个涉及多维度、多层次和多领域的发展理念，是对整合长江经济带流域资源高效的利用、是对该区域环境全面保护的发展，是统筹兼顾、全面协调的发展（王鑫，2018），也是立足系统思维、底线思维来破解长江经济带当前经济社会再生产与生态环境再生产的“两难”问题，其根本目标是协调长江经济带自身发展与生态保护及沿线人民生活的和谐，最终促进长江与沿线居民共同体的稳定与繁荣（陈亮，2018）。结合习近平总书记的系列讲话精神并梳理学术界的代表性理论观点，笔者认为，准确理解新时代长江经济带绿色发展的丰富内涵，还是应该站在历史唯物主义的立场，用系统论和永续发展论的观点来解读长江经济带绿色发展的内生特质，因此笔者将长江经济带绿色发展界定为：“兼顾环境保护和经济增长，在生态保护的前提下重塑长江经济带新的经济增长动能，通过绿色生产方式、绿色生活方式及绿色经济制度的全面创新，从而达到生产发展、生活富裕和生态良好三者的交互衔接，实现长江经济带人与自然、人与环境、人与社会和谐共赢的永续发展过程。”

---

① 习近平，《在推动长江经济带发展座谈会上的讲话》，新华社，http://www.gov.cn/xinwen/2016－01/07/content_5031289.htm。

② 习近平，《在深入推动长江经济带发展座谈会上的讲话》，新华网，http://www.xinhuanet.com/2018－04/26/c_1122749143.htm。

二、长江经济带绿色发展理念的形成脉络

任何一种发展理念或发展思想都是基于客观实践的总结和凝练，也都是对于前期发展历史教训的深刻反思与经验重建。长江经济带绿色发展理念的形成过程也是如此。它既是对我国建立社会主义市场经济体制以来实施后发赶超战略，全力以经济建设为中心解放和发展生产力相对忽视自然生态保护造成生态环境严重破坏的深刻反思，也是对传统贤能体制和“GDP绩效导向”下地方财政竞争和“行政区”分割造成资源开发过渡、产业恶性竞争、地区无序发展模式的转型和调整(吴传清，2017)。尤其是在我国经济社会主要矛盾发生变化的新时代，坚持和落实包括绿色发展在内的新发展理念已然成为今后一段时期推动我国经济高质量发展，逐步解决发展不平衡不充分矛盾，促进区域协调发展的重大战略指引，是资源环境约束不断增强的现实情境下增强经济增长质量与韧性，重构经济增长新动力的破题之策，具有极高的实践价值(程恩富，2017)。但作为一种发展理念，其初创到完善到成熟也仍需要经历实践—反馈—总结的一系列过程，根据时间线索，长江经济带绿色发展理念的形成历程大致可以归纳为如下三个阶段：一是从2014年初到2016年初习近平总书记首次长江经济带发展座谈会之前，该阶段长江经济带主要是作为我国区域发展总体战略的有机组成部分；二是从2016年习近平总书记在重庆主持召开的首次长江经济带发展座谈会以后一直到2018年4月习总书记在武汉召开的第二次长江经济带发展座谈会期间，该阶段长江经济带则被主要定位为绿色发展理念先行试验区；三是作为引领高质量发展生力军的长江经济带，该阶段是国家对长江经济带战略功能定位的最新认识和发展。三个阶段相互衔接，内涵不断丰富，体现了不同时间节点上国家对长江经济带绿色发展思路的不断扩展及完善。

(一)作为区域发展总体战略组成部分的长江经济带

长江经济带被首次纳入国家级发展战略是在2014年的政府工作报告当中，其主要目的是在我国经济下行压力不断增强、经济进入“新常态”以后将长江经济带作为打造成为新的区域经济支撑带，以此来发挥扩大内需、促进投资，从而充当促进重大经济结构调整的杠杆作用，长江经济带因此开始成为我国“提质增效”构建扩大内需长效机制施策的重点发力区。尔后到《关于依托黄金水道推动长江经济带发展的指导意见》正式出台，国家层面对于长江经济带的发展定位、发展思路和发展目标才进一步清晰，肯定了依托黄金水道推动长江经济带发展在释放内需、扩大国内经济增长空间、推动产业结构与城镇化布局调整、缩小地区差距、推动产业分工协作中的独特作用，将长江经济带的建设目标定位为具有全球影响力的内河经济带、东中西互动合作的协调发展

带、沿海沿江沿边全面推进的对内对外开放带和生态文明建设的先行示范带。2015年的中央经济工作会议中,国家又进一步提升长江经济带的战略地位,明确地将长江经济带作为与"一带一路"、京津冀协同发展一起并行的三大国家级区域发展战略,到此,作为区域发展总体战略组成部分的长江经济带正式写入国家文件,成为全面深化改革推动区域协调发展不可或缺的支柱之一。

(二)作为绿色发展理念先行试验区的长江经济带

随着2015年5月《中共中央国务院关于加快推进生态文明建设的意见》的落地,中央对长江经济带的定位和发展思路又有了一次较大转变,更为重视并突出长江经济带作为生态文明建设现行示范带的功能特质,首次将长江经济带作为实现"绿水青山就是金山银山"的发展创新区和路径探索区。为了全面贯彻党的十八届五中全会提出的绿色发展理念,习近平总书记在2016年1月重庆召开的推动长江经济带发展座谈会上对长江经济带的发展导向进行了全面论述,创造性地提出了长江经济带"共抓大保护,不搞大开发"的发展思路①,为长江经济带走生态优先、绿色发展之路树立了底线原则,明确长江经济带下一阶段发展的重点任务是将修复长江生态环境摆在压倒性位置。

长江经济带作为绿色发展理念先行试验区的导向确立以后,国家于2016年10月出台的《长江经济带发展规划纲要》和2017年7月专门制定的《长江经济带生态环境保护规划》对长江经济带绿色发展的环境保护与生态重建目标提出了细化硬约束,建立了包括水资源、水环境、生态系统、城乡环境和环境风险管控5大类19个具体指标,要求到2020年实现五个长江建设。② 其目的是真正推动长江经济带绿色低碳循环发展模式重构,从先破后立的角度倒逼沿线地区加快形成与节约资源和保护生态环境相匹配的产业结构、增长方式和消费模式,从而主动增强和提高优质生态产品供给能力,为生态文明体制改革加快推进,从整体性和系统性保护视域下破解长江经济带绿色永续发展难题提供实践方案和经验借鉴。

(三)作为引领高质量发展生力军的长江经济带

在党的十九大报告中,中央最高层在新时代创新性地提出了我国经济发展已由高速增长转向高质量发展阶段的科学论断,标志着我国未来经济增长的动力要逐步从要素驱动、数量驱动转变到创新驱动、效率驱动和质量驱动的层面上来。长江经济带作为横跨我国东中西三大区域,覆盖全国6亿人口且占全国45%GDP比重的超大地理带和经济区,不论是在全面深化改革还是在推动供给侧结构性改革、建设现代化经济体系层面,都无可厚非地成为改革的

① 习近平,《在推动长江经济带发展座谈会上的讲话》,新华社,http://www.gov.cn/xinwen/2016—01/07/ content_5031289.htm。

② 五个长江建设是指和谐长江、健康长江、清洁长江、优美长江、安全长江,具体内容请参见《长江经济带生态环境保护规划》全文。

前沿阵地和“突破口”，成为引领我国未来十五年乃至三十年经济发展高质量转型的经济高地。从高质量发展的内涵特征来看，其第一要义就是绿色发展，因此高质量发展的内容体系要比单纯强调绿色发展拥有更为广泛的逻辑外延，是绿色发展的升级版（吴晓华，2018）。因此，习近平总书记在2018年4月召开的深入推动长江经济带发展座谈会上将再次点明并拔高了长江经济带的国家战略定位，将其视为引领我国经济高质量发展的生力军①，强调长江经济带沿线11个省份要着力处理好生态保护与经济发展关系，通过大胆试错，为培育和重塑新动能，全面扩大开放，推动区域协调共享发展，积极探索绿水青山向金山银山转化的实现形式开辟新路子（黄娟，2018）。由此被赋予新时代经济高质量发展转型引领任务的长江经济带建设正式开启。笔者按照时间和逻辑顺序详细梳理了长江经济带绿色发展理念的形成脉络和政策重点，从表1的时间脉络我们不难发现，国家对于长江经济带绿色发展理念的形成和深化基本满足三大阶段的演进特征，而对长江经济带绿色发展理念的不断完善和发展道路的深入实践，很大程度上与长江经济带自身在我国区域发展总体战略和地理空间布局层面所充当的独特地位紧密相关。笔者认为，这种特殊性和战略要冲地位必然使得未来长江经济带在新时代全面深化改革中承担更多的试点和改革转型任务。当前长江经济带绿色发展面临多目标性、叠加性和复杂性特质交织的严峻考验，需要决策层和理论界秉持习近平总书记所提倡的“钉钉子”精神和“久久为功”思维，共同为长江经济带绿色高质量发展的成功转型保驾护航（何爱平，2018）。

表1　　长江经济带绿色发展理念的形成脉络与政策重点

文件出台时间	文件与会议名称	主要内容	强调视角
2014年3月5日	2014年国务院政府工作报告	提出依托黄金水道，建设长江经济带的构想。以海陆重点口岸为支点，形成与沿海连接的西南、中南、东北、西北等经济支撑带	作为新一轮区域发展的战略支撑，从传统的区域增长极培育转向新的区域经济带
2014年9月12日	《关于依托黄金水道推动长江经济带发展的指导意见》	国家层面出台关于长江经济带发展的首个意见，将长江经济带定位为具有全球影响力的内河经济带、东中西互动合作的协调发展带、沿海沿江沿边全面推进的对内对外开放带和生态文明建设的先行示范带	聚焦扩大和释放内需、优化产业结构和城镇体系布局、推动供给侧结构性改革、缩小区域差距、扩大开放和保护生态环境六大功能

① 习近平，《在深入推动长江经济带发展座谈会上的讲话》，新华网，http://www.xinhuanet.com/2018—04/26/c_1122749143.htm。

续表

文件出台时间	文件与会议名称	主要内容	强调视角
2014年12月11日	2015年中央经济工作会议	首次将长江经济带作为与"一带一路"、京津冀协同发展并举的三大区域发展战略提出，其目的是促进各地区协调发展、协同发展、共同发展	从优化经济发展空间格局视角入手，重点是为了进一步完善现行区域政策
2016年1月7日	习近平在重庆召开推动长江经济带发展座谈会上的讲话	推动长江经济带发展必须从中华民族长远利益考虑，走生态优先、绿色发展之路，要把修复长江生态环境摆在压倒性位置，共抓大保护，不搞大开发	首次明确长江经济带发展的导向和底线原则，突出绿色发展就是要共抓大保护、不搞大开发
2016年3月18日	《国民经济和社会发展第十三个五年规划纲要》	进一步明确长江经济带在区域发展总体战略中的引领地位，塑造要素有序自由流动、主体功能约束有效、基本公共服务均等、资源环境可承载的区域协调发展新格局	首次强调长江经济带发展要坚持生态优先、绿色发展的战略定位，把修复长江生态环境放在首位
2017年7月24日	《长江经济带生态环境保护规划》	把生态环境保护摆在压倒性的位置，在生态环境容量上过紧日子，自觉推动绿色低碳循环发展，形成节约资源和保护生态环境的产业结构、增长方式和消费模式，增强和提高优质生态产品供给能力	进一步明确长江经济带绿色发展的内涵和发展路径
2018年4月26日	习近平在深入推动长江经济带发展座谈会上的讲话	将长江经济带定位为引领我国经济高质量发展的生力军，不搞大开发不是不要开发，而是要走生态优先、绿色发展之路。特别是不能把生态环境保护和经济发展割裂开来，更不能对立起来，关键是要处理好绿水青山和金山银山的关系	明确共抓大保护、不搞大开发和生态优先、绿色发展的内涵，指出长江经济带发展需要正确把握的五大关系
2018年6月24日	《关于全面加强生态环境保护坚决打好污染防治攻坚战的意见》	进一步落实并明确长江经济带绿色发展和大保护的导向性目标，提出2020年长江经济带绿色发展的具体约束性环境指标	重视长江绿色发展理念和共抓大保护、不搞大开发原则的实践落实，为长江经济带绿色发展建立了时间表和行动指南

三、长江经济带绿色发展的理论溯源：马克思主义生态观

从理论上来看，绿色发展的关键是要阐释为什么要绿色发展和怎样实现绿色发展这两个核心命题。在为什么要进行绿色发展的问题上，我国已经用改革开放近 40 年的发展历程与实践经验给出了答案，即单纯重视生产力的发展而忽视生态环境和自然资源约束在可持续发展中的重大作用。这导致当代人与自然、社会与自然生产关系的严重失衡，进一步抑制生产力解放的动力。而提出长江经济带绿色发展这一重大改革思路的目的恰恰是为了纠正传统掠夺式发展和极限式增长的严重弊端，是党中央在认真总结国外发展经验和深度反思改革开放以来我国在处理经济增长方式与生态保护间的关系不足基础上致力于构建我国经济—社会—环境和谐永续发展路径的破题之策。一方面是对马克思生态主义思想中自然界是人的无机身体理念的继承和创新，另一方面也是绿色发展理论在实践上的具体运用和实施，实现了马克思主义生态观从理论到实践维度上的第二次飞跃，因此，作为长江经济带绿色发展最初的理论渊源，马克思主义生态观为其提供了源源不断的思想和价值指引。

（一）如何处理人与自然的关系仍然是马克思主义生态观的核心命题

不论是生产力抑或生产关系，都离不开人与自然的关系问题变化，而如何解释并看待人与自然的关系一直都是马克思主义生态观的核心命题和中心任务。马克思在论述人与自然的关系之时一直秉持的都是系统的发展的视野，并坚信自然界是人的无机的身体，强调自然界是人类赖以生存的基础，是既可以被人类劳动影响并改造的，也约束和影响人类行为的客观实体（马克思、恩格斯，2009a）。因此人与自然的关系一直都是统一而非对立的。但随着劳动工具的使用、分工的扩大和技术的进步，人类对自然的索取便开始增加，人与自然的关系势必会出现紧张加剧的局面，如果人类不注意由此引起的生态危机和矛盾，就必然会出现马克思所谓的“完全违反自然的荒芜和日益腐败的自然界”局面（马克思、恩格斯，2009b），导致人与自然关系的异化。这种异化的开始仅仅是建立在人对自然界的控制，即技术掠夺之上，加速了对生态环境的破坏，但还不至于造成人类生存危机，但在进入资本主义大工业时代之后出现的资本掠夺和商品拜物教，使得普通民众与自然的对立变为疯狂追逐利润和剩余价值的资本家、资产阶级与自然的普遍对立，这种采用机器大工业流水线式的生产和实行最广泛的分工给资本家极致地恣意地征服自然，从自然界获取材料、能源和利润提供了制度和组织基础，因此资本主义工业化越是向前发展，自然生态越是遭到无情的剥夺和破坏，生态危机则越严重（马克思、恩格斯，2009c）。最后必然导致马克思和恩格斯所预见的经济危机或制度变革，即资本主义的丧钟就要敲响了！

马克思在其《资本论》中曾强烈地批判资本主义生产方式对生态资源的破坏，认为资本主义本身就具有反生态、反社会和反人性的多重恶果（方世南，2018）。资本主义之所以将人与自然的关系严重对立起来，是由于其资本雇佣劳动的性质和资本积累的本质所决定的，是劳动主体和劳动客体在价值剥削和所有权分离的双重对立中产生的，由于劳动仅被视为一种谋生手段，资本家可以通过雇佣关系轻而易举地占有他人的劳动成果并将其转化为私有财产，所以促使人与自然的关系变为单纯的索取关系，以致造成对自然资源无节制无计划的开发利用，人与自然的矛盾便不可调和（万希平，2014）。因此，解决这一矛盾的出路便是以共产主义联合生产来替代资本主义私有制，从而通过建立"自然—社会—人"的和谐协调系统来实现人的自由全面发展。

当前，我国仍处于社会主义初级发展阶段，处理好人与自然的关系依然是我国生产力发展和生产关系良性互动中的关键命题，因此在发展进程中如何发挥好公有制在生态文明建设中的和谐积极作用，借鉴并回避资本主义工业化生产方式对生态环境带来的掠夺性破坏是一个理论难题，而推动经济发展方式的绿色化转型无疑是探索人与自然共享和谐相处的正确方向。

（二）市场经济的劣根性是导致人与自然对立的制度根源

马克思主义生态观的另一个重要观点就是对市场经济劣根性造成人与自然对立的分析与批判。虽然马克思承认现代资本主义国家生产力迅速发展的一个隐含条件就是市场经济制度的建立，并将市场经济制度看成是其分析资本主义生产方式和资本积累的基础与前提，但这并不妨碍其对市场经济本身性质的分析与论述（李勇强，2014）。马克思在其分析的结论之处曾将资本主义生产所导致的生态破坏归结为资本积累的贪婪和资本主义私有制，但最核心的逻辑还是要借助市场经济的大规模流通和商品化来完成，由市场竞争规律和等价交换规律所引发的利润率下降和劳动力成为商品才是资本积累、周转乃至社会总产品实现的关键。因此，市场经济一旦与资本主义私有制相结合，就必然成为加速人与自然对立的推进器（黄广宇，2016）。

当然在这里，需要区分市场经济的优势及其劣根性的差异。市场经济的优势在于高效率、低成本和激励机制，但劣根性又表现为普遍的商品化、丛林法则的残酷和两极分化，马克思主义生态观重点批判的是后者。

生态马克思主义的代表人物们认为，市场经济的运行让正在剥削和消耗的"自然"，实际上在资本的流通和积累中被内化了。资本通过市场交换轻松地将自然变成一种与其他商品一样为了追求利润率的积累策略，自然理所应当地成为一种物化的商品，这种策略即便是在环境灾难中，也完全有可能继续在流通中实现交换和价值补偿，环境灾难正在为"灾难资本体制"创造出获得丰厚利润的大量机会（保罗·伯克特，1999）。在资本主义市场经济国家，资本对于自然和生态的理解，莫过于货币化、资本化和商业化的范畴，只会变本加厉地将自然以商品的形式拿来交易，而疯狂追逐利润的后果是自然被分割为国家所保障的私有产权，这就必然涉及圈占自然的公有资源，资本主义会自发地利用市场机制将所有的自然公有资源货币化，使他们可以拿来买卖，而资产阶级国家也往往借由干预市场失灵现象而介入，虽然在后危机时代这些干预要比资本主义自由竞争时期进步许多，但自然公有资源私有化和商品化的目的却丝毫没有动摇，即便这些自然资源的生产没有任何社会劳动的参与，资本也能照样实现它的扩大再生产。最终，资本成功地以符合资产阶级广泛利益的方式，轻松地处理资本与自然之间的矛盾（大卫・哈维，2016）。

因此，马克思一针见血地指出："市场经济的劣根性在资本主义私有制下表现得淋漓尽致，资本的逻辑破坏这一切并使之不断革命化，摧毁一切阻碍发展生产力、扩大需要、使生产多样化、为了满足资本家的欲望利用和交换自然力量和精神力量的限制。"（马克思、恩格斯，2009d）这使得人类缺乏对自然力和生态约束的敬畏，而不断放大的市场经济劣根性则进一步助长了人与自然关系的异化与对立。

在社会主义环境下，社会主义公有制与市场经济的有机结合可以很好地缓解乃至克服市场经济自身的基因缺陷和劣根性，从国家生态治理的视角介入来限制市场经济普遍推崇的商品化、货币化和商业化范围，从而有效钳制自由市场带来的"灾难资本体制"，从维护公有制经济基础和控制力的角度出发克服市场经济在资本主义私有制条件下扩大公有自然资源私有化的政治企图，从而在联合生产和全民所有产权范围内构建社会主义生产与自然资源利用之间的和谐关系，促进共享、有序发展（肖贵清，2018）。当前，我国依然要依靠市场经济体制来持续解放和发展生产力，但是社会主义市场经济与资本主义市场经济在运行方式、实现形式和经济后果上截然不同，在社会主义公有制条件下借鉴和完善市场经济体制，重点在于发挥市场经济的优势功能而约束市场经济的基因缺陷，从而实现人与自然在生产力和生产关系框架下的融合统一（胡家勇，2016）。

（三）绿色发展是实现人与自然、人与社会两个和解的有效途径

如何在劳动分工不断细化、社会生产力不断进步的条件下有效管控人与自然、人与社会的矛盾与分歧从而实现人—自然—社会之间生产关系的有机统一，是马克思、恩格斯及其追随者们长期致力于攻克的难题。马克思对此给出了自己的解答与阐释，他认为：生态环境本身就是生产力的有机组成部分，且同时生态环境又是促进生产力发展的动力源泉，因此应该对自然的生产力与社会的生产力两种生产力进行区分（马克思、恩格斯，2009e）。不论是人与自然的关系还是人与社会的关系，都离不开这两种生产力的配合。自然的生产力是自然界的自然力，是形成社会生产力的自然基础，而社会的生产力则是人类在历史中逐步发展形成的劳动生产力，这种劳动生产力也要求具备利用

自然生产力的本质属性。因此,马克思强调:"只有注重并协调好两种生产力及其对应的生产率的相互关系,在实践中呵护好自然生产力和劳动的自然生产率,才能形成绿色生产力可持续发展的基础。"(马克思、恩格斯,2009f)越是像资本主义大生产那样肆意地破坏和掠夺自然生产力,超越社会生产力的自然基础,就必然会对人类带来无穷尽的生态破坏和社会灾难。

在这种分析框架下,生态马克思主义的学者们坚信,不论资本主义如何进行自身改良和福利革命,资本的逻辑都无法成功解除人与自然、人与社会之间的对立。只有推翻资本主义私有制、实行共产主义,才能彻底实现人与自然、人与社会之间的和解,但根据马克思的设想和论证,资本主义之所以具有内生性的生产环境危机,关键是资本主义生产从本质上破坏并违背了自然生产力与社会生产力协调发展的基础。因此在马克思预言的共产主义这一社会最高发展阶段到来之前,必须找到一种平衡自然生产力与社会生产力的,能够节约循环利用自然力的生产和生活方式,这就是绿色发展理念的雏形——循环经济。

单纯集中于生产部门的循环经济只能一定程度上缓解人与自然的矛盾,而要逐步解决人与自然和人与社会的双重对立,必须要系统解决生产、消费、交换、分配等一系列的问题,这就涉及发展模式在生产、经营、技术、组织等方面的全面变革,因此在循环经济之上,急需建构一种更为广泛的、更为先进的以资源节约、环境友好、人口协调为标志的三型社会体系,实现以"人的全面发展"为中心的永续发展,绿色发展理念便孕育而生。

党中央在十八届五中全会上提出的绿色发展理念,是在继承马克思主义生态观的基础之上,将生态文明思想与我国社会主义生产力发展有机结合的重大理论创新,而推动长江经济带绿色发展转型改革则是在社会主义基本经济制度和社会制度框架下实现人与自然、人与社会两个和解路径的实践探索。绿色发展的本质是经济、社会、人口和资源环境可持续发展,但归根到底,绿色发展的目标是要实现"以人为中心"的全面发展问题,这正是十九大在新时代强调新发展理念重要性,明确我国建设的现代化是人与自然和谐共生的现代化的关键所在(方文,2018)。

四、长江经济带绿色发展的三重向度

虽然"共抓大保护、不搞大开发"是未来长江经济带绿色发展的总体战略导向,但并不像部分学者所理解的长江经济带的重点在于保护生态而不要发展,恰恰相反,是要"在立下生态优先规矩的前提下,倒逼产业转型升级,实现更好更高质量的发展”。[①] 是故，正确把握长江经济带绿色发展的内涵，其中就包含了对其绿色发展的动力源泉、基本手段和根本目的不同向度的解读，可以从创新发展、协调发展和高质量发展三个层面来阐释。

（一）创新发展是长江经济带绿色发展的动力源泉

经过近 40 年的改革开放，长江经济带已经发展成为中国区域经济格局中经济最为活跃、产业竞争力最强、基础设施承载最为完善的开放前沿高地。但同时，长江经济带也是中国经济增长方式转型和传统高污染、高排放、低效率粗放型发展方式集中展现的一面镜子，生态破坏和落后产能积累积重难返。急需培育经济新动能来重塑长江经济带经济发展格局，在我国经济进入提质换挡的“新常态”下，要解决长江经济带质量、效率和动力变革的三大难题，建构绿色发展体系是有效途径，而创新驱动发展无疑成为新时代推动长江经济带绿色发展体系建立的关键动力源泉（杨承训，2017）。

为什么说创新发展是长江经济带绿色发展最为核心的动力源泉，是因为长江经济带发展提供底部支撑的环境容量和资源约束已经越来越不能承载传统的“末端治理”式经济增长方式。据环境保护部的数据显示，由于大规模的竞争式开发和野蛮发展，截至 2017 年底，长江生物完整性指数到了最差的“无鱼”等级。沿江产业发展惯性较大，污染物排放基数大，废水、化学需氧量、氨氮排放量分别占全国的 43%、37%、43%，接近 30%的重要湖库仍处于富营养化状态，流域环境风险隐患非常突出。中国社会科学院发布的《长江经济带绿色发展报告 2016》中显示：长江经济带已经成为我国突发性环境事件的集中发生区，2010—2014 年，11 个省市突发环境事件分别占到全国的 17%、63%、68%、64%和 54%，其根源是周围重化工企业分布过于密集所致。要解决现实中愈演愈烈的生态破坏问题，推进长江经济带绿色发展首要的就是要树立创新驱动理念，依靠技术创新、制度创新、产业业态创新和组织要素创新来重铸长江经济带经济发展动能，使其驶入集约—友好—生态—可持续的绿色发展快车道（覃川，2018）。

为此，依靠创新引领长江经济带绿色发展动能转换需要注意以下几个方面的内容：一是在区域上，要整合区域创新要素与创新资源，促进创新资源流动和创新成果交流，加速形成区域知识性和技能型为主导的创新体系和创新扩散网络，推动整体技术变革。二是在产业上，要紧密依靠供给侧结构性改革“三去一降一补”的契机，加快淘汰高污染、低产出、低效益的落后产能，推进现代高端制造业、现代服务业和战略性新兴产业集群的建设，实现“腾笼换鸟”促进产业结构迈向中高端，并在大区域层面，整体布局和优化产业梯度分布，做

---

① 参见《习近平在 2018 年 4 月 24 日宜昌长江岸边的兴发集团新材料产业园考察时的讲话》，搜狐网，http://mt.sohu.com/20180424/n535745553.shtml。

好产业承接转移与产业链有序配套安排(任胜钢,2016)。三是在制度上,以长江经济带绿色发展战略和生态文明示范区位牵引,加快建立健全以绿色产业政策、绿色财税制度、绿色金融、污染惩罚机制为主体的制度约束体系,以负面清单、动态准入与退出制度为先导,全方位建设绿色发展制度保障体系。

(二)协调发展是长江经济带绿色发展的基本手段

长江经济带集聚的人口和创造的地区生产总值均占全国40%以上,但同时长江经济带又是我国区域发展不充分、不协调矛盾最为突出的地区。一是从省域经济规模来看,长江经济带中既有上海、江苏、浙江等人均GDP排名全国前5的发达省份,也有云南、贵州、四川等人均GDP排名全国靠后的西部欠发达省份,省域经济总量差距悬殊。二是从沿线城镇发育空间体系来看,长江经济带中的下游地区,其城镇数量、城镇空间布局合理度和城镇发育程度要远远强于中上游地区,长三角城市群的城市数量分别是长江中游城市群和成渝城市群数量的1.2倍和1.7倍。三是从贫困人口规模和脱贫攻坚的重点区域来看,全国14个集中连片特困地区,有8个在长江经济带范围内,且全部位于长江经济带中上游地区,其中这8个集中连片特困地区于2016年底统计的贫困人口数量占到全部集中连片特困地区贫困人口数量的83.7%,待脱贫人口高达1 820万。因此,习近平总书记在十九大报告提出的:"要坚决打好防范化解重大风险、精准脱贫、污染防治的三大攻坚战"①,在长江经济带均有突出体现。长江经济带绿色发展一以贯之必须坚持的基本思路和基本手段就是推进长江经济带沿线11个省域之间的统筹协调发展,这是从系统和全局上构建长江经济带绿色发展体系的底部基石和核心方略。

从理论层面来审视协调发展在长江经济带绿色发展中的特殊作用,重点在于理解长江经济带绿色发展"一盘棋""风险分担与收益共享"的特质,因此作为生态文明改革破题和实践探索试验区的长江经济带,必须通过协调发展来逐步实现"绿水青山"向"金山银山"的转化工作,让生态效益通过现代化经济体系和生产方式的变革转化为实实在在的经济效益和社会效益(肖金成,2017)。因此,协调发展成为长江经济带绿色发展的客观前提,也是衡量长江经济带绿色发展绩效最为重要的判定因素。②

当前,长江经济带绿色发展的不协调因素既存在于行政区层面,也存在于产业体系、城镇空间布局体系和基础设施层面(彭劲松,2014)。在行政区层面,重点在于协调好行政分割和市场对接的难题,通过政策衔接、规划同步和立体综合交通路网建设突破地区保护主义和传统行政区经济"税收竞争"的束

① 习近平,《决胜全面建成小康社会 夺取新时代中国特色社会主义伟大胜利:在中国共产党第十九次全国代表大会上的报告》,人民网,http://cpc.people.com.cn/n1/2017/1028/c64094－29613660.html。

② 杨顺顺,"抓好长江经济带绿色发展的三大维度",中国社会科学网,http://ex.cssn.cn/zx/bwyc/201807/t20180725_4509384.shtml。

缚。在产业体系层面，必须在总体环境容量的硬性约束下建立跨域产业协同发展的体制机制，通过做强增量、做优存量、淘汰过剩产能、改造传统产能约束无序建设和重复建设行为，以产业区、产业集群的形式推进长江经济带一体化的产业分工布局规划，做好长江上下游产业链的延伸和承接，推动产业结构、产品结构和要素结构优化升级(孙久文，2018)。最后是在城镇空间布局和基础设施建设层面，尽快落实《国家新型城镇化发展规划(2014—2020)》和《长江经济带发展规划纲要》中关于建设长江经济带"一轴两翼三级多点"的空间战略格局，形成以长江为地域纽带和集聚轴线，以沿江大中小城市和小城镇为依托，具有区域联动、结构合理、集约高效、绿色低碳特质的新型城镇化格局。与长江黄金水道建设和长江综合立体交通枢纽建设所需的要素和载体支撑相匹配，通过涵盖城市公共交通、城际铁路、市域(郊)铁路建设，打造城市群内中心城市之间、中心城市与周边城市之间 1—2 小时经济圈空间形态

(三)高质量发展是长江经济带绿色发展的根本目的

从本质上来看，长江经济带绿色发展理念的最终归宿是要实现长江沿线地区高质量发展转型，因此，从全局上审视长江经济带绿色发展的内涵，必须与推动和实现我国经济高质量发展的目标相契合。

从理论上来看，高质量发展是比经济增长质量范围宽、要求高的质量状态。高质量发展的核心表现在提高供给的有效性，实现公平性发展、生态文明、人的现代化四个方面的统一(任保平，2018)。长江经济带绿色发展理念的树立和战略导向的明确从表面上来看是解决长江经济带经济增长与生态保护的对立、解决长江经济带行政分割导致产业布局散乱、无序竞争的两大难题，实际上是为了解决长期困扰我国经济发展不协调、不充分、不可持续的效率转型问题。[①] 从长江经济带协调发展的体制机制设计入手，通过空间一盘棋的要素、产业、区域、制度整合，用创新驱动和生态文明体制构建的新思路来达成探索新旧动能转换的实现路径，是超越传统发展理念，将创新驱动发展的思维、共享协调发展的原则、全面开放发展的策略和绿色可持续发展的手段系统集成，严格遵循高质量发展本质致力于完成长江经济带四方面有机统一的创新实践(金碚，2018)。

经过改革开放以来社会生产力的快速发展，长江经济带已经形成了以重工业为主导，以政府投资和传统要素投入为驱动的经济增长秩序，借助长江黄金水道通达的水运路网体系，产业结构的"区域锁定"现象正在逐步加强。加之长江经济带沿线地方政府"标尺竞争"态势的加剧，诱发了较为严重的产业同构和重复建设问题，尤其是长江中上游地区，由于实行后发赶超的快速积累

① 张艳国，《共抓大保护、不搞大开发思想的深刻内涵及其重大意义》，人民网，http://theory.people.com.cn/n1/2018/0614/c40531—30056405.html。

战略，导致行政区管辖内长江流域环境污染突出，严重危害长江下游生态安全。为此，习近平总书记在2018年5月召开的全国生态环境保护大会上专门强调："生态环境是关系党的使命宗旨的重大政治问题，也是关系民生的重大社会问题。推动长江经济带绿色发展的根本宗旨是为了满足构建高质量现代化经济体系的必然要求。"①因此，区分长江经济带高质量发展与传统发展的一个显著特征就是要看是否将生态文明和生态产品作为与物质产品和精神文化产品一样纳入人民日益增长的美好生活需要体系中，显然，当前推进长江经济带高质量发展就是试图通过完善绿色生产和生活方式来解决优质生态产品长期供给不足的难题。

笔者认为，基于长江经济带绿色发展战略的顶层设计和实施方略开启了马克思主义生态观思想的实践新境界，其作为中国特色社会主义生态文明思想的有机组成部分，对自然生产力和社会生产力协调永续发展的大胆探索与反思完善和验证了马克思关于人与自然、人与社会两个和解的真理价值，将生态文明与物质文明一道纳入了政治经济学生产力生产关系分析框架，进一步发展和充实了政治经济学理论体系。笔者相信，在中国特色社会主义进入新时代后，以长江经济带作为牵引中国区域经济版图重构乃至全国经济转型的"金钥匙"，必能通过绿色发展路径的大胆探索和试验为建设现代化经济体系、实现经济高质量发展转型积累经验，从而为实现美丽中国和"两个一百年"奋斗目标打下坚实基础。

参考文献

[1][英]大卫·哈维，《资本社会的17个矛盾》，北京：中信出版社2017年版。

[2][德]卡尔·马克思、弗里德里希·恩格斯，《马克思恩格斯文集》第1卷，北京：人民出版社2009年版，第161页a、533页b、565页c。

[3][德]卡尔·马克思、弗里德里希·恩格斯，《马克思恩格斯文集》第7卷，北京：人民出版社2009年版，第867页e、895页f。

[4][德]卡尔·马克思、弗里德里希·恩格斯，《马克思恩格斯文集》第8卷，北京：人民出版社2009年版，第91页d。

[5]陈亮、哈战荣，2018，新时代创新引领绿色发展的内在逻辑、现实基础与实施路径，《马克思主义研究》，第6期。

[6]程恩富，《马克思主义政治经济学基础理论研究》，北京：北京师范大学出版社2017年版。

[7]方世南，《马克思恩格斯的生态文明思想：基于〈马克思恩格斯文集〉的研究》，北京：人民出版社2018年版。

[8]方文、杨勇兵，2018，习近平绿色发展思想探析，《社会主义研究》，第4期。

---

① 习近平，"在全国生态环境保护大会上的讲话"，新华网，http://www.gov.cn /xinwen/2018—05 /19/content_5292116.htm。

[9]何爱平、李雪娇、邓金钱，2018，习近平新时代绿色发展的理论创新研究，《经济学家》，第6期。

[10]胡鞍钢、周绍杰，2014，绿色发展：功能界定、机制分析与发展战略，《中国人口资源与环境》，第1期，第14页。

[11]胡家勇，2016，试论社会主义市场经济理论的创新和发展，《经济研究》，第7期。

[12]黄娟，2018，协调发展理念下长江经济带绿色发展思考，《企业经济》，第2期。

[13]黄广宇，2016，马克思生态观的发展路径及其当代中国回应，《华南师范大学学报(社会科学版)》，第3期。

[14]金碚，2018，关于"高质量发展"的经济学研究，《中国工业经济》，第4期，第5页。

[15]卢风，2017，绿色发展与生态文明建设的关键和根本，《中国地质大学学报》，第1期，第3页。

[16]李娟，2018，"三生"共赢：绿色发展的逻辑契合和实现路径，《学术界》，第6期。

[17]李勇强、孙道进，2014，马克思生态批判的双重维度及其现代启示，《马克思主义研究》，第9期。

[18]彭劲松，2014，长江经济带区域协调发展的体制机制，《改革》，第6期。

[19]覃川，2016，创新发展的科学内涵和实践价值，《中国高校社会科学》，第5期。

[20]任胜钢、袁宝龙，2016，长江经济带产业绿色发展的动力找寻，《改革》，第7期。

[21]任保平，2018，新时代中国经济从高速增长转向高质量发展：理论阐释与实践取向，《学术月刊》，第3期，第66页。

[22]孙久文，2018，论新时代区域协调发展战略的发展与创新，《国家行政学院学报》，第4期。

[23]王鑫、袁祖社，2018，绿色发展与美好生活：基于优良制度的实践—价值逻辑，《武汉大学学报(哲学社会科学版)》，第4期，第29页。

[24]万希平，《生态马克思主义理论研究》，天津：天津人民出版社2014年版。

[25]吴传清、黄磊，2017，长江经济带绿色发展的难点与推进路径研究，《南开学报》，第3期。

[26]吴晓华，2018，深入学习领会习近平总书记战略思想以长江经济带发展推动经济高质量发展，《宏观经济管理》，第6期。

[27]肖贵清、武传鹏，2017，国家治理视域中的生态文明制度建设，《东岳论丛》，第7期。

[28]肖金成、刘通，2017，长江经济带：实现生态优先绿色发展的战略对策，《西部论坛》，第1期。

[29]杨承训，2017，论经济新常态与创新发展理念，《上海经济研究》，第2期。

Political Economics Thoughts on the Green Development of the Yangtze River Economic Belt

Wang Linmei Duan Longlong

Abstract In order to build a "demonstration belt" of China's ecological civilization and a "test belt" for green high-quality development, the Yangtze River Economic Belt has been given multiple major reform tasks in the new era. However, the formation of the green development concept of the Yangtze River Economic Belt has undergone a process of continuous deepening and improvement, and the Marxist ecological concept has provided a solid theoretical basis and value guidance. The practice of green development in the Yangtze River Economic Belt is aimed at eliminating the serious inferiority of the modern market economy and the serious opposition between man and nature caused by capital logic, Trying to achieve the two reconciliation visions proposed by Marx by exploring the path of natural-economic-ecological-social green sustainable development, It is an innovative application of the Marxist ecological concept under the socialist market economy system with Chinese characteristics. In the new era, understanding the essence of the green development of the Yangtze River Economic Belt needs to jump beyond its traditional definition. From the three aspects of innovation development, coordinated development and high-quality development to construct the essence of green development of the Yangtze River Economic Belt

Keywords Yangtze River Economic Belt Green Development Ecological Civilization Marxist Ecological Concept High Quality Development

计量形式主义还是问题导向主义
——拉斯特论基本无用的计量经济学

姚王信 崔志娟 李凤美

内容提要 拉斯特发表的《基本无用的计量经济学:评估计量经济学的因果效应》一文,以因果效应的探索和验证为主线索,对理论计量经济学过于关注数理技巧、忽视解决实际问题并导致学科衰落的"计量形式主义"现象进行了有理有据的批评。同时,也通过一系列的实例,说明建立问题导向的研究范式的可行性及其在增进人类福祉中的价值。最后,提出关于如何做有用的应用经济学研究的八项建议。拉斯特的思考,对中国学界有关的实证研究的论争具有启示作用。

关键词 计量经济学 方法导向 问题导向 因果效应
中图分类号 F064.1

2016 年,著名的结构计量经济学家、美国乔治城大学计量经济学教授约翰·拉斯特(John Rust)在《会计学基础与趋势》第 2—4 期发表《基本无用的计量经济学:评估计量经济学的因果效应》一文(Rust,2016)。该文经本文作者译成中文后,大约 5 万字,较为全面地阐述了作者对计量经济学走入方法论误区(例如"迎合数学证明"或计量形式主义)的理解并提出如何做出改变的观点。实际上,该文虽然从揭示计量经济学片面追求数理方法的错误导向出发,但与安格里斯特和皮施克的专著《基本无害的计量经济学》的总体观点本质上是一致的(Angrist and Pischke,2009)。同时,拉斯特不认为计量经济学理论家具有政治性,因此不赞同罗默所说的经济学家用数学来伪装政治的观点(Romer,2015),而认为对数学和统计推理的专业化的痴迷是浪费时间,除非这种痴迷会增进人们对经济世界的理解。

收稿日期:2018—10—11

作者简介:姚王信(1974—),安徽大学商学院副教授,主要研究方向为公司财务与政策、创新管理、收入分配理论。崔志娟(1994—),安徽大学商学院研究生,主要研究方向为公司财务与政策。李凤美(1993—),安徽大学商学院研究生,主要研究方向为公司财务与政策。

基金项目:本文系国家社会科学基金项目"创新要素投资有效性评价及其与知识产权融资绩效的关系研究"(项目批准号 16BGL056)的阶段性研究成果。

一、计量经济学的方法导向与危害

(一)计量经济学的方法导向

1. 以《计量经济学》为代表的期刊的方法论导向与“理论偏见”

不同于一般的分类方法,拉斯特在阐述基于方法论的“理论偏见”时,把《计量经济学》期刊的投稿论文分为“经验研究”和“方法研究”两类,尽管这两者实际上都同属于研究方法。

拉斯特指出,对学术地位和物质利益的双重考虑,会固化以《计量经济学》期刊为代表的方法论导向,并形成和维持“理论偏见”。例如,2010年3月至2014年3月期间在《计量经济学》发表的经验性论文的比重不到1/4。

在学术地位方面,拉斯特总结了以《计量经济学》为代表的领先期刊的做法,认为这些期刊不仅曾经反映了方法导向,而且更固化了理论偏见。《经济计量学》很大程度上影响经济学的研究类型,因为经济学专业是自组织的分层方式,有一个类似于蜂巢的层次结构,其中少数理论家是具有影响力的“蜂王”,他们通过作为在高级期刊上的编辑角色来设定研究的总体方向。蜂巢的可持续性取决于拥有的工蜂骨干,他们愿意按照期刊所设定的方向,以获得论文发表机会和终身职位,并尝试在层次结构中稍微前进一步。正如冯·诺伊曼所指出的,“如果这个领域的相关中心主题与经验密切联系,或者如果这个学科中的主要人物有格外良好的风气”(von Neumann,1947),这种学术层次结构是可持续的。不幸的是,对其理论的实际应用真正有兴趣的领先理论家很少,他们认为这是工蜂的任务。试图“向现实致敬”的少数理论家,他们的理论知识与实际知识经常被权威们目中无人地混淆了。

在物质利益方面,拉斯特更是一针见血地指出,《计量经济学》的编辑政策较大地影响专业激励,在经济学研究类型选择上起到“标准设定”的作用。“高级期刊发表的论文对经济学研究方向、年轻研究人员的职业发展路径和从事学术研究的经济学家的薪酬有着很大的影响”(Card and DellaVigna,2013)。实际上,在前五大“通趣”刊物上发表论文是顶级经济院系获得终身教职或晋升的要求之一。同时,经济学家们往往把经济学看做一门“硬科学”,在社会科学中占据主导地位(Fourcade、Ollion and Algan,2015),因此科研经费相对充足、经济学家们的地位相对优越。但是实际情况可能并非如此。拉斯特还指出,许多计量经济学理论工作者更像是纯粹的统计学家或数学家,他们几乎没做过经验工作。其中一些人对经济学没有明显的兴趣:他们称自己是“计量经济学家”,主要是因为经济学系的薪水远远高于统计系,而后者的地位长期以来在下降,在某些情况下被裁撤了(例如在普林斯顿大学),或者几乎被裁撤了(例如在耶鲁大学)。然而,计量经济学理论家中的独裁者们(指“学阀”)对实证研究人员产生了强大的压力：除非得到他们的首肯，否则很难在领先的经济学期刊上发表经验研究论文。因此，在《经济计量学》中发表的实证论文倾向于说明最新的方法(通过数理证明，制造出更多脱离经验实际的、新的数理方法)，而不是专注于重要的经济问题或议题的研究。

理论偏见可能导致《计量经济学》相对于其他前五大期刊的影响力下降。我相信这已经促使《计量经济学》的编辑政策发生了变化，以便更适应经验研究。然而，这些变化可能来得太慢而不能改变对理论偏见的看法，因此难以对整个专业的投稿决定产生巨大影响。

2. 因果关系或因果效应中的方法论误区

拉斯特总结了三种用于建立因果关系的方法：工具变量、结构模型和鲁宾因果模型。在经验研究工作中，都存在过于迷信这些方法的现象，并丧失了建立在常识和经验等之上的基本判断力。

关于工具变量，曾经从因果分析范式沦为对经济现象的简单的因果解释。哈维默(Haavelmo)把因果参数的定义与其识别区分开来，因果参数是使用假设模型来定义的，该假设模型分配一些变量给能够影响结果的输入数据，同时通过固定其他的全部输入数据来加以控制(Heckman and Pinto，2014)。由此正式确立了因果分析范式，并解决了马歇尔《经济学原理》中的因果分析的可操作性问题。但是从统计学中分离出计量经济学后，因果关系证明被当作了判断经验工作的必要条件，沦为对经济现象的狭隘的、简单的因果解释。当大多数社会现象是更为复杂、共同演变的、动态交互的、大量代理变量之间相互作用的结果时，人们就不可能为任何给定的结果识别出单一的、简单的因果解释。

关于结构模型，拉斯特讨论了一些固有限制(Rust，2014)。暂且抛开他的一家之言，即使是国内的计量经济学者们，对结构模型的缺陷也是很熟悉的(贾新明和刘亮，2008)：不能够弥补抽样过程、问卷设计与执行调查过程中的缺陷；不能解决模型设定错误(如忽略或遗漏变量)；参数含义不直观，与现实脱节；其基于协方差的估计方法，估计目标与现实目标不容易衔接；对样本数量的要求比较高；等等。此外(邓绍云和邱清华，2015)，在结构方程中的因子分析中，因子之间必须是多因素斜交关系或多因素直交关系，与自然、科学、社会实践中的实际情况不相符；假设误差项不相关，而实际上误差来源是有可能相似的，导致分析的结果与真实情况有距离。

关于鲁宾因果模型，是对现实的抽象化表达，拉斯特肯定模型在理解因果关系中具有作用(在充分逼近现实的模型中发现的因果效应，在现实中也可能成立)的同时，基于对理论和模型的证伪而取得科学进展(Popper，2002)的实际情况，也对以鲁宾因果模型为代表的计量经济学方法论进行了批评。拉斯特认为，使用证伪的模型或理论，或提供非常糟糕的近似现实去推断因果关系，是危险的。当人们把不好的模型与现实混淆，并且没有做足够的经验测试来确定模型是否真的可靠时，就有冒着戏剧性的专业尴尬（指经济学对理解2008年金融危机和随之而来的大衰退无能为力）的风险。例如，这么多经济学家没有看到房地产危机的爆发或金融市场泡沫的破裂可能导致过度杠杆化的金融体系崩溃，并导致严重的衰退，太多模型忽视了泡沫或"非理性繁荣"（Shiller，2015）的可能性，或者从一开始就没有考虑到金融部门（Hayashi F. and E. C. Prescott，2002）。

（二）方法导向的主要危害

作为一流的结构计量经济学家，拉斯特对基于纯粹方法导向的计量经济学研究范式的危害感触颇深，并坦承他自己也做过这些"毫无用处"的研究。从他关于危害性的庞杂的论述中，不难总结出如下四个要点：

一是远离经验本原，陷入细节，导致学科衰退。远离经验本原（例如忽视人类婴儿期就已经掌握的核心知识，Stahl and Feigenson，2015），分离成众多不重要的分支，陷入一团混乱的细节和复杂性之中，从而导致经济学科有退化的趋势。在拉斯特看来，理论计量经济学从表面来看是有用的，因为它是一个应该为我们提供方法和工具来做经验研究的领域，但它感染了计量形式主义并脱离现实，从而导致经济理论的衰落。拉斯特举例说，汤森路透的基础科学指标数据库（ESI）利用2000—2010年的引用率指标，进行学科排名，经济学在21个学科中的排名是第17位。在经济学中，根据埃利森的研究（Ellison，2013），发现被引用最少的子领域是经济理论和（微观）计量经济学理论。埃利森还发现："论文引用率最低的政治经济学、历史学、微观理论、横截面计量经济学和工业组织学，都属于我们估计研究者们会有相对低的引用的那些领域。"

二是投入获得的回报日益递减。经济学在复杂的数学和经验数学方法上进行了高度的投入，然而这些对未经证实的经验知识方面的投入的回报，却不清晰。过多的计量经济理论并没有在经验知识方面得到回报，也许还会矛盾性地阻碍实证研究工作——通过迫使实证研究人员使用通常难以理解和应用的最新方法，并且这些方法不能解决研究人员所实际面临的问题。拉斯特认为，计量经济理论的回报已经日益递减，它越来越抽象、技术性和难以理解：用"巴洛克"来形容其中的一些理论非常贴切。拉斯特担心，许多人认为准备用于发现新的经验知识的"大量的、混乱的细节和复杂性"并非是一个需要克服的障碍——一个种类繁多的极限定理——用无穷多的方式使用和重复使用大数定律和中心极限定理，去证明更多的晦涩难解的极限定理，这些都只是空洞地假装与经验研究者面临的真正挑战有关。以博弈论为例，罗斯发表了支持冯·诺伊曼发出的危险信号的论文（Roth，1991a）："如果我们不采取措施为博弈理论添加一个坚实的经验基础，而是继续依赖主要研究深化概念的博弈理论(也许已经做到很深入和令人满意),那么很可能早在百年之前,博弈理论的回报就已经急剧减少。在这方面,我认为下一个百年可能会广泛地引起经济学有关的理论研究和经验研究的方式发生改变,如果不是,那么整个经济学科可能无法实现其潜力。"即使这样,罗斯还是低估了经济理论崩溃的速度:根据"经济类人才市场"网站(econ job market. org)上的当前工作统计数据,把经济理论列作其首要领域的岗位和候选人的数量,不到计量经济学的岗位和候选人数量的 1/4。

三是远远超过实际需要地重视数理方法。一般的经济学家使用的平均统计技巧比带来重大科学发现的普通物理学家还要多。拉斯特举例说,物理学、生物学等"硬科学"不如经济学这样重视方法论,但有用的经验知识似乎对"硬科学"更有效。只需要查一下日报,就能看到新医学惊人的进步,通信和计算机技术的巨大进步,以及在最小和最大规模的宇宙的基础科学领域中的发现。硬科学取得进步,原因在于大多数研究是基于经验动机:是什么导致癌症?为什么大气中的二氧化碳水平上升?宇宙背景辐射告诉我们大爆炸不对称,是否导致物质没有被反物质完全消灭?拉斯特进一步分析说,专门从事科研工作的科学家如何去做科研。他们更专注于数据生成,特别是通过创建精密仪器和精心设计的实验,通常比经济学更加专注于数据收集和更为受到理论的驱动。例如,最近的一个通过物理学的标准模型预测的剩余的基本粒子——希格斯玻色子(其与希格斯场结合、给出粒子的质量),最终在 2013 年通过使用欧洲粒子物理研究所(CERN)的大型强子对撞机被发现。当然,需要大量的统计技巧来分析来自数十亿次原子碰撞的数据,去从噪声中过滤信号,或者从来自远距离星系的光的多普勒频移去推断暗物质的存在,或者从大爆炸后宇宙背景辐射中去推断小的、10^{-20} 秒的不对称性。拉斯特认为,即使如此,经济学家所使用的统计技巧还是要多于普通的物理学家。经济学家热捧"超数学理论",即使这一理论在现实世界中的适用性并不明确,或者与现实情况存在的近似度相差甚远。这个情形对许多经济理论的假设来说是真的,诸如,人们的理性预期效用最大化、公司预期利润最大化、个人和公司之间的互动总是发生在纳什均衡或竞争均衡时的状态,以及金融市场是完全的、信息是充分的。他们痴迷于数学,导致当很多否定的证据出现时,他们还是认为这些假设跟现实世界非常接近。

四是偏重计量,忽视经济学。理论计量经济学奉行理论精英主义,与现实脱节,经济学的内核让位于计量理论和推理技巧。2003 年,美国经济协会主席卢卡斯在致辞中宣称"从所有的实务目标来看,阻止经济萧条的中心问题已经被解决了,事实上几十年前就已经被解决了"(Lucas,2003)。然而,2008 年的金融危机和随之而来的"大衰退"显示,经济学家对世界的了解实际上远没有他们自认为的那么多。现实突然痛苦而清楚地表明,大部分的学科实际上几乎不知道经济中到底发生了什么,原因是我们过于简化的数学模型很少能捕获丑陋的真实世界的复杂性。汉默梅希指出(Hamermesh,2013),自 20 世纪 60 年代以来顶级经济学杂志发表的经济理论文献的数量显著下降,并且推测"经济理论可能已经变得如此艰涩难懂,以至于领先的普通期刊的编辑们意识到他们的读者很难理解这种理论,已经削减了这类文献的发表"。

二、计量经济学的问题导向与评价

(一)计量经济学问题导向的几个尝试

1. 医学中的因果关系推断

第一个例子是拉斯特亲身经历过的:运用计量经济学中的计量原理,揭示医学中的心房颤动(房颤)中的因果机理,从而帮助做出病情诊断,避免了重大的脑损伤或者因中风导致的麻痹。

心脏病专家告诉拉斯特,房颤虽然与很多因素有关,但没有明确的起因。已知的关联包括高血压、心脏病、肺部疾病、过度饮酒、甲状腺功能亢进、双室起搏器和家族病史。但是治疗手段依赖于明确的病因。通过在睡眠诊所的一个晚上的诊断,心脏病专家得出结论,他有睡眠呼吸暂停现象,"在晚上睡觉时定期停止呼吸的时间过长,会严重消耗患者的血氧水平。当这种情况发生时,患者做梦时感觉溺水。这是一种唤醒的方式,患者就不至于窒息。但频繁的低血氧水平可能会增加心脏的负荷。这可能是患房颤的原因,使用 CPAP 机(空气连续正压力装置)能够治疗这种房颤"。

戈特利布讨论了最近的研究,表明睡眠呼吸暂停和房颤之间具有强因果效应,尽管确切的因果机制尚未完全了解(Gottlieb,2014)。这里,关于因果途径有多个假设,其中的一个假设是 OSA(阻塞性睡眠呼吸暂停)导致心房扩大,会干扰电信号,P 波启动心房的收缩。拉斯特阅读了相关的流行病学文献,体会到了常识和统计专业知识之间的平衡:流行病学家知道可能会混淆对问题的分析,但他们做出合理的假设并采用务实的解决方法,而不是无助地"举手投降"。尽管存在挑战、缺乏完美的数据和随机对照实验,从拉斯特的心脏病专家那里过滤出来的这个显然是很有用的知识的这项研究,在那个时候(即 2012 年)仍未能被发表。拉斯特显然从这种知识中受益,通过服用华法林和使用 CPAP 机,他治愈了房颤。

拉斯特认为这是一个"有用的科学"的例子。尽管关于睡眠中呼吸暂停和房颤的科学知识可能是不完美的,但显然是以一个非常直接的方式解决了实际问题。这种知识部分是来自流行病学家所进行的复杂的统计分析,但绝大多数是来自测量和观察心脏的技术:心电图和磁共振图像(MRI)技术。《美国心脏协会杂志》发表的研究高度揭示了睡眠呼吸暂停和房颤之间的因果关系,但仍然缺乏一个因果关系“证据”。这种有用的研究范式，在经济学研究中完全有理由得到重视。

2. 交通管理中的因果关系推断

拉斯特发现的、令人信服的另一个例子是关于安装行人倒计时器的因果效应，即使这个例子采用的计量经济学方法（简单的回归分析）是非常标准的，但是它还聪明地通过选择研究设计和良好的数据去保证研究成果的可信度。

这项研究（Kapoor and Magesan，2014）针对的是 2006 年开始安装在加拿大多伦多的行人倒计时器对交通安全的影响。计时器旨在通过显示在另一方向的信号灯变为绿色之前、剩余多少时间来提高行人的安全。这个信息有助于行人确定是否有时间安全地跨越交叉路口。这项研究产生了令人惊讶的发现：“尽管他们减少了汽车撞到行人的数量，但是倒计时增加了汽车之间的碰撞次数”，他们估计“安装倒计时信号装置导致全市每月大约 21.5 次碰撞，比没有安装时平均增加了 5%以上”。

拉斯特认为，这是一个巧妙利用自然实验的经验研究的例子，其中那些来自设计良好的 RCTs（随机对照试验）的结果是令人信服的。这项研究利用了随着时间的推移而交错变化的倒计时器的事实，所安装的交叉点是由成本、而不是出自安全考虑决定的，这使他们能够使用回归匹配策略，“同时与不使用倒计时的附近交叉点进行比较”。拉斯特认为他们的分析并没有回答他们所发现并提出的问题：为什么倒计时器会增加汽车碰撞？汽车司机是否使用倒计时器来预测在灯变红之前、他们需要多少时间，他们注意去看计时器会分散他们的注意力吗？与大多数科学研究结果一样，当其他的问题得到解决时、新问题被提出，新问题可能刺激更多的研究，以提高我们对问题的理解。

拉斯特总结道：这是一个有用的计量经济学的例子。要认识到，尽管这样的研究方法未能引起经济学的“可信度革命”，但是却已经被证实对应用研究人员是非常有用的。因此，在经济学期刊上发表可信的、有良好动机的实证研究是有必要的，能够为普通人提供有用的新知识，有助于经济学回到一个有用的轨道上来。

这两个例子都表明，一些属于问题导向的计量经济学研究，虽然不符合领先期刊的方法导向或计量形式主义的研究范式，但是却能够较好地解决实际问题或满足实际需要。“计量经济学理论家中的独裁者们”正确的方向是抛弃旧思维，欢迎这一类的研究。

（二）问题导向的进展与实现路径

1. 训练计划中的应用计量经济学

通过思考《欧洲积极的劳动力市场计划》贡献出有用知识的程度，拉斯特从反面论证了过于重视计量经济研究方法（劳动力市场计划的评价方法）而对问题本身（劳动力市场计划的效率）的研究所造成的损害。

首先,拉斯特关注了赫克曼与拉隆德之间持续了20多年的论战。赫克曼凭借“以统计学上的、令人满意的方式处理选择性样本的方法”获得了诺贝尔经济学奖。LaLonde(1986)曾针对Heckman(1979)的研究,指出选择模型所预测的处理效果与在国家支持工作示范中心进行的一次随机对照试验(RCT)中得出的处理效果有明显的差异。赫克曼则在其发表的一系列论文中进行了反击,指出该差异的原因在于:拉隆德没有做足够充分的样本测试;培训方案的估计效果对于所使用数据类型的敏感程度未受到拉隆德的重视;拉隆德报告的偏差和敏感性很大一部分是由于他未能与具有可比性的人进行比较并适当地加以权衡。这场论战的结果,让拉斯特认为拉隆德的主要影响是让人们感觉方法导向是“无用的”,导致在计量经济学方法中的过度投入,而不是收集更好的数据和专注于具体的实证研究结果。

接着,拉斯特比较了数理评价方法与实际效果。随着论战的持续,剧情发生了戏剧性的逆转:关于评估职业培训效果的文献的进展使赫克曼的贡献大打折扣,因为Heckman(1979)所作的正态性假设结论,应该对LaLonde(1986)得出的误导性结论负责。赫克曼并非只是错在方法,更重要的是,问题出在调查内容本身,他们233页的论文只用了40页来阐述对实证结果的调查。

拉斯特总结后认为,在经历了40年的研究后,在计量经济学方法上已经有了更多的共识(例如,“没有一个最佳的方法用来估计处理效应”;在本领域要想取得进步,关键取决于拥有好的数据,而不是所使用计量经济学方法的类型),而劳动力市场计划的效率的结论却分化为两种:一种认为“这些政策通常对成员国的劳动力市场前景影响不大”、“我们总结的证据也表明,即使政府资助的培训机构的数量大幅增加,劳动者的技能也不太可能会有较大的提高”;另一种则是“求职援助计划产生了相对较好的方案效果”、“中期的课堂培训和在职培训方案似乎比短期的课堂培训和在职培训方案更有可能产生更好的预期效果”。

与此同时,美国劳工部2014年所做出的结论却是求职培训只提供“软技能”,这种技能“虽然不像长期职业培训有那么大的影响,但是可以加快就业安置”;有效的培训方案包括更昂贵和更漫长的基础教育,为有需要的求职者提供长效的“硬技能”;“高等教育,特别是与工作需求有关的学位或有行业认可证书的高等教育,是决定员工一生收入差异的最重要因素”。

最后,拉斯特得出结论并介绍了更为有效的评价方法的一些例子。拉斯特通过阅读文献得出结论:LaLonde(1986)、鲁宾因果模型和随机对照试验处理效应等方法论的风靡,都没有带来衡量职业培训方案因果关系的“可信度革命”。相反,这些只是我们工具包中的附加方法,但不见得比工具包中的其他方法更可靠或更值得信赖,工具包中有赫克曼的原始的、结构化的计量经济学模型,而拉隆德的研究批评了该模型。拉斯特随后举了三个更为有效的评价方法的例子:Chan 和 Hamilton(2006)(为我们提供了一个很好的例子,即通过在随机对照试验中对研究对象的行为建模中,可以学到多少东西,而不是将随机对照试验作为避免建立任何经济模型的借口)、El-Gamal 和 Grether(1995)(分析了在实验室进行的选择实验,没有依赖贝叶斯定理来做选择)、Todd 和 Wolpin(2006)(证明了社会实验和观察方法之间的潜在协同作用,可以利用它们克服每个政策分析方法的局限性)。这些例子的关键点,是说明:如果通过将更具结构化的经济模型的构建方法整合到随机对照试验的分析中,那么我们将受益匪浅。模仿这种方法可以帮助我们提高经济学中有用的知识。

2."有用的"应用经济学的实现路径

拉斯特借助 Angrist 和 Pischke(2010)的"可信度革命"的方法论,批驳了他们的"一个具体的计量经济学的方法论会导致经济研究的可信度革命"的观点。拉斯特认为,可信度来自证明知识的价值,而不是用于获得这个知识的特殊的方法论,即最有用的研究是议题驱动而不是方法驱动。拉斯特还列举了一些使应用经济学"有用"的例子。

首先介绍的是罗斯(2012 年获得诺贝尔经济学奖)的贡献。罗斯认为"对于我们的真正检验,不仅仅在于如何更好地理解那些治理经济互动的一般原理,而是如何更好地用这些知识解决微观经济学工程中的实际问题"(Roth,1991b)。正因如此,他"还开发了使医生和医院相匹配、使中学生和学校相匹配以及使器官捐赠者和病人相匹配的系统"。罗斯的合作者和他一起提出的安德森模型(Anderson,et al.,2015)拯救了很多生命。拉斯特总结道:正是"工程心态"使罗斯的贡献脱颖而出,罗斯的杰出之处在于展示了他是如何运用理论去实实在在地创造出更好的世界;罗斯最重要的、最令人印象深刻的贡献,是基于理解这个世界的动机,用更好的机构设计证明知识的价值,并且有充分的可信度使政策制定者运用更好的机制;在方法论上,罗斯通过实验室实验、现场实验和"自然实验",而不是使用最新计量经济学的估计量去贡献有用的经验知识。两个重要的例证是肾交换(Wollan,2015)和学校匹配。

接着介绍了其他重要的例子。拉斯特总结说,有很多其他有用的经济研究的例子,并且其中有些重要的贡献确实依赖于相关的复杂计量经济学和计算方法。其中一个是 Misra 和 Nair(2011),通过设计一个关于销售业绩的动态结构模型,揭示了销售定额和最大佣金上限之间的联系,并运用经济理论设计了一个经过改善的目标方案,使整体收入提高了 9%,也就是每年增加 1 200 万美元收益。这个结果证明了动态代理理论在真实世界的报酬设计上的表面效度。Misra 和 Nair 总结说:"一般来说,我们的结果适应了发展中的知识,该知识表明,当和结构化的实证行为规范相联系的时候,动态的、基于设计的解决办法可以帮助去极大地改善市场决策和公司盈利。”另一个例子是Hoxby和Turner(2013),拉斯特认为这类研究可以不必受到经济理论、最新的计量经济学工具的启发,可能还没能引起现实的政策变化,但仍然是非常有用的。他们阐述的“全面干预”措施是受直觉和先前实证研究的推动,而不是一种正式的经济理论,但这项研究仍属于有用的经济研究的例子,是一项通过标准研究方法去实现的研究。这项研究的回报来自关心的程度和努力,而这种努力体现为学者们斥资进行这项大规模实验,而不是源自正在使用的、奇怪的理论或计量经济学方法。

三、拉斯特提供的系统反思与建议

(一)经济学的“方法论疲劳”与理论计量经济学的困境

关于方法论疲劳问题,拉斯特是借助第一次接触爱德华·普雷斯科特(Edward C. Prescott)的场景而提出的。普雷斯科特等学者对计量经济学的反感,是由于理论计量经济学过分关注方法论或计量形式主义,而忽视了这些方法对经济问题的实际价值。普雷斯科特关注的是重要的经济问题,而不是耗费时间钻研数学技巧、寻找模型中参数估计的最佳方法。这种对现实的关注使他对经济知识做出了重大贡献。虽然拉斯特认为,不能仅仅由于一些顶尖的经济学家错误地使用了基本的计量方法,我们就要让计量经济学“简单化”。但是他觉得确实应该意识到,我们在晦涩难懂的方法论细节上花费的精力越多,我们用于研究真实的经济状况以及分析实证结果的精力就会越少,毕竟脑力是有限的。因此,有时候“少即是多”,就像做家务一样,经济学也需要清理一下那些多余无用的东西,这样能够帮助年轻的研究者致力于掌握基本的计量方法,而不是被迫学习大量对实证研究毫无帮助的估计方法。目前计量经济学的理论性文章引用率偏低,这似乎也意味着一些文章正在被自动清理。

关于理论计量经济学面临的困境,拉斯特说“是时候给经济学敲响警钟了”。他认为,在经济学家们的“优越性”和福利待遇(包括他们远高于其他社会学家的收入)被统统取消之前,看看他们是否会主动做出改变。最重要的是,我们要充分证明我们能够提供有用的知识。诚然,如果经济学家能够竭力解决最大的经济难题来显示我们的“大科学”能力,那是很好的。就拉斯特个人而言,他会选择以更谦逊的方式去做“小科学”,分析更为简单的经济问题,其带来的社会增值和建立的模型都能让人信服。如果职业激励设计得足够合理,将会引导计量经济学者们选择能够提供更多有用知识的研究方法。

(二)拉斯特的八项建议

拉斯特认为,当前的职业激励设计得不合理,导致“市场失灵”,经济学者出自本能、大量从事数理研究，无法提供能够解决问题的有用的知识。除了呼吁业界学者转变研究态度与动机，拉斯特还提供了八项具体措施以图做出改变。

一是增加数据收集和共享工作的回报。例如，创建新的数据集、数据字典、在线数据库以及数据共享的工具，可以等同于发表学术成果，终身教职评定时也能得到认可。

二是增加经济理论转化为应用成果的回报。例如，经济理论形成的应用成果可以获得“超级引用”（比顶级期刊上的出版物引用量更多）。它的衡量标准可以是取得专利权、成功开发软件、成功创立非营利组织或者营利企业、把学术思想运用到公共政策中，以提高公共服务水平的行为。

三是鼓励计量经济学提出更具实用性的估计量。例如，期刊要求把计量经济学中的新估计量应用于真实数据中，把新估计量能否对实际利润水平产生显著影响作为论文发表的前提条件之一。这会减少无用的计量经济学理论在期刊中所占的比例。

四是鼓励理论研究者和应用研究者之间加强合作。期刊可以提高纯理论文章的录用门槛，优先录用那些有经验应用内容的纯理论文章。

五是消除发表经验性成果的不必要的障碍。不必要求实证工作者提供不切实际的依据，例如要求作者建立一个绝对可靠的因果关系机制，或是要求应用研究者证明观察结果只能通过理论模型得到唯一的“解释”，还必须证明这个模型是非参数识别的。

六是提高用来评估竞争的估计方法的能力。比如人为设计一个竞争环境，用于评估人们的兴趣，这个环境中的组织者知道真实数据的产生机制，但是参与者并不知晓，这类似于在阿姆斯特丹举办的一年一度的计量经济学比赛的设计原理。

七是提高理论计量经济学的实用性。鼓励计量经济学家和诸如神经科学家等之间的合作，这样可以更好地理解一般研究者和高技术的经济研究者是如何进行因果推导、建立经济模型、测试、拒绝模型或理论的过程，也能更好地理解计量经济学理论和机器学习的经验教训。顶级期刊可以通过降低跨学科研究成果的出版限制，提高那些局限于传统计量经济学范式的论文的出版要求，因为他们的观点主要是从纯统计学中得出的。

八是为擅长数学的计量经济学家寻找用武之地。例如，把他们的计量能力更多地运用到边际报酬更高的地方（如计算经济学）。

尽管确实存在一些真正的未知计量领域（例如证明结构估计量的渐进性，Kristensen 和 Schjerning，2015），拉斯特仍然坚持认为，计量经济学应该以一种不偏激、不严重偏离研究方向的方式来重新关注经济学本身。这种方式最终能让计量经济学理论和经济学相结合，从而产生更有用的经济学知识。职业文化、态度以及对于理论研究和实证研究的激励制度，这三方面的改变是非常必要的。

四、拉斯特的思考对相关实证研究的启示

拉斯特的论文发表后，迅速吸引了国内有关学术界的注意。其实，国内学者也长时间争论过实证研究的相关问题。拉斯特的思考对中国学界有如下六个主要方面的启示作用。

一是秉持科学精神，反对纯粹的形式主义。中国早期的关于研究范式或研究方法的思考（陈汉文和林志毅，1997）是相当理性的，对实证研究的缺陷（韩晓明，2009）也有清醒的认识，主张实证研究为理论研究和应用研究服务，加大基础性经验研究。但是正如拉斯特所描述的，一些知名学者们和期刊编辑们的态度转向“完全的实证研究”，实证研究快速走向完全的形式主义，逐渐背离科学精神，甚至出现“伪实证研究”（常伟，2017）的极端形式主义。拉斯特所批评的计量形式主义，正是认识到当形式与议题的“有用”内核脱节时，就会带来学科停滞甚至被淘汰。

二是发扬草根精神。拉斯特的第一项建议就是要建立数据收集和共享等基础性工作的激励机制。计量经济学不缺乏高大上的理论，更不缺乏精致的数理技巧，但是缺乏基础性的数据库服务。正如拉斯特所说，从事这些草根工作的工蜂的数量需要增加，但是学术权威们在享受工蜂们带来的红利时，也要大力支持他们的基础性工作。

三是辩证地扬弃。在与西方相关学界交流时，要奉行“拿来主义”，去其糟粕后，辩证地借鉴、吸收。改革开放以来，中国经济与管理等领域的学者们整体上经历了一段时期的“往西看”，对传播西方的理念、学术成果、研究方法和管理经验等，起到了积极的作用。但是在这个过程中，也出现了“泥沙俱下”和“过分迷信”的现象，例如对诺贝尔经济学奖获得者们的著作奉若圭臬，而无视其局限性和不足[例如，经济学的“帝国主义”色彩、美国色彩，以及数学化和范式化色彩（黄晓勇，2016）]，往往忽略中国的国情，全盘照搬。当拉斯特、斯蒂格利茨等知名学者都在做反思时，我们没有理由不去做更深入的思考。

四是强调应用和转化。拉斯特所说的“有用的研究”，往往跟解决实际问题有关，涉及应用和转化问题，并进一步影响研究议题的选择。从拉斯特亲身经历的房颤诊疗，到 Hoxby 和 Turner(2013)运用随机对照实验提高“学习优良且收入低的学生”被录取进“那些高毕业率和拥有丰富教学资源的大学”的概率，拉斯特运用了一系列的实例来说明计量经济学的应用和转化所增加的社会福祉。国内出台了一系列的相关政策，也越来越重视成果应用和转化。但是成果应用和转化本身也是一门技术含量很高的科学，并非可以一蹴而就

的，而是要靠长期的摸索和坚持，要求相关的研究和管理不能急功近利。

五是重视基础研究与应用研究之间的合作。基础研究和应用研究所遵行的科研规律存在差异，为了实现"有用的研究"即成果应用和转化，重视和加强基础研究与应用研究之间的合作是很重要的。这也是拉斯特的第三、四项建议的主要内容，他的解决思路是鼓励计量经济学提出新的估计量并应用于真实数据中、检验对实际利润水平的影响，同时在制订期刊编辑政策时予以优先考虑，给基础研究与应用研究的合作研究以更高的回报。

六是建立科学的科研成果评价标准和科研绩效评估体系。在拉斯特的八项建议里隐藏着"一只无形的手"，这只手用来对科研成果或科研绩效做出评判。中国应建立与国情相适应的、问题导向的科研成果评价标准，以及同行评议为主、指标度量为辅的科研绩效评估体系。

参考文献

[1]Anderson, R. , Ashlagi, I. , Gamarnik, D. , Roth, A. E. , 2015, Findinglong chains in kidney exchange using the traveling salesmanproblem. *Proceedings of the National Academy of Sciences*, Vol. 112(3), pp. 663—668.

[2]Angrist, J. , Pischke, J. —S. , 2009, Mostly Harmless Econometrics: AnEmpiricist's Companion. *Princeton*: *Princeton University Press*, pp. 21—82.

[3]Card, D. , DellaVigna, S. , 2013, Nine facts about top journals ineconomics. *Journal of Economic Literature*, Vol. 51(1), pp. 144—161.

[4]Chan, T. Y. , Hamilton, B. H. , 2006, Learning, private information, and the economic evaluation of randomized experiments. *Journalof Political Economy*, Vol. 114(6), pp. 997—1040.

[5]El—Gamal, M. A. , Grether, D. M. , 1995, Are people Bayesian? Uncoveringbehavioral strategies. *Journal of the American StatisticalAssociation*, Vol. 90(432), pp. 1137—1145.

[6]Ellison, G. , 2013, How does the market use citation data? The Hirsch index in economics. *American Economic Journal*: *Applied Economics*, Vol. 5(3), pp. 63—90.

[7]Fourcade, M. , Ollion, E. , Algan, Y. , 2015, The superiority ofeconomists. *Journal of Economic Perspectives*, Vol. 29(1), pp. 89—114.

[8]Gottlieb, D. J. , 2014, Sleep apnea and the risk of atrial fibrillationrecurrence: Structural or functional effects? . *Journal of the AmericanHeart Association*, Vol. 113(654), pp. 1—3.

[9]Hamermesh, D. S. , 2013, Six decades of top economics publishing: Whoand how?. *Journal of Economic Literature*, Vol. 51(1), pp. 162—172.

[10]Hayashi, F. , Prescott, E. C. , 2002, The 1990s in Japan: A lostdecade. *Review of Economic Dynamics*, Vol. 5(1), pp. 206—235.

[11]Heckman, J. J. , 1979, Sample selection bias as specification error. *Econometrica*,

Vol. 47(1), pp. 153—161.

[12] Heckman, J. J., Pinto, R., 2014, Causal inference after Haavelmo. *Econometric Theory*, Vol. 31(1), pp. 115—151.

[13] Hoxby, C., Turner, S., 2013, Expanding college opportunities forhigh-achieving, low income students. *SIEPR Discussion Paper*, Vol. 12(014), pp. 8.

[14] Kapoor, S., Magesan, A., 2014, Paging inspector Sands: The costs ofpublic information. American Economic Journal: *Economic Policy*, Vol. 6(1), pp 92—113.

[15] Kristensen, D., Schjerning, B., 2015, Implementation and estimationof discrete Markov decision models by Sieve approximations. *Working Paper*, *University of Copenhagen*, pp. 45—95.

[16] LaLonde, R. J., 1986, Evaluating the econometric evaluations of trainingprograms with experimental data. *American Economic Review*, Vol. 76(4), pp. 604—620.

[17] Lucas, R. E., 2003, Macroeconomic priorities. *American EconomicReview*, Vol. 93 (1), pp. 1—14.

[18] Misra, S., Nair, H., 2011, A structural model of sales-force compensationdynamics: Estimation and field implementation. *Quantitative Marketing and Economics*, Vol. 9 (3), pp. 211—257.

[19] Popper, K. R., 2002, The Logic of Scientific Discovery. *London*: *Psychology Press*, p. 53.

[20] Romer, P. M., 2015, Mathiness in the theory of economic growth. *American Economic Review*: *Papers and Proceedings*, Vol. 105(5), pp. 89—93.

[21] Roth, A. E., 1991a, A natural experiment in the organization of entrylevel labor markets: regional markets for new physicians and surgeonsin the UK. *American Economic Review*, Vol. 81(3), pp. 415—440.

[22] Roth, A. E., 1991b, Game theory as a part of empirical economics. *Economic Journal*, Vol. 101(404), pp. 107—114.

[23] Rust J., 2014, The limits to inference with theory: A review of Wolpin(2013). *Journal of Economic Literature*, Vol. 52(3), pp. 820—850.

[24] Rust, J., 2016, Mostly Useless Econometrics Assessing the Causal Effect of Econometric Theory. *Foundations and Trends in Accounting*, Vol. 10(2—4), pp. 125—203.

[25] Shiller, R. J., 2015, Irrational Exuberance. *Princeton*: *Princeton University Press*, 392.

[26] Stahl, A. E., Feigenson, L., 2015, Observing the unexpected enhancesinfants' learning and exploration. *Science*, Vol. 348(6230), pp. 91—94.

[27] Todd, P. E., Wolpin, K. I., 2006, Assessing the impact of a schoolsubsidy program in Mexico: Using a social experiment to validate adynamic behavioral model of child schooling and fertility. *AmericanEconomic Review*, Vol. 96(5), pp. 1384—1417.

[28] Von Neumann, J., 1947, The mathematician. *Chicago*: *University of Chicago Press*, pp. 180—196.

[29]Wollan,M. ,2015,Pay it forward:Sophisticated software has enabled a'market' for organ donation,without any money changing hands. *New York Times Magazine*,May (3).

[30]常伟,2017,社会科学何以走出伪实证研究,《探索与争鸣》,第1期,第90—96页。

[31]陈汉文、林志毅,1997,对规范会计理论与实证会计理论的思考,《财经研究》,第2期,第45—49页。

[32]邓绍云、邱清华,2015,浅议结构方程模型及应用,《江苏科技信息》,第20期,第70—72页。

[33]韩晓明,2009,对实证会计研究的思考,《财政研究》,第11期,第67—70页。

[34]黄晓勇,2016,诺贝尔经济学奖的得与失,《人民日报》,11月21日第16版。

[35]贾新明、刘亮,2008,结构方程模型与联立方程模型的比较,《数理统计与管理》,第3期,第439—446页。

Metrics Formalism or Problem-based Doctrine: Rust's Opinion on Mostly Useless Econometrics

Yao Wangxin Cui Zhijuan Li Fengmei

Abstract *Mostly Useless Econometrics? Assessing the Causal Effect of Econometric Theory* was published by Rust. The papertook exploration and verification of causal effect as main clue, and conducted a well-known criticism aiming to theoreticaleconometrics' over-concern mathematical skills, neglecting to solve practical problems and then leading to discipline decline, which could be concluded as Metrics Formalism. At the same time, he also illustrated feasibility and value of increasing human farewell to establish problem-oriented research paradigm through a series of examples. Finally, he presented eight recommendations on how to do useful research for applied economics. Rust's thinking has implications for the debate on empirical study among Chinese scholars.

Key words Econometrics Method Orientation Problem Orientation Causal Effect

马克思和卢森堡:思想遗产与当代价值
——世界政治经济学学会第 13 届论坛会议综述

丁晓钦　张芷寻

内容提要　今年是马克思诞辰 200 周年,马克思的思想遗产是对人类社会发展影响最深刻的科学理论,深刻地改变了人类社会发展的历史进程,是指导无产阶级的科学世界观和方法论。当今社会,马克思主义仍然是无产阶级最有力的思想武器,是无产阶级政党和社会主义事业的指导思想,为社会进步和人类解放指明了正确的道路。作为马克思理论研究的著名学者,罗莎·卢森堡对马克思理论的解释和应用有重要的理论意义和现实意义。马克思主义者在不断地进行理论和实践探索中,为实现人的解放和人的自由全面发展而奋斗着。

关键词　世界政治经济学会　马克思诞辰 200 周年　思想遗产　当代价值

世界政治经济学会(WAPE)是由马克思经济学家和世界各地相关团体创立的国际学术组织。WAPE 的使命是利用现代马克思经济学来分析和研究世界经济,揭示其发展规律,并提供政策以促进国家和全球层面的经济和社会进步。此前的 WAPE 论坛先后在上海(中国)、岛根(日本)、北京(中国)、巴黎(法国)、苏州(中国)、阿默斯特(美国)、墨西哥城(墨西哥)、弗洛里亚诺波利斯(巴西)、河内(越南)、约翰内斯堡(南非)、帕蒂亚拉(印度)和莫斯科(俄罗斯)举行。相继专注于"经济全球化""资本/劳动关系""可持续发展""全球民主治理""21 世纪社会主义""资本主义危机""21 世纪人类发展""不平等和世界资本主义""增长,发展和社会正义""资本主义的不平衡和危机易发""全球化、就业和农业""十月革命"等议题。"世界政治经济评论"是由 WAPE 赞助并由冥王星期刊出版的同行评审的马克思主义政治经济学季刊。由 WAPE 建立的 21 世纪世界政治经济杰出成就奖自 2009 年起每年颁发一次,以表彰政治经济学中的一本优秀书籍或文章。它旨在通过向自 2001 年以来在政治经济学理论或方法论方面取得重大创新的经济学家颁发奖项,促进世界各地现代政

收稿日期:2018-10-20

作者简介:丁晓钦(1977-),上海财经大学马克思主义学院研究员,主要研究方向为当代马克思主义经济理论。张芷寻(1992-),上海财经大学马克思主义学院博士研究生,主要研究方向为当代马克思主义经济理论。

治经济学的研究。WAPE 于 2011 年成立了世界马克思经济学奖,旨在表彰政治经济学领域中取得杰出成就的学者。其目的是通过向世界各国经济学家颁发奖项来促进世界马克思主义经济学研究的发展,这些经济学家在马克思经济学的理论、方法论和应用研究方面取得了重大创新。

世界政治经济学学会第十三届论坛"马克思与卢森堡:思想遗产与当代价值"于 2018 年 7 月 16 日至 18 日在柏林举行。该论坛由世界政治经济学学会,柏林经济与法律大学,罗莎卢森堡基金会,马克思恩格斯基金会共同主办的"马克思和卢森堡:思想遗产与当代价值——世界政治经济学学会第 13 届论坛"和"新时代中国特色社会主义与世界"国际研讨会在德国柏林经济政法大学、特里尔马克思故居博物馆、奥地利维也纳大学隆重举行。来自 23 个国家的约 200 名学者(包括中国、俄罗斯、日本、印度、以色列、美国、加拿大、德国、英国、意大利、法国、奥地利、瑞士、芬兰、爱尔兰、希腊、土耳其、西班牙、波兰、南非、墨西哥、巴西和澳大利亚)出席了论坛。

2018 年 7 月 16 日下午,上海财经大学教授、WAPE 秘书长丁晓钦教授主持开幕式。中国社会科学院院士、WAPE 主席程恩富教授致开幕词。柏林经济法律学院副院长哈拉尔德·格莱斯纳(Harald Gleissner)教授、罗莎·卢森堡基金会的迈克尔·布里(Michael Brie)教授、DKP 副主席汉斯·皮特·布伦纳先生(Mr. Hans-Peter Brenner)先生和马克思·恩格斯基金会的赫尔穆特·邓科哈泽博士(Helmut Dunkhase)分别发表了欢迎辞。随后是卡尔·马克思半身像的揭幕仪式。

学会颁发了"世界马克思经济学奖",由中国著名马克思主义经济学家、福建师范大学原校长陈征教授、法国马恩河谷大学荣誉退休教授让-克洛德·德洛奈教授(Jean-Claude Delaunay)、英国伦敦城市大学艾伦·弗里曼教授(Alan Freeman)获此殊荣。美国棕榈滩州立大学大卫·S. 佩纳教授(David S. Pena)、中国南开大学何自力教授、德国马克思主义学者艾克·考普夫教授(Eike Kopf)、德国柏林经济政法大学汉斯约里·赫尔教授(Hansjorg Herr)、澳大利亚麦考瑞大学伊丽莎白·马格纳尼教授(Elisabetta Magnani)、日本广岛大学佐中忠司教授(Tadashi Sanaka)、俄罗斯自由经济学会会长谢尔盖·博德鲁诺夫博士(Sergei Bodrunov)、希腊马其顿大学斯塔夫罗斯·马夫罗迪亚斯(Stavros Mavroudeas)教授、中国吉林大学李政教授、比利时马克思主义研究所亨利·霍本博士(Henri Houben)10 人荣获 2018 年度(第 9 届)"21 世纪世界政治经济学杰出成果奖"。

2018 年 7 月 17—18 日,第 14 次分会研讨上,来自 20 多个国家的 200 多位与会专家就马克思和卢森堡的思想及其当代价值、《共产党宣言》与世界社会主义运动、世界体系论(中心、外围与准中心)资本主义基本矛盾与各类经济危机、世界经济不平衡发展与当代资本主义新变化、公正的经济全球化与狭隘的逆全球化、"一带一路"国际合作与共享发展、构建国际经济政治军事新秩序与人类命运共同体、列宁的帝国主义论与当代新帝国主义、新殖民主义辨析、新自由主义的新动向及对世界经济和民生的负效益、各国和世界马克思主义政治经济学学派研究，以及政治经济学其他相关议题展开了充分的交流和研讨。

7月22—23日，由世界政治经济学学会与奥地利维也纳大学、奥地利转型组织、欧洲中国研究会共同主办的世界政治经济学学会第13届论坛奥地利分论坛"新时代中国特色社会主义与世界"国际研讨会在维也纳大学东亚学系举行。会议由维也纳大学原常务副校长、著名汉学家魏格林(Susanne Wergelin Schwiedrzik)教授主持，学会会长程恩富教授作了主旨发言，维也纳大学政治学系加布里埃尔·米查利奇教授(Gabriele Michalitsch)、语言学系汉内斯·费尔纳教授(Hannes Fellner)、地理和区域研究系约瑟夫·鲍姆教授(Josef Baum)，以及欧洲中国研究会彼得·弗莱斯纳教授(Peter Fleissner)、奥地利转型组织赫尔曼·德沃夏克教授(Hermann Dworczak)参加了圆桌讨论，与会学者就十九大后的中国如何影响世界发展进程、中国如何对人类进步作出更大贡献、中国实现社会主义现代化目标所面临的机遇与挑战、"一带一路"倡议与中奥合作等议题进行了充分研讨。

此次论坛还就十月革命发生的世界与俄罗斯经济背景、十月革命的动因和作用、十月革命的时代意义与历史价值、十月革命对帝国主义体系的突破与挑战、十月革命与世界殖民主义体系的瓦解、苏联社会主义经济模式的正确评价、十月革命对世界经济发展的推动作用、十月革命对民生改善的促进作用、十月革命与马克思主义经济学的创新和发展、21世纪新帝国主义体系的特点和破解、西方危机、新帝国主义政策与私人垄断的关系、中俄结伴与反制新帝国主义体系、金砖国家与上合组织及"一带一路"的合作机制研究、世界社会主义的历史、现状与未来等主题展开了充分的研讨和交流。以下将就相关专家的观点予以综述：

一、马克思主义思想及其当代价值

土耳其爱国党副主席耶尔德勒姆(Yildirim Koc)认为马克思作为科学革命者，制定了革命战略。作为一个唯物主义者，马克思根据相关参数的变化修改了他的策略，殖民地在他的战略中经历了重大变化。马克思关注殖民地起义对发达资本主义世界危机的影响。然而，发达资本主义国家的工人阶级享有从殖民地占有的经济盈余，从而经历了从资本主义的严重挖掘者到殖民主义和资本主义支柱的转变。他们对统治阶级和民族主义的合作取代了他们对国际合作和团结的需要。马克思对于殖民地的革命战略，对世界格局的发展产生了深刻的影响。来自奥地利转型组织的赫尔曼·德沃夏克(Hermann Dworczak)认为马克思主义的主要立场已经被历史和时间证明,即便是在当今社会,也依然有效,马克思对资本主义结构及其内在危机的分析、商品的矛盾等,使用了从抽象提升到具体的方法。同时,德沃夏克认为当今学者应该开放自我批评。

苏州大学的方世南教授认为,马克思将人与社会关系和人与自然关系紧密地结合起来,研究人类社会发展规律和自然界发展规律以及两者之间的内在联系。马克思既有丰富的关于无产阶级革命和无产阶级专政的红色思想,又有丰富的敬畏自然、尊重自然、顺应自然、保护自然、人与自然和谐共生的绿色思想。马克思主义关于人与自然关系的思想指导新时代生态文明实践,对推进人与自然和谐共生的现代化,具有十分重大的理论意义和实践价值。

扬州大学的刘诚教授认为马克思创立的历史唯物主义为社会主义政治文明建设奠定了哲学基础;马克思创立的无产阶级革命和无产阶级专政学说为社会主义政治文明建设提供了必要的前提;马克思提出的共产党与其他政党关系的论述规范了社会主义政治文明建设的正确方向;马克思的人的自由而全面发展理论是社会主义政治文明建设的终极价值。马克思对未来社会主义社会政治文明建设的科学论述,是建设中国特色社会主义政治文明的指导思想,具有重要的时代价值。

莫斯科国立大学的娜塔莉亚·伊科夫列瓦(Natalia Iakovleva)研究员认为在过去20年中,马克思主义经典理论的使用几乎遍及全世界。当今对现有教育模式的批评理论与马克思的理论和方法论基础非常接近。马克思认为教育是一种社会现象,依赖于客观的社会关系。这揭示了教育在不同历史社会经济形态的社会发展过程中的作用。马克思还指出教育为什么、如何以及在多大程度上可以成为一个重要的链。马克思的理论使我们有可能解决商业化、金融化、教育帝国主义、腐败化和管理化等问题。

澳大利亚共产党副主席大卫·麦特斯(David Matters)认为当今学者应该用历史实践来检验思想,理论与实践是统一的。根据马克思主义的基本思想,知识是持续的,发展是持续的,革命是持续的。马克思克服了空想社会主义,在新时代的危机中建立了科学的社会主义,马克思主义者绝不能退缩到乌托邦。21世纪的马克思主义必须建立在我们的成功基础之上,并从失败中吸取教训。马克思主义仍然反映了我们世界的现实,并呼唤一个人类可以控制自己的命运,结束人类剥削的新时代。

曼尼托巴大学政治学系的拉迪卡·德赛(Radhika Desai)教授做了题为"马克思的地缘政治经济"的报告。他认为人们通常把马克思当作最初提出"全球化"理论的人,"全球化"是一种与国家无关的世界秩序。马克思的著作中有许多迹象表明,国家在资本主义和对资本主义的挑战中处于中心地位。

这些理论证明,马克思主义理论中包含资本主义世界地缘政治经济的理论基础。随着全球化理论受到国家发挥核心作用的多重性的挑战,目前更加迫切的是要证明马克思对“国家的物质性”的理解。德赛还提出资本主义的世界秩序及其整体演变和21世纪的多样性中,最引人注目的是中国的崛起。

二、马克思主义经济学的创新发展

日本庆应义塾大学、学会副会长大西广教授认为,为了维护基本马克思主义定理,需要不同于其他生产要素的劳动特殊性,他首先用数学模型将价值确定为主观优化问题。在这个模型中,大西广教授还展示了生产力的重要性,一些生产函数的参数和时间的稀缺性。然而,由于这种生产函数假定劳动报酬递减,这就导致了一个不适合劳动价值论的问题。因此,在工业革命后劳动手段变得至关重要的情况下,劳动力可以实现恒定的劳动报酬。

河南大学的孙世强教授认为生产力与生产关系具有满足公共需求的基因。国企和私企等市场主体支配和使用生产力要素的目的及强度存在差异,不仅存在“私意识”和“公意识”、“私能力”和“公能力”、“私福祉”和“公福祉”的差异取向,也存在供给生产关系性质的差别。市场主体作用域具有应然性,国企作用域是客观存在的,人为通过私有化路径缩窄甚至取替国企作用域必然削弱社会生产生活条件并违背人民性的生产关系。生产力与生产关系的和谐统一符合社会公共利益,并且只能寄托国企实现。人类应将长期过多注重生产力的意识转化为兼对生产关系的注重,学会用和谐关系调节或充实生产力强度,学会通过运用私人需求与公共需求相统一视角“冷思考”国企改革,将马克思生产关系反作用于生产力理论现实化。

日本广岛大学佐中忠司(Tadashi Sanaka)教授提出了一个创新的公式,可以通过明确的基准研究,探索利润率上升和下降之间的明显区别。正确使用这个公式可以设立一个关于利润率趋势的标准。虽然关于利润率下降趋势的规律的研究很可能会受到阻碍,但是他从模型的角度重新审视了有关利润率下降规律的一些关键点。

三、区域、人口与生态的政治经济学研究

郑州大学的牛文涛教授利用中国的省级城市化数据,通过构建面板数据模型,尝试对城市空间扩张与半城市化群体住房困境的内在关系进行了实证研究。得出了以下结论:(1)城市空间的生产存在显著的外部性,半城市化群体参与城市空间权益谈判及实现住房自给的能力因城市空间的扩张而趋于恶化;(2)城市蔓延也加剧了半城市化群体在城市空间中的身份迷失及融入障

碍，引致了这一群体的“城市逃离”倾向，构成了城市可持续运营的潜在危机。(3)实施城市增长边界管控政策，推动城市空间组织的重构及优化，有助于提升半城市化群体参与空间权益谈判的能力，并为破解这一群体的住房困境提供可能途径。

吉林大学李政教授认为财政分权作为调整中央与地方财政关系的一种制度安排，在很大程度上决定了财政资源配置的方式、效率与水平。李政教授在梳理相关研究的基础上，做出财政分权影响区域创新效率的相关假设，并运用2003年至2015年省级面板数据加以验证。得到的结果表明，财政分权与政府创新偏好均显著提升了区域创新效率，但是分地区考察发现，财政分权对区域创新的影响及其传导机制存在区域差异。

郑州大学的杜淑云教授认为集体经济组织不是企业，实行集体产权制度改革后不能改变其性质，正确落实其收益分配权。集体经济组织分为乡镇一级经济组织、村一级经济组织和村内各经济组织，从乡村振兴背景下，探讨集体所有权如何实现，经济上如何实现，如何壮大集体经济，探索可复制可推广的经验，走出适应不同经济资源和市场条件的新型发展道路。

中国政法大学的赵卯生教授认为生态学马克思主义日益走向成熟，并在当代世界产生着越来越大的影响。他剖析了生态马克思主义的主旨：在当代资本主义生态危机下，重建马克思主义，把北美的生态运动引导到社会主义变革的道路上来，最终实现人与自然的双重解放。并且详细叙述了从阿格尔提出的用生态危机理论取代传统马克思主义的经济危机理论，到奥康纳构建生态学马克思主义的历史观，再到福斯特提出“马克思的生态学”概念。

日本农业技术大学的吉田央(Hiroshi Yoshida)学者阐述了在农业农药监管的情况下，环境监管如何与经济发展相匹配。他认为随着世界人口的不断增加，需要进一步增加粮食产量。虽然有必要使用各种技术来增加食品的生产，但正确使用农药是增加粮食产量的重要技术之一。他阐明各国农药管理体系差异的现状，制定农药管理体系发展模式，减少农药管理体系世界差异的策略有助于预防全世界农药造成的危害。

四、技术、社会与经济增长

福州大学的周小亮教授以马克思相对剩余价值理论为背景，以劳动者与技术关系的辩证发展为线索，解读了马克思人与技术思想的主要内容。论证了马克思技术思想的视角是以剩余价值规律阐释技术的发展与异化过程，其根本追求是劳动者的解放和人的自由全面发展。基于马克思的人与技术辩证观，以否定之否定规律说明新时代人与技术关系将迎来新一轮否定。据此提出马克思人与技术辩证观的当代价值是重新确立劳动者主导地位和科学认识技术条件,实现新时代中国特色社会主义的高质量发展和包容性增长。

中国政法大学的傅扬认为关于技术问题,马克思理论的焦点与核心是批判资本主义和建立历史唯物主义,更关注技术的社会性。在论及技术的形成与发展时,马克思认为社会对技术具有形塑作用,社会的政治、经济、制度、文化等因素制约着技术的发展。技术作为人的"存在方式",可以说与人类社会相伴而生。但是只有在资本主义社会技术才有了飞跃的发展,资本、竞争、社会交往在其中起着显著的作用。同时,马克思也非常重视技术的社会作用,马克思热切地追踪技术的发明和改进历程,并对其社会影响高度敏感。马克思强调技术渗透到生产领域促进生产力的进步和生产关系的变革,进而引起经济结构和社会结构的变迁,也必将带来人们生活方式、思想观念的改变。此外,马克思还对技术的负面效应进行了分析与批判,但这种批判是对技术的社会批判。马克思将技术与技术的社会应用做了区分,马克思认为技术的异化是由技术的社会应用造成的,而非技术本身。

日本庆应义塾大学的李晨(Li Chen)学者认为:在马克思的最优模型和马克思最优模型的现有扩展研究中,技术进步和劳动力供给没有得到考虑,这使得模型无法反映现实的经济体系。因此,他将技术进步和劳动力供给增长纳入马克思的最优增长模型,使其能够创建更加现实的实证研究。在他的研究中,将劳动份额和资本份额设定为工具变量。该模型的解决方案提供了两个欧拉方程来描述经济增长的动态运动。他的研究表明技术进步和劳动力供给增长对中国经济增长路径的不同影响,以及消费品部门和投资品部门之间总劳动力与总资本分配的变化。

墨西哥的乔塞·本杰明·卢雅诺·洛佩兹(Jose Benjamin Lujano Lopez)学者认为:美国的霸权和经济增长已进入衰退阶段。主要原因有三:一是数字和网络技术看似有无穷无尽的潜力;二是收入不平等和集中;三是全球经济整体经济表现令人失望。美国面临新的大国崛起和挑战:中国在数字和网络技术的同化方面取得了很大进展,并将其纳入社会体制框架,中国的凝聚力与美国在全球范围内的竞争能力是可以相提并论的。

五、新自由主义与资本主义危机理论

来自马萨诸塞大学的大卫·科兹(David Kotz)教授认为,近年来,一波独裁右翼民族主义(ARWN)浪潮席卷了全球许多国家。在波兰、匈牙利、土耳其、印度、菲律宾、奥地利、法国、意大利和美国,都出现了支持或争取权力的政党和政治领导人。在他的演讲中,他解释了 ARWN 的特征,并分析了最近 ARWN 政治人物、政党和政权的崛起,这可以为马克思主义理论家长期关注的两个问题提供一些线索。一是议会制民主与阶级统治的关系,这种关系看似对立,但在发达资本主义国家却作为一种规范存在了一段时间。其次,经济危机给资本主义带来的不仅仅是短暂而短暂的问题,它还会引发可能破坏体系稳定的进程。他考虑了资本主义下议会民主与阶级统治的关系、考察了 ARWN 最近崛起的根源,即始于 2008 年的新自由主义资本主义危机阶段。最后,他考虑了 ARWN 对资本主义稳定性的威胁。

泉州师范大学的刘义圣教授认为新自由主义在西方学术界和理论界曾经备受青睐,20 世纪 80 年代传入中国后便开始有一些学者著文建议中国效仿西方国家按照新自由主义的主张进行改革。但是,新自由主义在经济上宣扬私有化、自由化、市场化,在政治上反对公有制、社会主义、国家干预,同马克思主义、社会主义和中国国情格格不入。另外,新自由主义的理论也存在不少缺陷,不具备在我国实行的基本条件。因此,新自由主义不适用于社会主义中国,我们应该探寻适用于中国的理论和实践道路。

上海交通大学的吕守军教授认为当代资本主义发生了巨大的变化,如今整个资本主义陷入严重的经济危机之中。虽然 2008 年全球性金融危机与之前的不同,不是表现为企业方面的供给侧危机,但普遍认为其本质仍然是马克思在《资本论》中揭示了的资本主义结构性危机,但对具体爆发的原因尚未形成统一的认识。马克思在《资本论》中对危机的可能性进行了论述,对经济危机和经济周期循环、固定资本的关系进行了考察,批判了消费不足理论,说明了部门之间不均衡和消费能力限制的所谓实现问题的商品过剩对危机的影响,提出了资本绝对过剩理论,考察了现实的危机现象,特别是商业资本和信用制度和危机之间的关系。

波兰科依敏斯基大学的加文・瑞(Gavin Rae)批判性地分析了迈克尔・布若威(Michael Burawoy)和埃里克・奥林・莱特(Erik Orlin Wright)的社会学马克思主义理论。社会学马克思主义反对马克思主义关于资本主义危机加剧的论断,以及基于资本有机构成上升和利润率下降的概念对危机的解释。从生产和工作到交换和市场都偏离了劳动价值论。社会学马克思主义的推定不能在资本主义本身和马克思主义领域的发展中得以维持。马克思主义危机理论可以在社会学分析中得到有效利用,可以更好地理解当代资本主义的不平衡。

六、习近平新时代中国特色社会主义思想与中国“一带一路”的成就

学会会长、中国社科院学部委员程恩富教授首先提出了马克思主义的多重内涵,多样性和整体性,强调正确认识马克思主义中国化的意义。他基于客观事实和统计数据,解释了中国目前的两个经济奇迹,即在毛泽东思想指导下

取得的巨大经济成就，以及在中国特色社会主义理论指导下取得的更大经济成就。同时阐述了习近平新时代中国特色社会主义思想的经济构成，以及生产力和经济制度的新思路。最后指出，在新时代，中国经济已达到“准中心”地位，并且越来越接近中心地位。在这个过程中，有断言称中国社会主义与社会主义无关，这是对马克思历史观和中国人民面临的挑战的错误理解。

中央财经大学的林光彬教授阐述了中国道路所展示的世界意义，即一个农业国如何在实现现代化中向全面小康、共同富裕、民主富强的发展演进道路；看到了《共产党宣言》中所开辟的学术新范式产生的强大精神力量，在中国特色社会主义政治经济学中仍然熠熠生辉。在21世纪的未来，中国将坚持和发展中国特色社会主义政治经济学，在习近平思想和马克思主义新学术范式的指导下，总结和提炼中国改革开放和社会主义现代化建设的伟大实践经验，不断完善中国特色社会主义政治经济学理论体系。

印度GIRI发展研究所的查兰·维尔马(Charan Verma)研究员认为中国的“一带一路”似乎已成为促进亚洲、非洲、美洲和欧洲以及地缘经济贸易的纽带。跨越70个国家，包含44亿人口，并占全球GDP的40%。促进了全球经济一体化和繁荣。目前对“一带一路”有两种主流解释：第一，视为中国推动国内经济增长放缓的最新战略；第二，把它看作中国日益增长的影响力和替代现有国际地缘战略经济秩序的手段。在中国寻求成为积极塑造国际秩序的全球大国的过程中，“一带一路”已经成为中国的主要工具，作为一个旨在促进全球共同繁荣的跨大陆平台，中国追求的是在平等的基础上构建繁荣的经济。英国中央兰开夏大学的詹妮弗·克莱格(Jennifer Clegg) 同样认为“一带一路”是中国活跃在国际政治经济舞台上的重要工具。中国正在构造一种新的国际融资模式，即国际金融转向生产性投资，缓解了国际经济中管理金融与生产之间矛盾，使整体发展更加稳定。

广东财经大学的黄晓凤教授认为“一带一路”沿线国家产业合作具有重复合作博弈特征，经过无限次博弈，可形成共赢的帕累托最优结果。但在产业合作中，因环境规制、科学技术、经济发展水平的巨大差异，不可避免会产生跨境环境污染问题。她利用贸易特化指数分析“一带一路”沿线国家的产业互补性，阐明产业合作的必要性；创建动态演化博弈模型，求解在多重差异下产业合作与生态共赢的均衡点，为达到均衡点，利用Shapley值法寻求沿线国家产业合作的利益补偿方法，以解决产业合作引起的跨境污染问题，并在此基础上建构“一带一路”沿线国家产业合作的可持续发展机制。中央财经大学的孙敏认为当前构建一种新型的国际关系来改变世界的发展失衡状况、重建国家之间的共生关系、共同完善全球治理十分必要。中国作为新时代的大国，肩负积极构建新型国际关系的责任，“一带一路”倡议的提出，是中国从理论和实践层面为解决国际关系当下面临的难题所提供的一种可能性。“一带一路”强调主体的多元性，主体之间的开放包容和公平公正，回答了“为什么构建”“谁来构建”“如何构建”三个问题，旨在从市场、政府和社会三个层面致力于相互尊重、公平正义、合作共赢的新型国际关系的构建。

主论坛闭幕式上，本届论坛的合作媒体、欧洲最大的左翼报纸 *Junge Welt* 的主编阿诺德·施尔泽尔(Arnold Schölzel)博士致辞，学会副会长艾伦·弗里曼(Alan Freeman)教授宣读了本届论坛共识宣言，学会秘书长、上海财经大学丁晓钦教授宣布理事会决议，柏林经济政法大学汉斯约里·赫尔(Hansjorg Herr)教授、学会常务理事科尔内利乌斯·伦克尔(Cornelius Renkl)教授代表本届论坛承办方致辞，学会常务理事、加拿大明尼托巴大学拉迪卡·德赛(Radhika Desai)教授代表下一届论坛承办方致辞。学会会长程恩富教授致闭幕词，并宣布“21 世纪的阶级、民族和国家——世界政治经济学学会第 14 届论坛”将于 2019 年 7 月中旬在加拿大和古巴举行。

闭幕式后，会议邀请著名左翼歌唱家吉娜·皮埃奇(Gina Pietsch)和弗拉库·皮埃奇(Frauke Pietsch)为参会代表奉上了一场精彩的 *Marx，Rosa und das Salz der Erde* 主题演唱会，演唱的歌曲大多是为本届论坛原创的纪念马克思和卢森堡的红色歌曲。最后，世界政治经济学学会第 13 届论坛主论坛在全体与会代表激昂的《国际歌》歌声中落下帷幕。

世界马克思经济学奖获奖者名单(2018)

2018年度世界马克思经济学奖授予中国的陈征先生、法国的让-克洛德·德劳内先生、英国的艾伦·弗里曼先生。

1.[中]陈征,教授、博士生导师,曾任福建师范大学校长,从1949年至今一直从事《资本论》和马克思主义经济学理论的研究和教学,出版专著30余部,发表学术论文200余篇。其中,《社会主义城市地租研究》和《劳动和劳动价值理论的运用和发展》是其中最具代表性的两本理论专著,分别创建了社会主义城市地租理论和现代科学劳动价值理论,对当代马克思主义经济学理论发展做出了非常突出的贡献。

2.[法]让-克洛德·德劳内(Jean-Claude Delaughne)教授,世界政治经济学学会副主席,长期从事政治经济学研究,从1971年以来发表了大量的文章和出版了很多专著。他最新出版的著作是《中国服务业:一个统计方法》。他在国民核算理论、法国工人遭受剥削、服务活动及其在现代社会的作用、金融和全球资本主义、中国特色社会主义的国际参考价值等方面研究作出了重要贡献。

3.[英]艾伦·弗里曼(Alan Freeman),世界政治经济学学会副主席,与他人合作创办了国际价值研究学会和地缘政治经济研究中心,发表了数百篇关于政治经济学的工作论文和文章,与他人合著了《马克思、李嘉图和斯拉法》《马克思和非均衡经济学》等诸多重要的理论专著。他有力地捍卫了马克思的价值理论、利润率趋于下降的理论,发展了资本主义危机理论,帮助我们澄清了关于周期和所谓历史“长波”的长期讨论,为马克思主义政治经济学的理论发展和社会实践做出了重要贡献。

21 世纪世界政治经济学杰出成果获奖名单(2018)

1. 论文:《21 世纪社会主义及其可持续性的四个组成部分》,作者:[美]大卫·S. 佩纳。

2. 论文:《论西方资本主义经济停滞的常态化》,作者:[中]何自力。

3. 论文:《社会主义模式:21 世纪的马克思主义》,作者:[德]艾克·考普夫。

4. 专著:《危机后的反思:西方经济的改革之路》,作者:[德]塞巴斯蒂安·达尔恩、汉斯约里·赫尔、克里斯蒂安·凯勒曼。

5. 论文:《环境保护、不平等和制度变迁》,作者:[澳]伊丽莎贝塔·麦格纳尼。

6. 专著:《传统产业:毛笔制作》,作者:[日]佐中忠司。

7. 专著:《智能经济》,作者:[俄]谢尔盖·波达努诺夫。

8. 专著:《危机中的希腊资本主义:马克思主义分析》,作者:[希腊]斯塔夫罗夫·德·马夫罗迪亚斯。

9. 论文:《我国国有企业自主创新能力现状与提升路径》,作者:[中]李政。

10. 论文:《对凯恩斯主义者对经济危机分析的马克思主义批判》,作者:[比]亨利·霍本。

获奖感言:西方社会是如何迷失的

阿兰·弗里曼

编者注　阿兰·弗里曼(Alan Freeman)于 2000 年至 2011 年在大伦敦管理局(Greater London Authority)担任首席经济学家。他现已经退休,住在温尼伯。他与拉迪卡·德赛(Radhika Desai)是地缘政治经济研究中心的联合主任。他在英国格林尼治大学教授了 10 年经济学,曾担任伦敦大都会大学客座教授、澳大利亚昆士兰科技大学研究员、坎特伯雷肯特大学研究员。他定期在线发布文章(http://ideas.repec.org/e/pfr102.html),并与迪卡·德赛共同编辑了《世界资本主义的未来》系列丛书和《地缘政治经济学》系列丛书。他还与安德鲁·克里曼(Andrew Kliman)共同编辑了在线评论经济学杂志《政治经济学批判》(*Critique of Political Economy*,COPE)。

很荣幸能获此殊荣,我非常激动。

区分个人对集体努力的贡献是一种考验;当个体是自己的时候,这几乎是不可能的。安德鲁·克里曼在《马克思"资本论"的重生》(*Reclaiming Marx's Capital*)一书的前言中写道:"本书中的观点是通过与 TSSI 支持者,尤其是 Alan Freeman,多年的广泛合作和对话形成的。在许多情况下,我早已忘记是弗里曼,还是我,还是其他人,提出了一个特定的想法或构想。因此,我不能完全接受大家对这本书的美誉。从某种意义上说,他们是本书的合作者。当然,我必须对本文所表达的观点和我可能犯的错误负全部责任。"对这段文字,我能改进的只有把克里曼的名字换成我的名字。

今天任何理性理解世界历史和政治经济的思想书脊都是卡尔·马克思(Karl Marx)的作品。与任何思想家一样,只有努力理解马克思的实际思想,而不是其他思想家赋予他的思想,我们才能与其打交道。为此,三十年来,我们共同致力于发展马克思的分期单一系统解释学(TSSI),从而重建马克思的劳动价值论。

除了安德鲁·克莱曼(Andrew Kliman)之外,我还要感谢许多影响 TSSI 发现的学者,其中我只记录下那些最直接影响我思想的学者:耶稣·阿尔巴拉辛(Jesus Albarracin)、玛格丽特·安德鲁斯(Margaret Andrews)、菲利斯·阿特威尔(Phyllis Atwell)、米克·伯克(Mick Burke)、古列尔莫·卡切迪(Guglielmo Carchedi)、约翰·恩斯特(John Ernst)、埃曼纽尔·法琼(Emmanuel Farjoun)、海克特·吉尔伦·罗梅罗(Hector Guillen Romero)、保罗·乔萨尼(Paolo Giussani)、米歇尔·赫森(Michel Husson)、安德鲁·克莱曼(Andrew Kliman)、罗伯特·兰斯顿(Robert Langston)、摩西·麦克霍弗(Moshe Machover)、弗雷德·莫斯利(Fred Moseley)、米歇尔·那不勒斯(Michelle Naples)、安妮特拉·尼尔森(Anitra Nelson)、爱德华多·马尔多纳多·菲利奥(Eduardo Maldonado-Filho)、欧内斯特·曼德尔(Ernest Mandel)、泰德·麦克格伦(Ted McGlone)、罗宾·穆雷(Robin Murray)、尼克·波茨(Nic Potts)、亚历杭德罗·拉莫斯(Alejandro Ramos)、阿道夫·罗德里格斯(Adolfo Rodriguez)、皮埃尔·萨拉马(Pierre Salama)、桑古尔·萨夫兰(Sungur Savran)和朱利安·威尔斯(Julian Wells)。

在过去的十年里，我与知名作家迪卡·德赛密切合作，她是《地缘政治经济学》的创始人，是我们地缘政治经济研究小组(GERG)的联席主任，也是我们两本系列丛书的联合编辑。德赛影响了我对世界经济问题的看法，深刻地影响了我对价值、金钱和世界秩序的看法。

在这方面，我要对俄罗斯马克思主义者致以诚挚的感谢，尤其是对鲍里斯·卡加里茨基(Boris Kagarlitsky)和亚历山大·布泽加林(Alexander Buzgalin)。

我与维多利亚·奇克(Victoria Chick)广泛而卓有成效地研究了马克思和凯恩斯(Keynes)之间的关系，她对我的影响是不可估量的。

对多元主义的研究工作是我与维多利亚·奇克(Victoria Chick)、安迪·丹尼斯(Andy Denis)、弗雷德·李(Fred Lee)、乔治·德马蒂诺(George DeMartino)、塞拉普·卡亚特金(Serap Kayatekin)，以及来自异端经济学学会、反思经济学学会和世界经济学学会的学者们联合展开的。我很高兴这些学者不胜枚举，因为这证明了一个小雪球越滚越大。我认为，小雪球是从克里曼(Kliman)和我于1996年制定的国际价值理论中心(IWGVT)的指导方针开始的。

我在创造性劳动方面的研究，这篇论文只提及了一点点，但这些研究对我关于价值和世界经济的思考至关重要，它深受我在大伦敦管理局时期的影响，尤其是受到了哈桑·巴赫希(Hasan Bakhshi)、彼得·希格斯(Peter Higgs)、布里奇特·罗斯威尔(Bridget Rosewell)、约翰·罗斯(John Ross)、雷蒙德·奥尼尔(Redmond O'Neil)、裘德·伍德沃德(Jude Woodward)，以及肯·利文斯通(Ken Livingstone)的影响。

我得到了许多中国学者的慷慨相助，特别是程恩富、汪桂进、朱奎和孟捷。

最后也是最重要的一点，我不得不承认我的父亲克里斯托弗·弗里曼(Christopher Freeman)对我的终生影响，他是科学政策理论的先驱和奠基人。

事实上,我之所以在过去六十年从事政治活动中所做的工作以及理论工作,原因在于我们要解决共同面临的任务,即在历史的某一时期,我们所面临的危险反常地超越了出现和平、正义和人类解放的可能性。

一、中国的马克思主义者

中国的经济发展证明,除了所谓的"先进"国家试图强加给世界的发展道路之外,还有其他的发展道路。然而,核毁灭、生态灾难和法西斯主义的威胁笼罩着我们。因此,发展马克思思想、理解马克思思想和促进马克思思想的必要性从未如此强烈。

中国学者有优越的条件去做出贡献。中国的经济成就为验证马克思的许多重要思想创造了机会,而马克思的许多重要思想,由于早期社会主义所面临的困难,至今仍未得到检验或仍存在着争议。简而言之,马克思提供了解释中国成功的手段;而西方经济理论则不然。

然而,西方马克思主义学者没有履行真正的世界伙伴关系所需要的责任;他们没有解释本国经济的失败。

相反,他们严重误解了马克思的理论,将其简化为竞争性一般均衡的变量,这是新古典主义范式的辩证核心要点。因此,他们向世界展示了马克思的一个版本,这个版本无法解释当今世界经济的两个最引人注目的特征。这两个特征是:

第一,世界被分化成两个完全不同的集团。超过80%的人口生活在贫穷国家,少数人生活在一小群富国,自列宁首次描述这些国家以来,这些国家几乎没有变化。

第二,一场长期、深刻而棘手的经济停滞或"大萧条"席卷了这些富裕国家,其时间可以追溯到1974年或更早的时期。

西方马克思主义的传统——TSSI学者称之为"没有马克思的马克思主义"—未能解释这些事实。其反对并驳斥了马克思自己的解释,却没有提出任何可行的替代方案,这弊大于利。

这些话很直白。然而,它们已经被证实了,学者们可以参考这方面的著作。马克思在必要时会毫不犹豫地直言不讳。就他的习惯而言,当我们有分歧时,我们既要保持友谊,又要消除分歧。那些只关心资产阶级未来的人可以以礼相待;而我们要对人类负责。

二、经济思想革命

"没有马克思的马克思主义"未能解释这场危机,是因为它未能吸引到大批受众。这与上两次“大萧条”(1871—1893 年和 1929—1942 年)形成了鲜明对比。

两次大萧条都引发了经济思想革命，因为当时的正统理论无法解释如此深刻而长期的停滞。这些都是真正的革命，它们成为广大人民的精神财富。

19 世纪 70 年代的革命将卡尔·马克思的思想带到了无可争议的经济理论前沿：马克思的思想解释了普通人用自己的眼睛能看到的东西。他们被数以百万计的工人及其政党所采用，对其而言，失败的学术上的正统观念不受影响。

约翰·梅纳德·凯恩斯(John Maynard Keynes)领导的 20 世纪 40 年代的革命也解释了当代理论无法解释的问题。然而，工人运动的胜利将世界分成了共产主义和资本主义两大阵营。凯恩斯小心翼翼地将他的理论与马克思的理论划清界限，以引起执政的资本主义精英的注意。这些精英们感激地把唯一的功劳都归于他们的新导师，而忽视了马克思的重要性以及两者的共同之处。

然而，凯恩斯最重要的提议很难与《共产党宣言》的提议区分开来，尤其是“食利者的安乐死”和“投资社会化”。维多利亚·奇克和我在理论上论证了凯恩斯对危机的解释与马克思在本质上是相同的。凯恩斯主义成功的原因就是对危机的解释和战争。

今天的科学迫切需要一场新的理论革命。怎么样才能发起这样的革命呢？我们可以从以前的革命中的四个不可缺少的关键要素开始。具体如下：

(1)认识到资本主义从内部产生了一种持续不断、日益增长的投资失灵；

(2)在一定程度上削弱了资本主义工业的生产能力；

(3)资本市场无法矫正市场失灵；

(4)因此，除非国家大规模地超越私人投资机制，否则社会将会解体。

因此，只有当国家或更普遍的公共机构使用《共产党宣言》中所描述的“暴力侵入资本主义财产”的措施来压制和推翻资本主义投资机制时，大萧条才能得以克服。

然而，历史表明这可能以两种方式中的一种发生：或者向社会主义前进，或者向野蛮的法西斯主义、战争和征服退步。

这就是中国马克思主义学术的重要性。中国的经验表明，除了战争和法西斯主义之外还有一条走出萧条之路；现在，中西方学者应该共同努力去为这些成功经验提供理论解释，并进行宣传和保护，同时还要理论解释所有其他除了涉及灾难性的人力成本之外失败。马克思的理论是最好的起点，不是因为任何英雄崇拜，而是因为它提供了迄今为止最好的解释。

三、萧条的真相

从哪里开始呢？让我们从事实开始。

从1987年到2008年金融危机，英国累积的资本中有60%是金融资产。只有40%的英国资本从事国内生产。而美国同期累积的私人资本中有80%是金融资产。

英国的固定资本总额从占GDP的25%下降到占GDP的15%。在美国，这一比例从24%降到了18%。在中国，这一比例则从32%上升至45%。

美国国内私人投资占GDP的比例从17%下降到仅剩11%。净投资（通过私人投资减去资本消耗可得）在2009年下降到只占2%。简而言之，美国经济停滞不前。

这不是一个短期现象。从1970年到2016年，美国净资本投资占比明显下降，GDP占比从9%环比下降4%。如果计算正确的话，自20世纪60年代末以来，所有其他衰退指标都有所下降，包括实际GDP增长、资本利用率和失业水平。

然而，在2008年金融危机爆发前的20年里，美国金融资产的市盈率翻了一番，从10倍增至20倍。正如希勒（Shiller）所言，这是不合理的。

忽视的资金流动。一个普遍存在的误解是，由于美国出现赤字，不能出口资本。相反，如果准确地计算外国直接投资、证券投资和其他投资的总和，那么美国资本出口是从1970年的将近零增长到1987年的6 000亿美元，到2007年的10万亿美元，然后在危机后崩溃，于2010年又反弹至5万亿美元。

简言之，美国资本寻求从世界其他地方获取利润，以解决其自身自创的、长期的和棘手的国内衰退问题，而实际上，只有压制本国资本家的特权，才能解决这些问题。

这一事实可以解释唐纳德·特朗普（Donald Trump）打响的贸易战、北约大国军事系统升级以及现有国际秩序的解体。这只不过是在不攻击美国资本家的情况下解决美国危机的一些巧妙尝试。

所有这些都可以用资本积累导致的利润率（资本回报率）的下降来解释：这是资本主义最具决定性和持久性的长期趋势，这一点得到史密斯（Smith）、里卡多（Ricardo）和密尔（Mill）的认可，马克思和后来的凯恩斯也清楚地解释了这一点。

当我们把金融资本算在分母上的计算利润率的时候，我们会发现自20世纪50年代以来，除了20世纪60年代的短暂波动之外利润率一直呈下降趋势，从12%的高点降至目前的5%。

四、如何解释这些事实?

马克思和凯恩斯的理论为上述事实提供了非常相似的解释。随着生产性投资回报的下降,资本投资者开始囤积资金。显然,他们更喜欢回报型的货币形式,即货币工具。但这些工具是资本的货币形式,在马克思资本循环的“M”阶段中断。资本不再回流到生产中,而是作为金融工具进行积累。

现在出现了一个矛盾:随着利润率的下降,投资者停止在生产中配置资金,而是转向金融,而金融的收入来自劳动在生产中创造的价值。然而,这种情况在大萧条中爆发,并不能解决利润率下降的问题,因为它们只是将资产价值与生产性资本产生的收入重新调整,而没有对生产资产本身进行重新估值。

在任何特定的危机中,许多其他因素会发挥作用,但是主要原因引发了危机,而且产生了许多间接影响。将其他因素推到主要原因的高度类似于说一个从悬崖上摔下来的人死于心脏衰竭一样。

我们需要采取许多行动来纠正问题,尤其是将消费(包括教育、医疗、住房和文化发展)提高到可以缓解目前受资本主义压制的人类创造才能的水平,来释放以此为基础的大规模绿色技术革命的潜力。

无论如何,病因不应与治疗相混淆。感染可能用抗生素治愈;但是感染是由细菌引起的,而不是缺乏药物。要走出危机,就必须大幅提高收入;但是,这场危机并不是由贫困引起的。一些拉丁美洲左翼实验已经为此付出了代价。

《政治经济学批判》第一卷的前几章详细阐述了货币贮藏的积累,并在第三卷中详细阐述了大量的细节。这在马克思的作品中是显而易见的。《资本论》第一卷、第三卷和《剩余价值理论》清晰地阐释了利润率的下降问题。

这些内容不是新的,而是已经公开声明,而且直接来自马克思的分析;除此之外,还没有出现更好的选择。那么为什么西方马克思主义者不接受马克思的理论呢?

五、经济思想逆运行

当我们假设科学总是在向前发展时,这种失灵才令人费解。事实上,当科学知识威胁到一个在统治上有历史局限性的阶级时,这种知识就会受到压制。天主教在 1992 年“封杀”了伽利略。“运行”(revolution)这个词来自哥白尼的著作《天体运行论》。

资本主义最危险的真理来自科学的政治经济学。马克思 7 岁时,“李嘉图学派社会主义者”霍奇金(Hodgskin)运用李嘉图的租金理论来证明剥削的存在。如果经济学是一门科学,那么这将非常受欢迎。相反,坚决反对工会的詹姆斯·米尔(James Mill)开始了李嘉图主义长达数十年的退步,他指出,“如果这种思想传播开来,那么它将是对文明社会的颠覆”。从西尼尔的“最后一小时”到资本主义的“禁欲”论,在“庸俗经济学家”试图把李嘉图的天赋重新装进瓶子里。

因此,在维多利亚自然科学的黄金时代,马克思研究的背景是社会科学的全面退步。

马克思遭到了主流经济学的厌恶,因为他终结了主流经济学的退步。他不仅克服了史密斯和李嘉图的错误,还恢复了他们的科学结论。对比是显而易见的:每个现代经济学学生都知道“看不见的手”和“比较优势”,但谁来教他们劳动才是衡量价值的唯一尺度呢?

进一步的历史研究表明,一旦一种革命性的新思想形成,经济思想通常就会衰退;这是20世纪初兴起的第二次经济逆运行的关键。

主流经济学的缔造者们(不仅有学者,还有政治行动者)对马克思充满敌意。庞巴维克(Bohm-Bawerk)是奥匈帝国的财政部长。正如德赛(Desai)所说,韦伯(Weber)重新定义了社会科学,将经济学从所有其他研究领域中分离出来。1918年,韦伯写道:“我们要感谢(德国的)革命,因为我们不能派遣一个师去对抗波兰。我们所能看到的只有泥土、粪土、牛粪和马粪——别的什么都没有。利卜尼希特(Liebknecht)属于疯人院,罗莎·卢森堡(Rosa Luxemburg)属于动物园。”

这些评论家较之反李嘉图主义者获得了更多的初步成功。凯恩斯崛起并不是因为与19世纪70年代马克思崛起的原因类似,而是因为大萧条和战争驱使数百万人拒绝主流经济学,支持凯恩斯的结论。

六、一般均衡:第三次经济逆运行

第三次,也是最成功的经济逆运行的背景是:自第二次世界大战以来一般均衡或“比较静态分析”一直主宰着经济学。它具备两个特点。

首先,一般均衡或“比较静态分析”不是理论而是方法;是一种将经济规模概念化的方法,适用于每一个学派。

因此,经济学不仅在纵向上被划分为“思想流派”,而且在横向上被划分为两大方法论:均衡方法和时间方法。

均衡无处不在,均衡边际主义、凯恩斯主义、无马克思的马克思主义、“新”制度主义等。每当新方法暴露出资本主义的矛盾时,它就会重新浮出水面。因此,预期回报理论问世的几年内,理性预期理论就席卷了整个领域。

不存在“正确”或“优越”的学派,无论在哪里,均衡方法论的推行都会阻止所有学派对资本主义危机的理解。原因很简单,均衡方法论假设资本主义完全自我复制。当然，从逻辑上来说，我们无法推断出其并非如此。

其次，衰退现在并不表现为对凯恩斯、马克思或维布伦的一种反应，而是凯恩斯主义者、马克思主义者或制度主义者思想中蕴含的内容。衰退使得凯恩斯主义只关注一个“温和”变量—需求管理，而忽视金融和投资。由庞巴维克的亲密合作者—奥地利经济学家拉迪斯瓦夫·冯·博特凯维奇(Gordislaw von Bortkiewicz)通过强加给马克思一个与马克思相反的必要条件，从而产生了马克思主义的“温和”变体。

这一必要条件假设资本主义可以完美再生产是“马克思主义”等价物：一个时期结束时的生产价格必须等于开始时的价格。马克思从来没有采用过这种荒谬的假设，也不可能采用这种假设，因为它意味着，在下一个时期开始时，购买者为他们购买的商品支付的钱少于生产者在前一个时期结束时出售相同商品所得到的钱。这不仅消除了资本家仍然承担的历史成本，而且如果价格上涨，那么价值就会在交换中产生。

这种对马克思的误读后来成为“标准”解释。由于逻辑上的不一致，马克思被成功贬为失败的“小李嘉图主义者”，并被西方课程取消。任何一个想要研究马克思思想的人现在就会接触到大量由“马克思主义者”撰写的学术书籍和期刊文章，其致力于通过歪曲马克思的观点来解释他的错误。这些作者不是促进知识的发展，而是通过将自己与马克思的声誉联系起来促进自己的职业生涯发展，同时他们又小心翼翼地远离马克思危险的结论。

这是一种新的反击，这不仅仅是为了提出马克思理论(这是完全合法的)之外的理论，更是为了诋毁马克思，这样他们提出的理论就可能是唯一的、合法的。这在前两次经济逆运行失败的情况下取得了成功，尽管它为观察到的现实提供了不言而喻的错误描述，但现在可以通过假装别无选择来为其辩护。

简而言之，这构成了审查制度。“没有马克思的马克思主义”并没有促进马克思思想的发展，而是代替了马克思的思想，代替了马克思解释者的思想，避免与马克思的观点相冲突。有一个小问题：这些思想无法解释危机。最后，我们会以问为什么而告终。

七、货币、货币、货币：萨伊的谬论和新古典主义学派的瓦解

一般均衡有一个先驱：萨伊的谬论。经济学把这种说法称为“萨伊法则”，但只有经济学家才会用“法则”这个词来描述没有发生的事情。

李嘉图采用了这一理论，但马克思却批判了这一理论，这也是凯恩斯批判主流经济学的出发点。正如马克思所指出的，这一谬误认为，经济的行为就像“商品与商品的交换”——生产出来的东西都必须用另一生产出来的东西来交换。

这就产生了三个主要的理论结果,所有成功的护教学都依赖于此。首先是市场清算:一旦考虑到每种商品的供应和需求,就不会有剩余。其次,商品必须以价格进行交换,以实现完美的再生产。最后,货币只是一种数字,一种衡量价格的手段。货币贮藏实际上是不可思议的——也就是说,它们不可能被理论化——因为这些体系没有理论依据。

第三个理论后果(货币无关紧要)让西方马克思主义无法解释2008年的金融危机;没有货币理论,马克思主义者怎么能指望解释金融呢?

货币是真实存在的物,是一种物化的社会关系。它的物质性是迄今为止经济思想中的两大进步的核心。卡尔·马克思和约翰·梅纳德·凯恩斯(John Maynard Keynes)都开始彻底否认萨伊的谬论。

正如马克思明确指出的,商品不是用来交换其他商品的,而是用来交换货币的。在货币阶段,交换中断不仅是可能的,而且是正常的;资本家出售他们的产品,然后再获得收益。进而,到处都是累积的闲置资金。

适当调整信贷,将一个所有者手中未使用的资金提供给另一个所有者,供其购买生产资料,从而可以减少闲置资金。但这是一把"双刃剑"。一旦信贷工具变得有市场,它们就变成了一种货币形式:就会提供一种积累闲置资源的新方式,不仅是作为货币或金条等交换手段,而且是作为生息资本。

之所以发生这种情况,是因为货币本身就像马克思所说的那样,获得了一种"第二使用价值"——作为资本的使用价值,以这种形式吸引着利息,即从别处产生价值份额。在这种形式下,货币可以迅速离手。金融工具或"虚拟资本"的价格不是由其创造价值能力决定的,而是由独立的货币市场决定的,这些市场将其适当的收入资本化。随着利润率的下降,越来越多的资本作为金融工具积累起来,从而产生需求,推高了价格。然后,价格通胀本身就会成为收入来源,并且正在蓄积着金融危机。

这就是为什么马克思从一开始就是一个货币理论家。早在1845年,他就已经在努力应对这样一个事实:货币本身集中了资本主义所有的最高矛盾;他转向价值研究,正是因为他意识到,要理解货币就必须透过表象追溯其在劳动中的起源。《政治经济学批判》的大部分内容与货币有关。《资本论》的前身——《政治经济学批判》——有一半以上是关于货币的。《资本论》第一卷的前五章包含了对货币的广泛分析,第三卷的一半以上是关于货币的,第三卷提出了一个全面发展的银行、货币资本,尤其是金融资本理论。

最离奇的、见证了第三次经济逆运行意识形态力量的是,西方马克思主义者认为把冯·博特凯维茨—斯威齐—森岛—斯蒂德曼体系作为马克思的解释是没有问题的,因为他们说的都是谬论体系,从逻辑上来说货币是不存在的。

在诸如价值形式学派和异端经济学学派理论家的手中,这种解释性的矛盾变得更加神秘。值得称赞的是,他们能够认真对待马克思的货币理论,但却用联立方程组来解释其价值理论，而货币在逻辑上是不存在的。

这种思维差异最清楚地解释了西方马克思主义未能解释的当前危机的原因。这不是单纯的货币危机，也不是单纯的价值生产危机，而是两者的综合危机。马克思理论的两个方面都是必要的。他对劳动过程的分析引导他对利润率下降的解释；他对货币资本的分析说明了在这种衰退的影响下资本以闲置资金的形式积累的原因。

马克思对利益的分析表明，作为资本，货币终将失去与价值生产的联系，成为一种独立的被资产阶级和马克思主义作家都误解的力量，这种力量在金融危机中以粗暴的冲击回到了现实。

因此，马克思严谨地发展出了一门科学，而这门科学在第一次大萧条时期让人萦绕心头。今天，第三次甚至更棘手的大萧条再次让真相（如果说出来的话）变得不容忽视：剩下的就是说出来。

所有优秀的马克思主义者都知道，意识是上层建筑的一部分。它似乎也是一种独立的力量，但马克思提醒我们，意识是由存在决定的。它在本质上的自观能动性甚至比金融资本的自主能力更强，金融危机的“猛烈冲击”尚未将政治经济带回现实。结果，它让我们遭受了唐纳德·特朗普的无礼抨击。

正如马克思对黑格尔所说的那样，我们的回应和责任是让马克思主义理论重新站稳脚跟：回归到对马克思的研究中，而不是对“马克思主义”的研究。

八、论文选读

经常有人问我“应该阅读 TSSI 学派什么文章”。下面，我列举了核心的基本资料以及补充读物，补充读物涉列了相关的主题，但是没有完全涵盖我前言中提到的主题。

The COPE/IWGVT website, at http://copejournal. com contains a comprehensive selection of TSSI and related material, and is regularly updated. It also contains the IWGVT guidelines.

The Geopolitical Economy Research Group (GERG) maintains a website at www. geopoliticaleconomy. org and a news analysis site www. newcoldwar. org.

Scholars who work collaboratively should feel free to contact me with questions. I cannot always guarantee to answer them, but I will try.

COPE/IWGVT 网址：http://copejournal. com，网站上含有全面的 TSSI 精选和相关材料，并定期更新。同时，网站上还有 IWGVT 指南。

地缘政治经济研究中心（GERG）网站 www. geopoliticaleconomy. org 及其新闻分析网站 www. newcoldwar. org。

有意愿的学者如有问题可随时与我联系。我不能保证始终在线解答，但我会尽力为之。

九、关于马克思分期单一系统解释学派（TSSI）的核心阅读

1. Freeman, A. 2010. 'Marxism Without Marx: notes to wards acritique'. *Capital and Class* 34, vol1. pp. 84—97, December 2010.

ideas. repec. org/p/pra/mprapa/48618. html

2. Freeman, A. and G. Carchedi. 1996. *Marx and Non-Equilibrium Economics*, Cheltenham: Edward Elgar, 1996.

academia. edu/304345/Marx_and_Non-Equilibrium_Economics

3. Freeman, A. , Andrew Kliman and Julian Wells. 2001. *The New Value Controversy in Economics*: Cheltenham: Edward Elgar.

4. Kliman, A. and N. Potts. (eds) 2015. *Is Marx's Theory of Profit Right? The Simultaneist-Temporalist Debate*. Lanham, MD: Rowman and Littlefield.

https://www. academia. edu/19588751/No_Longer_a_Question_of_Truth_The_Knell_of_Scientific_Bourgeois_Marxian_Economics_and_a_Positive_Alternative

5. Kliman, A. , A. Freeman, B. Cooney, N. Potts, and A. Gusev. 2018. "The Unmaking of Marx's Capital: Heinrich's Attempt to Eliminate Marx's Crisis Theory". Submitted to *Capital and Class* June 2018.

6. Kliman, A. 2006. *Reclaiming Marx's Capital: A Refutation of the Myth of Inconsistency*. Lexington Books, U. S.

7. Kliman, Andrew. 2011. *The Failure of Capitalist Production: Underlying Causes of the Great Recession*. Pluto Press (UK).

8. Maldonado-Filho, E. 208. *The Circuit of Industrial Capital, Price Changes and the Profit Rate*. http://copejournal. com/the-circuit-of-industrial-capital-price-changes-and-the-profit-rate-by-eduardo-maldonado-filho.

9. Ramos-Martinez, A. 1995. 'The Monetary Expression of Labour: Marx's Twofold Measure of Value'.

http://copejournal. com/wp-content/uploads/2017/02/Ramos-The-Monetary-Expression-of-Labour-Marxs-Twofold-Measure-of-Value. pdf.

十、补充读物和相关阅读

1. Chick, V. and A. Freeman. 2018. The Economics of Enough: a future for capitalism or a new way of living? . In Dow, S. , J. Jespersen and G. Tily. *Money ,Method and Post-Keynesian Economics for the 21st century*. Edward Elgar

2. Desai, R. 2012. *Geopolitical Economy: after Globalization, Empire and Hegemony*. Pluto Press.

3. Desai, R. and A. Freeman Value and Crisis Theory in the "GreatRecession". World Review of Political Economy. Vol 2 No. 1, Spring 2011. pp. 35—47.

ideas. repec. org/p/pra/mprapa/48645. html

4. Freeman, A. 2007. Heavens Above: What Equilibrium Means for Economics in Mosini, V. (ed) *Equilibriumin Economics*: Scope and Limits, London: Routledge. https://www. academia. edu/13033069/Heavens_Above_What_Equilibrium_Means_for_Economics_with_an_Appendix_on_Temporality_Equilibrium_Endogeneity_and_Exogeneity_in_Physics_and_Economics

5. Freeman, A. 2010. Trends in Value Theory since 1881. *World Review of Political Economy*. Vol 1. , No. 4. December 2010.

ideas. repec. org/p/pra/mprapa/48646. html

6. Freeman, A. 2010. The Economists of Tomorrow: the Case for Assertive Pluralismin Economics Education. American Journal of Economic Sociology vol. 69(5), pages 1591—1613. November 2010, Wiley Blackwell.

ideas. repec. org/a/bla/ajecsc/v69y2010i5p1591—1613. html.

7. Freeman, A. 2012. Presentation on the Creative Industries to the Chinese Academy of Social Sciences.

https://www. academia. edu/4394566/What_are_the_Creative_Industries_Presentation_to_Chinese_Academy_of_Social_Sciences_on_Creative_Industries_October_2012.

8. Freeman, A. 2012. The Profit Rate in the Presence of Financial Markets: a Necessary Correction. *Journal of Australian Political Economy*, Number 70, Summer 2012, pp. 167—192.

https://www. academia. edu/36856958/The_Profit_Rate_in_the_presence_of_Financial_Markets_A_Necessary_Correction_The_Profit_Rate_in_ the_Presence_of_Financial_Markets_a_Necessary_Correction.

9. Freeman,A. 2014. Schumpeter's Theory of Self-restoration: A Casualty of Samuelson's Whig Historiography of Science. In Freemanetal (eds) *Whig History and the Reinterpretation of Economic History*. Special edition of the Cambridge Journal of Economics. Volume 38,Issue 3,May 2014.

10. Freeman,A. 2014. Twilight of the machinocrats:Creative industries, design,and the new future of human labour' in Van Der Pijl,K (2014), ed. *The International Political Economy of Production. Handbooks of Research on International Political Economy series*, BenjaminJ. Cohen (University of California, Santa Barbara) and Matthew Watson (University of Warwick). eds. Cheltenham:Edward Elgar,2014.

11. Freeman,A. 2016. Self-imposed division,overlooked continuity:Marx,Keynes and the Rate of Profit.

https://www.academia.edu/22259154/Self-imposed_division_overlooked_continuity_Marx_Keynes_and_the_Rate_of_Profit.

12. Freeman,A. 2016. The Whole of the Storm:Money,debt and crisis in thec urrent long depression. *Marxism* 21,Volumel 3 No. 2,pp. 190—224, July 2016.

https://www.academia.edu/35852164/THE_WHOLE_OF_THE_STORM_MONEY_DEBT_AND_CRISIS_IN_THE_CURRENT_LONG_DEPRESSION

13. Freeman,A. 2018. Booms,depressions,and the rate of profit:apluralist,in ductive guide In Subasat,T. and J. Weeks. (eds) 2016. *The Great Global Meltdown of 2008:Systemic,Conjunctural or Policy-created?*

14. Freeman,A. Radhika Desai and Boris Kagarlitsky. 2016. Russia,Ukraine and Contemporary Imperialism. Special Issue as Book, *International Critical Thought. Volume 6,issue 4.*

15. Freeman,A. and Boris Kagarlitsky. 2015. *The Politics of Empire: Globalisation in crisis*. London:Pluto Press.

16. Kliman,A,and S. D. Williams. 2015. Why "Financialisation" Hasn't Depressed US Productive Investment. *Cambridge Journal of Economics* 39 (1):67—92. https://doi.org/10.1093/cje/beu033.

17. Mandel, E. and A. Freeman (eds). 1984. *Marx, Ricardo, Sraffa*. London:Verso. 1984. academia.edu/304344/Ricardo_Marx_Sraffa_The_Langston_Memorial_Volume.

（东北师范大学马克思主义学部 孙亚霞 译）

获奖感言:马克思主义就是我们这个时代的社会科学

简-克罗迪·迪罗内

编者注　简-克罗迪·迪罗内(Jane-Crodi Dirone)是加布里埃尔·佩里基金会(巴黎)的科学顾问,巴黎东大(法国)的退休教授。他是世界政治经济协会(WAPE)的副主席之一,专门研究服务经济学和资本主义制度的未来趋势。他最后出版的两本书中有一本是与昆赫·德拉奈(Quynh Delaunay)合著的《解读资本主义:21 世纪社会随笔》(Le Temps des Cerises,Paris,2007),另一本是《我们时代的革命》(Gabriel Péri Press,2012)。

我是那些没有出生在马克思作品的摇篮里的人之一。当我发现这位思想家的作品时,这对我来说是一种新的生活。

今天,尽管非常尊敬的世界政治经济学学会(WAPE)评审认为我的著作值得特别关注,但我是以完全谦逊的态度获得给予我的奖励的。马克思主义是一个图书馆,里面藏有大量的各种书籍和著作,或许有数百万。毫无疑问,这些作品的质量是参差不齐的,但不要紧,正是它们的共存使其变得强大。

作为一名研究人员,我毕生致力于理解什么是资本主义,今天是什么。我仔细研究了它的一些工具,如国民核算。我一直试图测量近一个世纪以来法国工人的剥削率。我一直在努力理解这些被称为服务业的活动,这些活动在诸如法国这样的国家正在发展。最近,我对资本主义全球化的进程感兴趣,而且在这方面,我对中国的社会主义感兴趣。

这篇关于帝国主义的巅峰和衰落(1970 年至今)的讲演分为三部分。

第一部分是 1970—2008 年。它是第二次世界大战后帝国主义的巅峰时期。

第二部分论述当前动摇帝国主义的经济危机。

第三部分涉及政治和道德危机。

一、第二次世界大战后帝国主义的巅峰

作为法国共产党中央委员会经济部的一员,我在 1960 年初积极地参与了一次学术冒险,即由法国马克思主义经济学家保罗·博卡(Paul Boccaa,1932

—2017)重新审视的国家垄断资本主义理论(CME)。当时,法国共产党人认为,他们可以用这一理论并结合凯恩斯主义的有效需求理论和马克思的阶级斗争理论,来解释第二次世界大战后资本主义得以发展的原因。那时帝国主义正在同社会主义竞争,其领导人必须非常小心,避免与人民群众发生冲突。

经过20年的辉煌发展,这一制度陷入了危机。20世纪70年代是工人运动激烈而且经常胜利的斗争时期。但是,由于经济停滞和通货膨胀的结合,发达国家的资产阶级采取激烈的措施来结束这些斗争。他们考虑结束有利于大众消费的凯恩斯主义政策,废除布雷顿森林体系,在美国贸易平衡出现结构性赤字之后建立新的流动性供应体系。1979年,G7成员齐聚东京,决定通过大幅度提高利率(两倍或三倍)来参与金融全球化进程。

帝国主义占统治地位的国家是当时的美国。这种帝国主义与列宁所认识的不同,在后者那里,银行与工业管理密切相关。美国帝国主义是金融市场的帝国主义,在金融市场中,银行不再是行业管理者。列宁时代的另一个不同之处在于,在20世纪初,世界资本的每一小部分都在世界的一部分——殖民地——运作,就好像这是他们的私人财产一样。1980年,殖民地的时代结束了。因此,只有通过金融市场和利润率,每个国家的所有资本家才能计划对世界进行资本主义改组。这一时期可以看作第二次世界大战后帝国主义的高潮。在他们自己的国家,美国和英国的政治领导人分别在1981年和1985年使工会运动陷入瘫痪。法国是个例外,不过时间很短。在国际层面上,1990年以后,苏联式的社会主义四分五裂。1990年前后,作为德国资本主义统治下的旧欧洲国家与全球联系的中间环节,欧盟正式形成。最后,在技术层面上,帝国主义国家是技术进步、信息革命和数字革命的推动者。他们的领导人认为,在他们面前,历史的终结之路是永恒的。

二、当前的金融帝国主义危机是一场长期的经济危机

马克思主义作为黑格尔辩证法的当代继承者告诉我们,生命是一种永恒的运动。资本主义帝国主义不是永恒的,其领导人认为属于过去的历史正在赶上它。当然,在这个过程中没有什么是自动的。帝国主义仍然是一只危险的野兽。尽管如此,人们注意到它正处于经济危机之中。所有迹象表明,这是一场非常长期的危机。

帝国主义的经济危机可从以下几个方面进行分析。

首先,资本主义全球化的参与者不知道,也(或)不想在20世纪初以来在各国领土上建立的全球"安全网"上就位。没有一个超帝国主义可以组织整个世界。只有一个更高的帝国主义和整个军事安全的守护者,目前情况下它就是美国。

这种缺乏审慎规则的结果是,金融危机在 1980 年后成倍增加。资本主义领导人认为,这是一个学习阶段,主要是对发展中国家而言,但他们自己不会受到影响。关键是要让他们能够及时离开新兴国家,"飞向高质量"。事实上,在各种大规模危机之后,首先是发展中国家偿还债务,然后是 1994 年的墨西哥、1997 年的东南亚国家、1998 年的巴西和俄罗斯、2000 年的土耳其,受影响的是发达国家自身。始于美国的 2007—2008 年的大危机已经扩散到全世界。一切都还没有结束。

其次是资本过度积累的一般原因。通过在金融市场上独立运作的虚拟资本使实际资本翻一番,资本主义制度并没有使每一小部分资本的盈利能力(无论是真实的还是虚拟的)减少一半,而是乘以 2。

金融证券已成为成熟的商品。马克思写道,资本主义经济是商品的巨大积累。对他来说,它们是真正的商品。随着金融全球化,全球经济已经成为实体商品和金融商品的巨大积累。金融市场效率理论似乎为这些新发展提供了正当理由。但很快就可以清楚地看到,这些市场非但没有通过价格和需求相反的变化来调节它们的内部流动,反而造成一种永久的、日益加剧的不平衡,因为在这些市场中,对证券的需求比其价格同时增加。

经验表明,金融全球化的金融市场效率不高,它们赞成非常短期的预期并有助于破坏经济,最终加剧了资本过度积累的现象,而不是减少这些现象。

基于这些原因,资本主义经济现在正处于资本过度积累的长期状况,首先是金融资本过度积累的长期状况。

最后,与 2007—2008 年危机爆发时相比,这种状况变得更为深刻和持久,当时的补救措施不但没有减少资本积累,反而增加了资本积累。

根据保尔森计划(Paulson Plan)以及随后的所有安排(尤其是在欧洲),本应对 2008 年危机负责的银行和金融机构获得了大部分公共援助,理由是它们规模太大,不能倒闭。另外,一贫如洗的家庭却没有得到任何帮助。全球金融业务的安全已由道德问题来处理。在这方面几乎什么也没有做。

这场持续的经济危机是一场规模很大的社会危机。由于对危机的反应是扩大最初的过度积累,它导致了在实际生产水平上增加资本主义剥削的强烈趋势。新的公司价值理论强调,在金融全球化的条件下,需要过度利用劳动力,以获得更高的利润率。

这些现象的后果是,金融全球化的帝国主义不仅催生了经济危机,而且孕育了前所未有的社会危机。现在不只是工人阶级受到失业的影响。传统的和新兴的中产阶级也是如此。唐纳德·特朗普(Donald Trump)当选美国总统就说明了这一现象。

三、当前的金融帝国主义危机是一场深刻的政治、思想和道德危机

当代帝国主义受到政治危机的影响在很多方面。在这里,我们必须区分我所说的主要危机或危机的核心和次要危机。

(一)主要危机

主要的危机集中在美国,美国是帝国主义的重心。

第一,这首先是一场危机,表现在美国的帝国地位被削弱了。

第二,考虑到美国作为世界帝国主义领袖的地位,当代帝国主义的政治危机也是显而易见的。这一领导地位仍然为资本主义国家的伙伴所承认,但也给他们带来了越来越大的挑战。这里有三个例证。

1990年以后,美国领导人认为他们已经彻底征服了世界。他们发动了几场对其他国家领导人的清算战争,这些领导人希望更好地利用他们的资源尤其是石油。但他们的盟友,无论是欧洲还是亚洲,都不愿意解决美国政府提交给他们的账单。

最近,美国总统呼吁北约在美国及其欧洲伙伴之间更好地分配开支。但是最富有的国家,首先是德国,拒绝为这些开支做贡献。默克尔和德国的大公司也不愿意从美国购买天然气,他们更喜欢俄罗斯的石油和天然气。

下面是第三个例子。这位美国领导人在中东的战略行动主要针对伊朗。他威胁说,如果大型跨国资本主义公司继续留在伊朗,他们将受到严厉的经济制裁。这些跨国公司知道,对他们来说,失去美国市场将会带来非常严重的后果,所以他们服从了。但他们离开造成的影响是,他们在伊朗立即被中国人所取代。伊朗最终要求加入上海合作组织,这一事实削弱了美国作为世界帝国主义领袖的政治地位。

第三,帝国主义的政治危机是美国与发展中国家关系的危机。当苏联社会主义被消灭时,PVD失去让他们在全球范围内生存的抗衡力量。

美国的资产阶级无疑在1990年继续梦想,他们极力拒绝其国际支配地位受到挑战。但是,这一立场越来越站不住脚。30年的时间里,发生了许多有利于发展中国家而不利于资本主义发达国家及其美国领导人的变化。

为了应对2008年的金融危机,八国集团成员国被迫承认有一个更广泛的论坛来审查国际问题,即G20。从2009年起,金砖四国集团(巴西、俄罗斯、中国、南非)定期举行会议,并代表G20内部的一支提案力量。上海合作组织,最初将包括中国在内的5个边境国家组织起来,今天表达了更广泛的雄心。2017年印度加入该组织,使中印关系得以改善。在伊朗要求加入上海合作组织之后,该组织倾向于作为欧亚组织的一种形式在发挥作用,越来越稳固。这

是 40％的世界人口和 25％的世界 GDP，在趋势上摆脱了美国的控制。我们可以说，今天从广义上讲，亚洲正在全球地缘政治中崛起。中国正在为这一崛起做出积极的贡献。

（二）次要危机

欧盟的主要影响远非为欧洲大陆带来和平，反而加剧了欧洲各国人民之间的紧张局势。它有助于加强大资本家的剥削。禁止国家中央银行发行货币、引入欧元作为单一货币、2006 年“不超过债务协定”，使得包括德国人在内的欧洲各国人民陷入贫困，并加强了德国注入的大资本。今天，欧洲联盟陷入危机，一方面是因为默克尔关于接纳来自非洲和中东的移民的不受欢迎的决定，另一方面是因为欧盟的运作产生了无法忍受的经济矛盾。欧盟正处于一场公开的危机之中。

四、结 论

最后，我想说的是，世界上的大资产阶级的领导人在苏联社会主义破产后，相信第二次世界大战后的帝国主义建设是立于不败之地的。实际上，一场深刻而持久的危机正在摧毁这种虚假的希望。但是危险仍然很多，因为它既是一种制度的危机，也是一种相对地位的危机，即美国的危机，决心不失去任何未来的制度。美中两国面对面地站在第一线。然而，中国并非孤军奋战，而美国及其盟友往往日益孤立，相互冲突。

马克思主义最重要的任务之一是在经济、政治以及社会学、技术、道德、文化和外交等各个方面探讨这种演变。当然，新世界正在寻找自己，但和平力量必须胜利。他们别无选择，而且他们能做到。

获奖感言:我的马克思主义经济学研究

陈　征

编者注　陈征,教授,博士生导师,曾任福建师范大学校长,中国人民政治协商会议全国委员会委员,中国《资本论》研究会副会长,全国高等师范院校《资本论》研究会会长等职。长期从事《资本论》的教学与研究,先后出版学术专著30余部,在《中国社会科学》《经济研究》《经济学家》等核心学术刊物上发表论文200余篇,代表作有《〈资本论〉解说》《论现代科学劳动——马克思劳动价值论的新发展》《社会主义城市地租研究》《〈资本论〉和中国特色社会主义经济研究》等。

此次能提名“世界马克思经济学奖”,我感到非常荣幸,在此也感谢各位同志的重视。

我是江苏省泰县人(今姜堰市),福建师范大学教授、博士生导师、原校长,全国政协第六、七、八届委员,国务院学位办学位与研究生教育评估专家,中国《资本论》研究会顾问、原副会长,全国高师《资本论》研究会会长。我毕生致力于学习、研究、讲授、传播马克思主义经济学,直至运用、创新和发展。我的一系列的学术活动大多是围绕着《资本论》转,可算是同《资本论》结了一辈子不解之缘,也取得了一些研究成果,先后出版专著 30 余部,发表学术论文 200 余篇。

从 1949 年起,我就开始从事马克思主义经济理论的教学与研究,长期主讲《资本论》、政治经济学、中国经济问题、社会主义市场经济研究等课程。曾赴美国、法国、澳大利亚以及中国香港、中国台湾等地多次进行讲学和学术交流,影响深远。1993 年获省高校教学成果一等奖,1997 年分别获得国家级教学成果奖和省教学成果一等奖。在教学实践中,我编写了一批高质量教材,其中,于 1978 年出版的 144 万字的《〈资本论〉解说》,是我长期讲授《资本论》的理论成果,凝聚了我 30 余年心血的著作。1984 年《光明日报》在《知识分子光

收稿日期:2018—10—20

作者简介:陈征(1928—),曾任福建师范大学校长,中国人民政治协商会议全国委员会委员,中国《资本论》研究会副会长,全国高等师范院校《资本论》研究会会长,主要研究方向为《资本论》与社会主义市场经济。

荣榜》中称该书"是我国对《资本论》全三卷系统解说的第一部著作"，填补了研究空白，有重要的现实意义。不少人通过《〈资本论〉解说》看《资本论》，收到很好效果。有人说，《〈资本论〉解说》培养了"一代经济学人"。《〈资本论〉解说》作为教材被全国各地学校广泛使用，1988 年获国家级全国高等院校优秀教材奖，福建省"六五"重点科研项目优秀专著奖，1991 年获"光明杯"全国哲学社会科学优秀学术著作奖等国家级、省部级大奖。此外，我编写和主编了两套丛书：一套是《资本论》研究丛书；另一套是《资本论》教学研究资料丛书。《资本论》研究丛书，包括《〈资本论〉解说》《〈资本论〉在社会主义市场经济中的运用和发展》《对〈资本论〉若干理论问题争论的看法》(上、下册)、《评价国外部分学者对〈资本论〉的研究》等，同时，还请李建平同志编写出版了《〈资本论〉(第一卷)辩证法探索》，使读者对《资本论》有一个系统、完整的认识。为了帮助研究者了解我国过去对《资本论》研究的情况，节约读者在查找资料参考时所花费的时间，我们在大量收集、研究取舍的基础上，将当时我国已发表的有关文章编选为《〈资本论〉教学研究资料丛书》(共五册)，这就是另一套研究资料丛书。该丛书包括：《〈资本论〉研究的目的、对象与方法》《资本论创作史研究》《〈资本论〉一、二、三卷研究》等五册。这两套丛书为《资本论》的教学与研究开辟了广阔的新领域，不仅给读者与研究者提供了很大方便，而且对《资本论》的深入研究有一定的推动作用。

20 世纪 80 年代，我国实行以计划经济为主的政策，商品经济还未得到充分发展。要真正搞好改革开放，充分发展商品经济还要做更大的努力。这时我写了大力发展商品经济等数篇文章陆续发表，强调发展商品经济的重要性。如《〈资本论〉与社会主义经济——兼论〈资本论〉过时论》一文，提出了"社会主义商品是社会主义经济学研究的出发点和立足点""要大力发展商品经济"等观点。该文在《福建论坛》1987 年第 3 期发表后，引起了国内外学术界很大反响。《新华文摘》于同年第 4 期全文转载。美国《国际社会经济杂志》(IJSE)把该文译成英文，转载于 1991 年第 9、10 期合刊。

在上述读懂、读通《资本论》的基础上，第三步就是运用和发展，主要是创建了社会主义城市地租理论和现代科学劳动理论。

众所周知，马克思在《资本论》第三卷中，大量研究的是资本主义农业地租，对城市地租较少涉及。随着中华人民共和国的建立，社会主义城市工商业不断向前发展，这就迫切需要建立城市土地市场，要求对城市土地价格和城市地租进行研究。对这一重要问题，我国当时经济学界很少有人涉及。因此，我知难而上，努力探索，试图在理论和实践上有所突破，实现理论创新。研究的起点和出发点是要找出城市地租和农业地租的共同点和不同点。在此基础上，我对城市绝对地租、级差地租、垄断地租的质及量的运动规律进行具体分析，建立了城市地租理论体系，并于 1996 年出版专著《社会主义城市地租研究》,这是我国研究社会主义城市地租的第一部著作,也是当时该专题唯一的一部著作。该书于1998年先后获福建省第三届社会科学优秀成果一等奖,全国普通高校第二届人文社会科学研究成果二等奖。

劳动价值论是马克思经济学说的理论基石,在马克思主义整个经济理论体系中具有至关重要的地位,马克思的全部经济理论,包括《资本论》全书的理论内容,都是建立在劳动价值论的理论基础之上的。面对着学术界对马克思劳动价值论的质疑和污蔑,我根据当前科学技术的发展以及当代劳动呈现出的一系列新特点、新现象,提出劳动价值理论在实际运用中必须有新发展,这是与时俱进的客观规律的要求,也是经济发展的客观要求。当时我全身心地投入到2000年至2001年开展的关于劳动价值理论的第六次大讨论中,不断学习研究,陆续写了40余篇有关劳动价值论的论文,分别在《人民日报》《光明日报》《经济学家》《高校理论战线》等报刊发表,并于2005年出版了专著《劳动和劳动价值论的运用和发展》,创造性地提出了"现代科学劳动"范畴,创建了现代科学劳动价值新的理论体系,这是新时期马克思劳动价值论重要的新发展,对新的历史条件下劳动和劳动价值理论的新认识起了重要的推动作用。

我作为福建师范大学学科带头人,亲自组建和发展了福建师范大学政治经济学硕士点、博士点、博士后科研流动站、国家经济学人才培养基地,省"211"重点建设学科。培养和创建了一批生气勃勃、老中青相结合的科学科研梯队,是国内坚持马克思主义经济理论的重要阵地,达到了国内先进水平,在经济学界有着广泛影响。

在育人方面,我担任导师指导博士生五十余人,硕士生近百人。其中,任省部级以上领导者近十人,厅局级二十余人;任教授博导者三十余人,任大中型企业领导者近十人。特别是在十九大,有四人当选为中央委员,两人为政治局委员。他们在治学、从政、经商等方面都取得杰出成就。

由于我的努力和取得的这些成果,国家也赋予我许多的荣誉。我于1995年获全国劳动模范荣誉称号,1985年获全国"五一"劳动奖章、"全国优秀教育工作者"荣誉称号,1982年、1986年获福建省劳动模范荣誉称号,1991年享受国务院政府特殊津贴,1987年和1992年先后被评为省有突出贡献专家和首批优秀专家,2000年获福建省精神文明建设"五个一工程"先进工作者荣誉称号,2004年获福建省"杰出人民教师"荣誉称号。

马克思主义是人类探索历史发展规律和寻求自身解放道路的行动指南,马克思的《资本论》是一部博大精深的理论巨著,是马克思主义政治经济学作为完整的科学理论体系得以形成和确立的重要标志。我毕生致力于马克思《资本论》的学习、研究、传播、运用和发展,在20世纪80年代,我就明确指出:"《资本论》是对自由资本主义时期市场经济经验的总结,其中有关市场经济的原理,对于研究社会主义市场经济也有一定的指导和借鉴意义。"而改革开放

40 年的伟大实践充分证明,以《资本论》为核心的马克思主义政治经济学为中国的社会主义现代化建设提供了强大的思想武器,使中国创造了人类历史上前所未有的发展奇迹,指引着中国全面建成小康社会、实现社会主义现代化的强国之路。马克思主义政治经济学具有与时俱进的理论品质,将随着社会经济的发展而不断发展。尤其是面对经济全球化的深入发展,社会思想观念日趋活跃、价值取向呈现多元化,国内呈现纷繁多样的经济现象,政治经济学承担的时代课题更加突出、更加繁重。如我在深入研究马克思劳动价值论的基础上,根据当前科学技术的发展和当代劳动的新特点,创建了现代科学劳动理论体系,这是马克思科学劳动进一步运用和发展,它代表整个社会发展的新的未来,现代科学劳动理论是当代最新的马克思主义的劳动价值论,这正说明马克思主义政治经济学具有强大的生命力。我将会用余生之力继续研究和发展马克思主义政治经济学,也希望有更多的经济学者参与到马克思主义经济学建设的伟大事业中。党的十八大以来,习近平总书记十分重视马克思主义政治经济学的学习、应用和发展,多次强调要学好用好马克思主义政治经济学,我们要始终围绕在党中央周围,继续坚持把马克思主义基本原理与新时代的中国具体实践相结合,始终坚守马克思主义的阵地,继续推进马克思主义政治经济学的创新和发展,为新时代中国特色社会主义发展做出新的更大贡献,使马克思主义政治经济学永放光彩。

马克思和卢森堡:思想遗产与当代价值
——世界政治经济学学会第13届论坛宣言

两个世纪以前出生的马克思留下了许多与他那个时代同样重要的思想遗产。20世纪早期的主要马克思主义者卢森堡对马克思主义理论做出的重要功绩,至今也仍然具有实践价值。

马克思的思想在世界各地都有着不同程度的影响。在发达资本主义国家,马克思的思想为理解劳动人民所面临的不断变化的条件以及制定超越资本主义的发展战略提供了最好的基础。在发展中国家,马克思主义思想是分析经济发展问题和社会主义道路的必要基础。在那些已经超越了资本主义的国家,马克思主义思想更是绘制通往社会主义和共产主义道路蓝图所不可或缺的指路明灯。

1. 马克思发现了一种用技术发展和阶级冲突驱动变化来理解人类社会随着时间推移而不断演化的方式。我们一再看见新技术重塑社会的出现。铁路、电力、汽车和最近的通信和信息处理技术都极大地改变了人们的生活。同时,各种各样的组织和阶级争夺新技术带来的利益分配。在一些时期工人阶级可以通过集体行动赢得一定的利益,然而在另一些时期少数人就能够占有大部分或全部的利益,每种结果都贴上了时代特征的印记。

2. 马克思阐释了经济发展、政治发展和思想领域发展之间复杂的相互作用关系。他声称经济变化推动了其他两个领域的变化,这有助于解释历史演变的许多特征。同时,马克思敏锐地分析指出,政治行为和思想斗争也对经济领域产生影响。由此,历史的进程并不是只有经济力量决定;在一定条件下,人们在思想的激励下,可以采取政治行为来实现一个更加公平的社会。

3. 马克思首创了"资本主义"这一范畴,并对资本主义进行的分析和批判,都经受住了时间的检验。他指出资本主义的历史进步性在于它倾向于推动人类生产力的发展,这是由于资本家在一个竞争的环境中追逐利润。而他同样揭示了资本主义的消极面,就是资本主义是建立在对创造社会财富的工薪劳动者进行剥削的基础上的。他说明了资本主义的基本关系如何产生了大量的不良社会后果。

4. 马克思指明了资本主义下的自由和平等的出现是源于市场的表面关系,而资本主义的根本核心关系,存在于生产过程中的资本和劳动之间,是基于支配和从属的剥削关系。

5. 马克思指出资本主义使大多数人为了维持生计而依赖于一份拿工资的工作,通常无法创造足够多的工作岗位为所有需要它们的人提供就业机会。产业后备军,就是那些失业人口,给千百万人强加了残酷的条件,然而这却是资本主义劳动力市场正常运转的产物。在那些少有的充分就业时期,工人获得了“太多”议价能力,以适应从他们的劳动中分配剩余价值的要求,这导致失业工人后备军的回归。

6. 马克思指出资本主义拥有强大的资本积累动力,就是超时地扩大资本主义的生产过程,增加交换的规模。在经济发展的早期阶段,这个过程通过提高劳动生产力有利于经济的发展,然而在某种程度上,这又与生产资料私有制为基础的生产关系产生直接的冲突。这种矛盾在周期性的经济危机中会得以显现。

7. 马克思对资本主义的分析表明周期性的经济危机会导致数百万人失业闲置、小企业破产倒闭,以及由于税收下降造成的基本公共服务减少,但这并不是偶然现象,而是内生于资本积累过程的矛盾。这些矛盾也会在有限的资源禀赋基础和自然环境有限的无害吸收生产废物的能力面前变得日益显著。如今,这种没有节制的资本积累威胁着人类文明的生死存亡,因为它所产生的碳排放正导致全球气温上升到危险的警戒线。

8. 马克思关于资本主义过程的“资本循环”模型,描绘了资本从用货币资本购买生产资料和劳动力开始,经过生产环节,再以最终产品的形式交换货币收入来结束的实时运动轨迹,这是分析资本主义过程的矛盾本质及其各种危机倾向的最强有力的基础。

9. 马克思的思想为卢森堡、列宁和其他马克思主义者进一步剖析帝国主义现象奠定了基础。马克思主义者对当代帝国主义的分析表明,帝国主义不是由于政府的错误政策造成的,而是源于资本主义过程的基本驱动力。追求利润和加快资本积累驱动帝国主义对全球市场和自然资源的控制,以及对投资场所的寻求。所有这些驱动力推动主要资本主义国家的政府在世界尽可能多的地方实施统治,从而保障资本主义生产、销售、投资和原材料开采的有利条件。帝国主义不仅导致最强大国家的统治阶级统治较弱小的国家,而且倾向于引发冲突和战争,进而造成严重的损失。

10. 马克思指出资本主义不是永恒的。资本主义的矛盾决定了它必将被更高级的社会形式所替代,在那个社会里,劳动者创造的财富由劳动者共享,而不是被少数富裕阶级所占有。这种转变将通过资本主义剥削和压迫的对象的斗争来实现。这个新世界的美好愿景会持续激励着世界上的许多人。

(浙江外国语学院国际经济贸易与旅游管理学院　宋树理　译)

《改革开放与中国经济》自序

程恩富

今年是马克思诞辰200周年，《共产党宣言》发表170周年，新中国成立69周年，中国改革开放40周年。有舆论认为马克思以后的政治经济学没有任何概念和理论创新，也有舆论认为中国马克思主义政治经济学家没有对改革开放和世界经济发展有重要贡献。这类因信息不全或研究肤浅或立场问题而陷入误区的论断，是明显与事实相悖的，本书便是例证之一。

现在对本书五个专题的内容作提纲挈领的点评，说明改革开放以来马克思主义政治经济学理论和政策创新，以及对改革开放的献智献策还是不少的，这同时也有益于读者快速选读自己感兴趣的专题和新观点。

在经济理论专题中，第一节回应马克思主张的共产主义经济形态究竟为何物的疑问，从共产主义的物质基础、生产资料所有制、分配制度、产品生产和交换方式、再生产、经济计划和按比例发展、必要劳动与剩余劳动、劳动时间与自由时间、各种基金、农业和土地制度、教育和人的发展等方面发掘整理《资本论》中有关共产主义社会经济形态的理论，对建设社会主义具有重大意义和启示。

第二节在批评"仿苏""仿美"等错误倾向的基础上，主张以中外社会主义经济实践为思想源泉，以马克思主义经济学的主要假设为基点，积极吸纳古今中外各种经济思想的合理成分，广泛借鉴相关社会科学和自然科学的可用方法，构造既超越马克思经济学范式和苏联经济学范式，又超越西方经济学范式的新范式，即新建在世界经济大环境中主要反映中国初级社会主义市场经济独特性的经济学范式。

第三节针对现代西方经济学把"生产三要素创造价值论"等视为理论假设或公理，现代马克思主义政治经济学创新也有必要把"新的活劳动创造价值论""利己和利他经济人论""资源和需要双约束论""公平与效率互促同向变动论"等视为理论假设，从而形成现代马克思主义政治经济学四大创新性原理。

第四节回应西方经济学中国化、中国经济学西方化的误论，提出"马学为体、西学为用、国学为根，世情为鉴、国情为据、综合创新"的基本思维方法和学术创新原则，必将使中国经济学的现代化道路越走越宽广，并为中外经济的科学发展做出应有贡献。

第五节中央经济工作会议曾提出要坚持中国特色社会主义政治经济学的重大原则，本节提出和论证八大原则，即科技领先型的持续原则、民生导向型的生产原则、公有主体型的产权原则、劳动主体型的分配原则、国家主导型的市场原则、绩效优先型的速度原则、结构协调型的平衡原则、自力主导型的开放原则。

第六节阐明划分社会经济形态和社会发展阶段的生产力和生产关系基本标志，首次提出我国社会主义社会初级阶段、中级阶段和高级阶段的“社会主义三阶段论”，较早提出当市场体系和市场机制真正发育成熟和完善的时候，这种经济体制实质上是一种新型的计划调控下的市场经济体制。

在经济发展专题中，第七节针对理论和实际工作中的争论，论述新常态下创新、协调、绿色、开放、共享五大发展理念，提出要协调十个方面的发展，要根据每个产业的自主创新能力来具体确定该产业对外开放的程度和速度，要确立金融开放发展服务于实体经济和富民强国的思路，要加快金融市场的事先、事中和事后全过程和全方位监管，认为根本不存在什么“中等收入陷阱”等一系列新理论和策论。

第八节在新时代宏伟规划的若干思考中，提出既要充分发挥国家发展规划的战略导向作用，又要充分利用市场配置一般资源的决定性作用（一般资源不包括教育、文化、卫生、社会保障、住房、交通运输等重要的非物质资源或物质资源）；提出必须尽快落实公有制为主体和做强做优做大国有企业以及邓小平多次强调在 20 世纪末就要把解决贫富分化和共同富裕的问题提到议事日程上的战略思想。

第九节分析新时代将加速经济新常态下的民富国强进程，强调新中国成立前中国是一穷二白，但新中国成立以来，从毛泽东时代开始，我们不仅站起来了，而且逐步富强起来了，富强是一个后浪推前浪的持续更好的过程。新中国近 70 年民富国强的统计数据，并不支撑割裂民富与国强的论点，也不支撑毛泽东时代没有逐步富强起来的论点；首次提出中国经济处于世界体系中的“准中心”，并阐明中外两种经济新常态不同的制度特点和理论政策。

第十节在当前中国宏观经济发展的评论与展望中，提出引领经济新常态的十大举措，如继续确保 7%—7.5%之间的中高速增长，从实施自主知识产权战略来加速创新型国家建设，重点发展公有资本控股的混合所有制，处理好按比例规律与市场调节规律、国家调节规律之间的关系等新思路。

第十一节阐述现代化经济体系的基本框架，提出建设现代化经济体系需实施六大战略举措，包括实施以人民为中心的发展战略思想、继续实施深化供给侧结构性改革的发展战略、大力实施做强实体经济的发展战略、加快实施科技创新驱动的发展战略、大力推进城乡区域军民协调的发展战略、积极实施引领经济全球化的发展战略。

第十二节阐述文化与市场经济的共生互动效应，既分析文化建设对市场经济发展有着积极的效应，如有力地推动社会主义经济增长、积极促进社会主义产业结构合理化和高度化、改变社会消费结构和提高劳动力素质，又分析市场经济发展对社会主义文化建设的巨大效应，如公有制市场经济发展的要求从根本上规定着文化生产的性质和方向、市场经济发展的水平从总体上制约着文化建设的状况，最后诠释马克思揭示的关于“物质生产的发展例如同艺术生产的不平衡关系”规律。

在经济改革专题，第十三节研究当前争论较大的混合经济和混合所有制问题，指出混合经济既包括私有与国有等所有制结构，又包括市场调节与政府调节的调节结构；概述西方混合所有制经济的发展模式及其借鉴，说明大多数混合所有制经济主要是为私人资本增值服务的产权方式和工具；论证我国发展的混合所有制经济必须以公有资本为主体，批评那种主张把高盈利、易盈利的产业和产品都让给中外私有混合所有制企业或私人企业经营的观点。

第十四节遵循邓小平关于“社会主义农业改革和发展的两个飞跃”的总体思想，主张集体经济和合作经济模式多样化，强调应在以家庭联产承包为基础的双层经营体制下，切实发展统分结合的集体层经营，积极壮大农村集体所有制经济，强化多种模式的合作经济发展，切实做到农村各类集体企业和合作企业同市场经济的充分衔接和融合，从所有制和产权制度上促进“三农”难题的缓解。

第十五节创新性地探讨壮大集体经济、实施乡村振兴战略的原则与路径，指出邓小平关于发展适度规模经营和集体经济的第二个飞跃，与习近平关于分与统思想和发展集体经济的思想是适应农业经济发展新常态的。通过土地流转促进土地集体化、集约化，并加快农业现代化的发展步伐，克服土地流转中的私有化风险，从而成为实施乡村振兴战略和解决我国社会主义“三农”问题的关键。

第十六节解惑市场与政府的作用和功能是此消彼长的吗？阐明二者是层次、领域和功能不尽一致的经济调节方式和机制，应将市场决定性作用和更好发挥政府作用看作是一个有机整体，而不是此消彼长的截然对立关系。既要用市场调节的优良功能去抑制“政府调节失灵”，又要用政府调节的优良功能来纠正“市场调节失灵”，从而形成作用较大的高效市场即强市场、作用较大的高效政府即强政府这一“双高”“双强”格局。

第十七节率先揭示按比例规律与市场调节规律和国家调节规律之间的关系，阐述按比例规律是人类社会生产和经济发展的普遍规律，以及其一般内涵和实现形式的演变，分析市场调节规律（或价值规律）与按比例规律的关系、国家调节规律（或计划规律）与按比例规律的关系，为真正完善社会主义市场经济提供了规律性的全面认识。

第十八节针对长期以来GDP成为衡量我国国民经济的第一指标而付出了太多代价，独创性地创建和论证“国内生产福利总值”(Gross Domestic Product of Welfare,GDPW)指标，倡导中外均应把更为完善的国内生产福利总值核算体系作为经济发展的第一指标。

在经济开放专题中，第十九节在论述西方发达国家主导的经济全球化具有利弊不确定性的基础上，阐明我国在经济全球化中应采取的对策思路，首先是加快建立“三控型”民族企业集团(控资本、控品牌和控技术)，只有实行“三控”的企业才是较完全的民族经济；其次是力争“对半式双赢”，即要努力争取获取同等比例的利益；再次是取消对外资实行的“超国民待遇”；最后是加大教育和科技投入，创造知识资源。

第二十节较早提出我国经济开放在前三个阶段的基础上应及时进入第四阶段，即强调实施“转变对外经济发展方式”的全新战略，适度控制对外资、外技、外产、外贸、外汇和外源的依赖程度，积极提升协调使用国内外各种广义资源的综合效益。这一新战略和新策论，强调在巩固和完善“自力(更生)主导型多方位开放体系”的基础上，更加注重经济开放中的自主发展、高端竞争、经济安全、国家权益和民生实惠，以促进经济大国向经济强国、全面小康社会向生活富裕社会的根本转变。

第二十一节探讨在经济全球化新时代下，我国应如何在国际贸易和创建世界工厂的过程中发挥自己的优势，提出和论证我国除了要发挥动态比较优势和一般竞争优势之外，还必须重点地培育和发挥第三种经济优势——“知识产权优势”或“知识产权型竞争优势”，突出以核心技术和名牌为核心的经济优势或竞争优势，早日真正打造出中国的世界工厂。

第二十二节提出必须确定一种新思维参与国际分工和国际竞争，既要推进整体的中国与别国的联系，也要推进中国各个区域与别国及其区域的联系。从我国中长期的合作方向来说，必须在正确处理好“小三角”(内地、台湾、香港，含澳门在内)、“中三角”(中国、“四小”、“东盟”)和“大三角”(中、日、美)三个“三角关系”的基础上，走出“三大步”，参加“东亚经济圈”，组成“亚太经济圈”。

第二十三节探析人民币区域化和国际化可能性，倡导处于亚洲经济区域中的发展中国家，只有通过自身的经济发展，建立区域货币体系，才能逐步摆脱美国金融霸权的控制，努力改变不平等的经济关系；赞赏欧盟提议的“经济安理会”和美国提议的“7+1+1”框架组织(即在七国集团的基础加上俄罗斯、中国)；论述我国日渐掌握一种区域性和世界性货币的发行和调节权，这对于全球经济新秩序的建立以及提高我国经济的国际地位均至关重要。

第二十四节借鉴克鲁格曼正式提出的“三元悖论”，进行我国资本项目开放的新考量，建议我国在进行政策组合选择时，可以选择坚持资本管制和固定汇率制度,维持货币政策独立性;或者放松资本流动限制、实行浮动汇率制度,保持货币政策独立性;还可以选择中间的状态,坚持货币政策有效性的同时,坚持资本管制和盯住汇率制度。赞同四位瑞典中央银行设立的“纪念诺贝尔的经济学奖”得主和三位著名海归金融学家的观点,我国资本项目暂时不宜开放。

在民生改善专题中,第二十五节独创性地提出和论述马克思主义视域下的“幸福指数”。其中,微观层面的指标体系称为“个人或家庭的‘幸福指数’指标体系”,宏观层面的指标体系称为“社会或国民的‘幸福指数’指标体系”;指标体系是以客观性指标为主,以主观性指标为辅,是幸福的客观状态与主观状态及幸福感的综合。这与中外已有指标体系相比,更具科学性和可比性。

第二十六节直面实际存在的贫富较大差别问题,阐述社会主义共同富裕的理论与政策,强调要立足我国初级阶段的现实国情,通过巩固和发展公有制、调整国民收入初次分配和再分配、促进经济公平和提高劳动效率等政策,有效遏制城乡、地区和贫富差距不断扩大的趋势。质疑否定或偏离公有制为主体空谈共富的观点。

第二十七节描述20世纪90年代和21世纪初我国劳动收入份额下降的趋势,探讨我国劳动收入份额提升的迫切性与途径,分析我国涨工资的空间还很大,逐步提高劳动报酬同保持经济发展和出口比较优势并不存在尖锐的矛盾。要适时提高我国劳动收入份额,必须发挥政府与工会两大经济主体的作用,采用严格实施最低工资制度,建立合理的工资增长机制,实行高层管理人员薪酬增长和职工工资增长等指标挂钩政策。

第二十八节分析企业职工权益保护弱化的多种表现,提出构建国家主导的企业职工权益保护体系,认为作为代表劳动人民根本利益的党和国家理应自觉站在劳动大众的立场上,主动承担起保护和提高职工权益的重任,通过制定和有效实施职工权益保护的法律法规并严格执法,同时依靠工会和职工的积极参与,并要求企业高管以及有关工商联和雇主协会等一起自觉做好配合工作,从而切实保护和改善职工的权益,打造和谐的社会主义劳动关系和劳资关系。

第二十九节以解决节节攀升的房价为问题导向,提出城市以公租房为主的“新住房策论”。基于住房的双重经济性质、房价收入比、平均利润及房价对CPI和GDP影响以及市场的负效应等相关理论,主张“以市场调节为基础,国家调节为主导”的双重调节机制,构建城市以“公租房为主,商品房和私租房为辅”的新格局(这里的公租房与当前国家出资70%—80%“共有产权房”新政相似),针对动态的不同群体提供不同的住房产品,从而尽快妥善解决住房问题。

第三十节,面对2008年政府方案的先天不足,主张我国养老保险制度的目标模式，应是非缴费型城乡统一的基本养老保险制度，城镇职工实行占工资比例相同的退休养老金作为基本养老保险，可另加补充养老保险；农民实行相同的基本养老保险，可另加各地补充养老保险；另辟蹊径地提出机关、事业、企业三者联动的城镇养老保险制度改革方案即“新养老策论”的目标和措施。

本书是笔者在国内外公开发表600多篇文章的部分代表作选编和精华，力图实现直面中外现实问题，古今中外融会贯通，学术思想创新度高，建言献策可行性强，反映改革以来现代马克思主义政治经济学的重大发展和实用性，而是否真正圆满地做到，还望关心经济理论和政策的社会各界读者在阅读后提出宝贵意见。

最后，十分感谢与我合作撰写上述专题的同仁和张杨讲师整理本书稿！由衷感谢中央编译出版社谭伟编审！

全球化转向时代
社会主义市场经济对新自由主义的制度竞争力
——第二届世界马克思主义大会“经济学”专题评析

宋朝龙

内容提要　第二次世界马克思主义大会于2018年5月5日在北京大学召开,大会期间,中外学者对全球化转向时代社会主义和新自由主义的制度博弈问题进行了讨论。从大会学者的发言中可以综合出如下认识:金融资本的悖论逻辑支配着资本主义全球化的进程,也导致了全球化的危机和转向;金融资本的悖论逻辑是指,当金融资本在生产性积累领域不可避免地遇到危机时,金融资本试图通过扩大非生产性积累来解决危机,结果不但不能解决危机,反而扩大了危机;新自由主义的制度安排无力应对金融资本的悖论逻辑,而社会主义制度则具有克服金融资本悖论逻辑的能力;在全球化的危机和转向时代,社会主义应发挥其相对于新自由主的制度优势,引领全球化新阶段的发展和人类命运共同体的构建。

关键词　金融资本　悖论逻辑　社会主义市场经济　新自由主义　制度竞争力

中图分类号　F042

第二次世界马克思主义大会于2018年5月5日在北京大学召开,大会期间,中外学者对全球化转向时代社会主义和自由主义的制度博弈问题进行了热烈讨论。发言涉及这个主题的国外学者有意大利前总理马西莫·达莱玛、埃及经济学家萨米尔·阿明、美国纽约城市大学教授大卫·哈维、美国密苏里大学经济学教授迈克尔·哈德森、法国共产党前领导人皮埃尔·博洛丹、澳大利亚莫纳什大学教授克里斯·尼兰、法国《经济与政治》杂志编委弗雷德里克·博卡拉、俄罗斯莫斯科大学经济学教授亚历山大·布兹加林,国内学者有中国社会科学院大学程恩富教授、中国人民大学王伯鲁教授、上海财经大学丁晓钦教授、天津师范大学丁为民教授、北京大学鸿君教授、林毅夫教授、张辉教

收稿日期:2018—10—12

作者简介:宋朝龙(1977—),北京大学马克思主义学院,研究员、博士生导师,北京市哲学社会科学中国化马克思主义发展研究基地研究员。

基金项目:本文系国家社科基金重大委托项目“习近平新时代中国特色社会主义经济思想研究”(2018XZD08)、北京大学中国特色社会主义理论大众化与国际传播协同创新项目“新时代中国特色社会主义超越金融资本悖论逻辑的制度价值”的阶段性成果。

授、宋朝龙研究员、中国社会科学院助理研究员陈人江、宋丽丹等。从大会学者们的发言中可以综合出如下认识：金融资本的悖论逻辑支配着资本主义全球化的进程，也导致了资本主义全球化的危机和转向；金融资本的悖论逻辑是指，当金融资本在生产性积累领域不可避免地遇到危机时，金融资本试图通过扩大非生产性积累来解决危机，结果不但不能解决危机，反而扩大了危机；新自由主义的制度安排无力应对金融资本的悖论逻辑，而社会主义制度则具有克服金融资本悖论逻辑的能力；在全球化的危机和转向时代，社会主义应发挥其相对于新自由主义的制度优势，引领全球化新阶段的社会发展和人类命运共同体的构建。

一、金融资本的悖论逻辑与全球化转向

与会学者讨论了金融资本积累的悖论逻辑及其与当下全球化危机和转向的关系。所谓金融资本的悖论逻辑，是指当金融资本的生产性积累遇到危机时，反而试图通过非生产性积累的强化来解决危机，结果饮鸩止渴，不但解决不了危机反而加深和扩大了危机。金融资本的悖论逻辑是造成全球化危机和转向的基本原因。

第一，金融资本的生产性积累。金融资本是从产业资本、商业资本和银行资本的垄断融合中产生的垄断资本。作为职能资本的垄断融合形式，金融资本是推动生产革命、流通革命和信用革命的主体，这是金融资本的生产性积累。美国纽约城市大学教授大卫·哈维认为资本意味着生产的扩张、周转的加速，不断打破稳定性，越来越多的资本进入到瞬时能被消费掉的产品创造中去。消费也要跟着生产而加速，这就产生了消费主义的文化。美国密苏里大学经济学教授迈克尔·哈德森认为，在过去60年内，有了很多的发明，例如互联网技术，诸多的技术创新为缩短人们的工作时间提供了可能。中国人民大学王伯鲁教授认为资本与技术是近现代社会的两大驱动力量。在马克思看来，工艺学是连接科学与生产之间的“桥梁”，工艺学引导和支撑着生产活动的不断优化。马克思主要讨论资本的技术构成、资本的剥削技术、加快资本周转的技术、不变资本节约的技术等，总的来说，围绕更多、更快、更节省的获取利润或剩余价值的资本技术化，渗透到资本的众多职能形式和领域之中。法国共产党前领导人皮埃尔·博洛丹认为，信息传统和自动化，以及人工智能领域，是资本主义本质中的进步因素。澳大利亚莫纳什大学教授克里斯·尼兰认为整个生产方式不断进行技术重组，这加深了资本的统治。法国《经济与政治》杂志编委弗雷德里克·博卡拉认为，资本主义把技术革命变成自己内在的逻辑。纽约大学政治系教授波特尔·奥尔曼教授指出，自动化是当代社会发生变革的一个核心原因。在一些发达资本主义国家人们每天工作时间下降到

6个小时。他引述2013年牛津大学两位教授的研究成果指出,在美国的702个工种,有48%的工作岗位在未来的10—20年里会消失,会被机器所取代。

第二,金融资本的寄生性积累。除了生产性积累之外,金融资本还借助垄断定价权、股票投机、地产寻租、国债操控、制造和利用危机对社会从事非生产性积累,也即进行寻租性、寄生性、投机性、剥夺性积累。上海财经大学丁晓钦教授认为,现在随着西方生产率的增长减缓,资本家越来越不关注怎样做大“蛋糕”,而是关注怎样去多分一些“蛋糕”。迈克尔·哈德森认为金融资本主义的积累是基于租金和利息。金融资本主义好像代表了后工业化的时代,事实上回到了工业前的社会。资本主义突然又回到了封建主义这样的一个积累方式上了,也即回到经济成果被租金所吸收的经济形态中去了。金融资本主义甚至背离了李嘉图的理论,致使土地成本越来越高,但最终获利者肯定不是房屋的所有人而是银行。高企的房价使得租金以及土地价格不断上涨,家庭背负更多的债务。除此之外,租金还从资本的借贷业务等渠道发展出来。俄罗斯莫斯科大学经济学教授亚历山大·布兹加林认为金融资本是通过创造一些模拟物、一些商标,也即通过创造一些虚拟的符号来剥夺消费者。

第三,金融资本的悖论逻辑。笔者认为,金融资本的积累方式中包含上述生产性积累和非生产性积累两套逻辑,不仅如此,在金融资本的两套积累逻辑之间,也即在金融资本的生产性逻辑和非生产性逻辑之间还存在一个悖论逻辑,也即当金融资本的生产性积累出现危机时,它试图利用和强化非生产性积累来解决危机,结果不但解决不了危机,反而造成了更严重的经济危机。金融资本的生产性积累逻辑是指,金融资本作为产业资本、商业资本、银行资本的垄断融合产生之后的这样一种大货币垄断资本家,它是对推进价值革命,推进生产革命、流通革命、信用革命的主体。金融资本的非生产性逻辑,是指金融资本通过垄断定价权、地产寻租、证券投机,有计划地制造危机和利用危机而实现的寄生性、剥夺性、破坏性积累。金融资本的内在悖论逻辑是造成经济危机的根源。金融资本两种积累逻辑之间的悖论关系,从金融资本的危机中可以清楚地观察到。埃及经济学家萨米尔·阿明认为,产业资本的积累造成了日益增大的贫富分化,导致生产过剩和资本过剩;金融化本来是为了解决产业资本积累过剩问题而产生的一种吸收过剩资本的方式,但是金融化并没有能够解决产业资本积累中的危机,反而造成了更深的、系统化的危机,造成了资本主义的长期衰退;实际上,从20世纪70年代起,资本主义就已经进入到第二波的大衰退之中。南开大学何自力教授认为,在20世纪70年代,西方资本主义经济制度在经济上被认为是一个很成功的经济制度,那时的经济增长速度、西方人的收入水平和福利水平都显示出了很高的水准。经过40年的发展演变,西方的资本主义经济进入了经济停滞常态。经济增长速度长期低迷;失业率高起;人们的收入水平在过去20年间,基本上是处于停滞或下降状态;债台高筑，所有西方国家的政府都有严重的债务，越来越多的国家深受债务所困，债务危机成为 2008 年金融危机以后非常重要的一个形态；通货紧缩成为一个长期的现象，长期的通货紧缩不但影响人们的生活，更重要的是影响经济运行的动力；国家的竞争力下降，相对于新兴经济体来讲，发达国家的优势现在已经明显的下降。美国马萨诸塞州立大学瓦米西·瓦库拉波哈拉姆教授认为 2008 年就是我们称之为 21 世纪的大萧条。从表象上来看这里是有足够的需求，但是背后确是信贷的泡沫，或者说房产的泡沫，这些泡沫一旦破裂了以后，总体需求疲软的现实就会暴露出来。瓦库拉波哈拉姆教授认同布罗戴尔的观点，即认为资本主义发展周期有两个阶段，即物质扩张和金融扩张阶段，一旦某一个资本主义体系从物质扩张阶段发展到金融扩张的阶段，这就意味着这个资本主义体系成熟了，预示着资本主义体系的秋天就要到了！

第四，金融资本的悖论逻辑推动着资本积累中心的国际转移。一个资本主义积累体系的成长，一般说来是适应生产力和国际分工的需求而发展起来的，在该体系的上升期，金融资本的生产性积累起主导作用；但是，当该体系积累到一定程度，当该体系的生产性积累成熟以后，金融资本则试图通过向非生产性积累的转移来拯救危机，结果反而加剧了该体系的危机，这时候旧的体系遇到自身的限度，而新的、更适应领导社会生产和国际分工革命的积累体系则会趁势成长起来。瓦米西·瓦库拉波哈拉姆教授引述阿瑞吉的体系积累周期模型，认为引领全球化的每一个资本主义积累体系，在物质扩张的上升时期以后紧跟着一个金融扩张期，而一旦一个积累体系经过金融扩张发展到顶峰之后，就会发生积累中心的转移。第一个阶段我们看意大利的城邦时期，作为当时欧洲的金融中心，这些城邦建立了自己的霸权结构。当时，伊比利亚的一些政治力量也在崛起。后来权力中心转移到了荷兰阿姆斯特丹，新的秩序不断在扩张。在这个过程中荷兰不仅有商业权力，而且将这种政治权利内部化。意大利城邦慢慢地把他们的金融权力转给了阿姆斯特丹。再往后，英国崛起了，这就是马克思所说的工业资本主义；到了 1870 年以后，金融化又成为一种趋势，英国成为帝国主义，第一次世界大战以后英国开始衰退。美国通过把交易成本内部化崛起成为新的霸主。资本会从既有的霸主流入到一个新兴的霸主，所以现在的情况就是美国的很多资本流入到东亚，这和之前霸权中心的转移有着非常相似的情形。但是，虽然说在过去的几十年经济的中心其实是在移向亚洲，但是金融和政治中心却都还留在西方。现在还不能确定美国为中心的资本主义是不是能够解决好这次危机，还是会转变为一个以亚洲为中心的资本主义，这些还有待观察。

第五，金融资本的悖论逻辑最终将会把资本主义推向社会主义。迈克尔·哈德森教授认为，我们现在好像是进入了资本主义的最后的危机，因为在美国、在欧洲现在所累计起来这个债务已经是不可能还清了。丁为民教授认为，这个危机沿着金融、经济、财政、主权危机的路径，扩展为拖累发达国家、冲击发展中国家的世界性的长期衰退和停滞。目前的政治危机、文化混乱和冲突就是在这个基础上发展起来的。哈维提出资本主义的空间修复可以包含着两个方向：第一个向发达国家转移危机，第二个向发展中国家转移危机。而美国左翼学者约翰·魏斯柯认为，世界经济变动的特点是，发达国家是趋同的，危机向发达国家转移的可能性越来越小，而向发展中国家转移危机的可能性越来越大。这样势必造成发展中国家特别是新兴发展中国家和发达国家的冲突。何自力教授认为，西方资本主义已经进入全面危机。美国、日本、欧盟国家，自2008年以后，三个经济增长引擎全部熄火，未来的经济全球化已经不可能靠这三个引擎来拉动或者说推动了。美国社会矛盾激化，右翼政党上台。欧盟里面的五六个或者说七八个国家如意大利、西班牙、葡萄牙、爱尔兰等会面临政治经济的动荡。垄断资产阶级要找自己的出路，当和平的手段不能摆脱困境时，则可能采取非常规的手段，比如战争的手段。当下西方资本主义经济停滞常态化的背景下，我们要严防发生新战争的危险。萨米尔·阿明指出：当下的资本主义制度，已经意味着资本主义的体系进入了一个非常长期的衰退之中。当前并不是和平竞争、民主和经济繁荣的时代，而是很多暴力冲突出现的时代，有可能导致革命。

二、金融资本悖论逻辑下新自由主义制度的无效性

新自由主义的制度安排无力应对金融资本的悖论逻辑，面对金融资本的肆虐及其导致的全面危机，新自由主义的原子论前提假设、自由放任主义的经济政策、中产阶级主导的橄榄型社会观念、极小国家的制度理念、历史终结论的意识形态等，都面临全面的危机。

第一，新自由主义原子论前提假设的失真性。新自由主义把现实的人理解为抽象的人，理解为自足的个体，它使人脱离生产关系，而进入一个由孤立个体组成的契约社会。它把自由意志之间的契约关系设定为唯一合法的社会关系，而契约关系背后的生产关系，是它理解不了、掌握不了，也对付不了的。面对金融资本造成的人们的生存危机，新自由主义关于个体自足的观念，也就不攻自破了。何自力教授认为，新自由主义把个人主义的价值观夸大化，变成教条。新自由主义、个人主义的价值观不改变，就不可能在经济、政治上及时地调整和改革，就不可能化解当下西方资本主义国家所面临的问题。萨米尔·阿明指出，资本系统化地对人实行去政治化，以控制文化。它让人们以为自己是一个自由的个人，但实际上只是一个消费者；这是一种人们被迫接受的"柔性的法西斯主义"。亚历山大·布兹加林教授也对新自由主义把个人假设为抽象孤立个体的前提，进行了批判。

第二,新自由主义的自由放任主义经济政策的失灵。新自由主义经济政策体系的基础是私有制和自由放任的经济政策,新自由主义认为,在私有制基础上的自由放任政策,会促使经济的自动均衡,会促使社会利益的最大化。但是,在现实世界中,新自由主义的政策体系只是放任了金融资本的自由积累,金融资本积累所导致的危机反过来证明了新自由主义经济政策理念的危机。迈克尔·哈德森教授指出,在新自由主义政策下,美国和欧洲经济被金融资本掌控了。布雷顿森林体系之后,美国废除了金本位,利率降到1%以下,由于利率降低,债券的价格上升。央行注入了更多资金,带来了通货膨胀,房地产价格不断被抬升。低息和比较宽松的贷款造成了金融泡沫。美国工人阶级要拿收入中的43%的部分用于偿还住房抵押贷款,10%用于偿付税收,10%用于偿还贷款(或信用卡的贷款)。美国工人阶级3/4的收入用于偿还贷款,用于偿还住房抵押贷款、信用卡贷款等。80%的美国银行贷款进入了房地产业。对于普通人,可能需要30年的时间来偿还住房贷款。美国人最低收入比重的人当中,一生的储蓄也就三四百美元。工人要做什么都要去找金融机构借债,债务经济其实是最有利于金融资本的。

第三,新自由主义中产阶级主导的橄榄型社会观念的幻灭。长期以来,作为自由主义合法性的支撑,存在着一个中产阶级社会的观念,即认为自由主义的政策体系会带来中产阶级主导的橄榄型社会,而中产阶级是西方社会繁荣、政治民主和自由主义价值观的基础。但是在现实中,金融资本的统治导致了社会分化和中产阶级的衰落。中产阶级的衰落在边缘国家以及半边缘国家往往表现得更明显。例如,深受新自由主义思潮影响的希腊,失业率高达30%,在年轻人中间失业率甚至高达50%,他们对未来是非常绝望的。何自力教授指出,社会的收入分配两极分化十分严重。西方中产阶级在没落,而且没落得相当厉害,少数人上升到了富有的阶层,大部分人沦为低收入或者说贫困阶层。丁晓钦教授指出,美国金融危机以来,西方国家养老福利等不同程度的削减,教育经费缩减,公务员薪酬降低,大学学费上涨远远超过同期的CPI,这些都直接恶化了中产阶级的处境。中国社会科学院宋丽丹助理研究员指出,自从2008年大衰退以来,中产阶级陷入了深重的危机。在美国申请破产的人中,超过90%的是所谓中产阶级。贫富差距巨大,被认为是世界上最为平等的北欧国家其超过50%的国民财富属于收入最高的前10%的人,大多数欧洲国家自从2008年以来,一半人口占有的国民财富一律低于10%,一般不超过5%。2014年世界上最富裕的85个人的财富相当于全球半数人口及生活在全球底层35亿人的资产总和。中产阶级和下层阶级变得更加贫穷,金融资本的统治使中产阶级不堪重负,在美国中产阶级是收入负债比最高的群体。美国人69%存款少于1 000美元[①]，中产阶级危机的后果就导致了占领华尔街运动、席卷西方的青年抗议浪潮等。当代资本主义社会仍然是金字塔形的社会结构。

第四，新自由主义极小国家制度理念的破产。新自由主义认为国家是必不可少的恶，个体是自足的、市民社会是自我均衡的，国家只是为市民社会的运行提供外在的保障，而不能干涉市民社会内部的自由。新自由主义认为国家应该最小化，应该极小化。新自由主义的国家理念削弱了公共权力，实际上是把大量应该有公共权力调节、监管和掌握的权力拱手交给了金融贵族。新自由主义理念中的公共权力无力遏制金融资本的非生产性积累，只能任由金融资本的悖论逻辑来自由支配市民社会，造成深刻的经济、社会、政治危机。金融垄断资产阶级也不得不求助于自身设计的极小国家来解救自身的危机，结果就使国家陷入一系列矛盾的困境。西方右翼政党和民粹主义的兴起标志着新自由主义最小国家观念的破灭。丁晓钦教授指出，西方国家民众对资产阶级民主政治的信任不断下滑，对国家的前途和未来日益失去信心。2008年金融危机至今已十年，但是经济复苏缓慢。为了应对损失，美国推出庞大的经济刺激计划，增强流动性，但是这些政策只能暂时避免，对经济复苏的效果有限，国家为破产的私人垄断的信用背书，使财政赤字占GDP的比例迅速增长，埋下新一轮的隐患，引发了债务危机，政府信用下降。近两年的欧美经济虽然有所复苏，在财政政策和货币政策上仍然处于左右为难的危机，财政危机始终是挥之不去。中国农业大学王娜副教授认为，金融危机发生之后，很多资本主义国家用大量的财政资金去挽救金融资本家，公共债务大量上升，而为了削减公共债务，又削减了社会福利开支。金融危机之后，西方国家施行货币量化宽松政策，使整个西方金融市场产生大量泡沫。如果继续采取扩张性政策，泡沫累计会更加严重，如果使用紧缩政策，金融泡沫破灭会使西方国家更难承受。这样的一个两难使整个西方国家的政策现在属于一种束手无策的状态。丁为民教授认为，资本主义制度自我调整的空间已经收窄了，资本主义转向调节主义很困难。美国新自由主义危机之后，凯恩斯主义并没有占主流。其中有一个原因，就是美国的赤字、美国的债务已经达到历史最高点。美国没有足够的财力由原来的自由主义体制转变到调节主义的体制当中来。何自力教授认为，西方资本主义国家的三权分立制度已经丧失了它来化解社会矛盾的功能。

第五，新自由主义关于"历史终结论"的终结。新自由主义认为自己所主张的个人权利、自由企业制度、极小国家制度是最好的制度，这一制度既能保证每个人的自由权力，又能保证市民社会的最大利益和自动均衡，更能使国家成为公民自身的自由国家，因而，这一制度就是人类自由的实现形式，就是人

① 数字引自宋丽丹在第二届世界马克思主义大会上的发言。

类历史的终结。但是,新自由主义这整个一套逻辑都抽调了资本的逻辑,抽掉了资本统治市民社会和经济生活、支配公共权力和国家的事实。新自由主义关于历史终结论的观念是与资本主义经济周期的上升期相适应的,但是资本主义在自身悖论逻辑的作用下必然走向危机。随着资本主义内在危机的发展,新自由主义的"历史终结论"也自然站不住脚了,"历史终结论"自身被终结了。苏联解体后,1992 年美国政治学家福山发表了《历史的终结及最后之人》,宣布新自由主义的社会制度是人类社会的终极社会形式。到 2012 年,福山又发表了《历史的未来》,观点发生了改变。意大利前总理马西莫·达莱玛指出,在柏林墙倒塌、苏联解体之后,西方的文化气氛是由新自由主义主导的。世界将会在资本主义和自由主义之下生存,市场也会结束社会冲突,这些就是自由主义霸权的基石。它植根于 20 世纪 80 年代的所谓的里根总统和撒切尔夫人提出的这样一些理论。经济全球化在这样一个没有受到反思和批判的资本主义概念基础之下发展起来了,左派也受到了这种文化的影响,所谓第三道路这种思想提出。实际上今天的世界,看起来跟新自由主义的先知们所预言的有很大的差异。2007 年和 2008 年的金融和经济危机后,民族主义者和其他的保守主义者开始抬头,新自由主义全球化的危机风险最终带来一个右翼的解决方案,而这有可能会开启一个危险的时代,这个时代充满了冲突,充满了紧张,而最终可能会导致一场新的冷战。巴勒斯坦学者法特稀·阿尔卡利布和喀麦隆的第三世界论坛的本纳德·福诺教授也批判了新自由主义的历史终结论。

三、社会主义市场经济克服金融资本悖论逻辑的制度能力

社会主义市场经济可以充分发挥资本的生产性逻辑,又可以遏制资本的非生产性逻辑,因而克服和超越了金融资本的悖论逻辑,具有担负起后发国家现代化和引领全球化新阶段的制度潜能。

第一,社会主义市场经济对资本生产性逻辑的发挥。中国社会科学院学部委员程恩富教授指出,邓小平主持起草的《关于建国以来党的若干历史问题的决议》、2018 年 3 月全国人大通过的新《宪法》均确认:新中国"战胜了帝国主义、霸权主义的侵略、破坏和武装挑衅,维护了国家的独立和安全,增强了国防,经济建设取得了重大的成就,独立的、比较完整的社会主义工业体系已经基本形成,农业生产显著提高,教育、科学、文化等事业有了很大的发展,社会主义思想教育取得了明显的成效,广大人民的生活有了较大的改善。中国新民主主义革命的胜利和社会主义事业的成就,是中国共产党领导中国各族人民,在马克思列宁主义、毛泽东思想的指引下,坚持真理,修正错误,战胜许多艰难险阻而取得的。"由此可见,不是社会主义计划经济失败而转向社会主义

市场经济的，而是计划经济功成身退，市场经济继往开来，如果社会主义市场经济操作得法，可以获取比传统的计划经济更大的成就。北京大学张辉教授指出，中国取得巨大成就，归功于马克思主义经济学里面对生产首要性一贯的坚持。马克思关于生产、分配、交换和消费之间关系的论述中，一直强调生产的重要性。新中国从成立包括改革开放以来一脉相承，始终以生产的首要性为基础。改革开放之后，从1978年到1988年，中国每年推进工业化的速度，按照劳动效率来看，是每年0.5个百分点，按照完成100个百分点的话，中国需要200年才可以完成工业化进程。1998年，我们又测度一下，劳动效率改善的速度大概5个百分点，按此速度，中国如果完成工业化大概只需要20年。综合1998年之前和之后，从1979年改革开放，大概中国需要45年。中国的发展速度特别是1998年之后的发展速度，是美国同期也即经济加速阶段速度的三倍多，是日本经济加速阶段即五六十年代的两倍多。中国这么快速发展的原因是什么？就是我们始终以生产为中心。美国马萨诸塞州大学大卫·科兹教授认为，毛泽东治理中国的时代，中国的工业慢慢成形，为中国未来发展奠定了很好的基础。1949—1978年，中国工业产出上升了16倍。中国的人口的教育程度比较高，女性在国民经济和社会中起到了非常重要的角色。这些为中国1978年之后的发展奠定了非常好的基础。北京大学林毅夫教授认为苏联等社会主义国家的失败，不是社会主义本质的问题。第二次世界大战之后的社会主义国家由于在受资本主义国家包围，发展违反了比较优势原则，经济发展的绩效普遍不好。中国改革开放的快速发展证明，在社会主义制度之下，如果有正确的发展和转型战略，社会主义国家可以比资本主义制度下的国家发展得更好。

第二，社会主义市场经济对资本非生产性逻辑的遏制。在新自由主义经济政策体系下，金融资本的积累导致经济脱实向虚，不动产价格上涨，股票投机盛行，寄生阶层势力日益壮大。只有在社会主义制度下，才能在公有制的基础上真正解决金融的非生产性积累问题。萨米尔·阿明指出，过去的70年，中国虽然经历了很多曲折，但是农民阶级、工人阶级、中产阶级之间形成了联盟，联盟的基础是土地非商品化。中国目前正面临加入金融全球化的压力，国际金融资本要求中国放弃“土地非商品化”的原则。如果中国放弃了这个原则，也就没有希望了。迈克尔·哈德森教授指出，在《资本论》第三卷，马克思认为，社会不需要土地所有者。学校、铁路、医院都应由社会共同拥有，不去盈利，以降低成本，增加竞争力。社会主义政府投资于一些公用事业，道路、电力等部门，政府的目标建立基础设施，不是为了获得利润，而是为了降低生活成本，降低经商的成本。马克思认为资本增加竞争力的途径有两种：一是减少工人的工资，二是反对银行和地主。基于租金的金融，不是真正的资本。金融资本主义最后摧毁了美国的工业，中国之所以取得如此大的成功，是因为中国有着非常强大的工业资本。

第三,社会主义市场经济对金融资本悖论逻辑的超越。中国道路建立了社会主义市场经济制度,充分利用了资本的生产性逻辑,同时公有制为主体的多种经济成分并存、国家的积极调节,又使中国模式克服了金融资本的悖论逻辑,使社会主义现代化可以呈现出不同于西方国家的成功经验。科兹教授指出,自由主义经济学家认为中国发展的障碍在于国企规模过大、政府过度干预经济,他们认为政府部门应该让私有部门来解决问题,自己不应该进行投资。在马克思主义看来,政府应该继续通过对金融领域的管制来引导经济的发展,同时要管制国际贸易和投资,要对基础设施进行更多的投资。张辉教授认为,1949年新中国建立后,制定了一个工业化的总路线。中国原有的重工业基础为经济腾飞做出了重要贡献。在改革开放之初,中国已经打下了一个完备的工业体系。虽说跟当时的世界生产力水平有差距,但还是基本齐备的。改革开放之初,推进现代化建设的时候只是一个结构调整,不存在由轻工业到重工业发展的困难。北京大学于鸿君教授认为,中国模式成功的秘密在于:根据经济发展的不同阶段,中国选择不同的经济体制。贫穷落后的社会主义大国在实现工业化的初期阶段选择计划经济体制是最好的制度安排,在中期和后期阶段选择市场经济体制是最好的安排。计划经济体制有利于大型水利工程建设、大规模垦荒、全民扫盲等公共产品和准公共产品的生产。中国在计划经济体制下取得了了不起的发展成就。但是,计划经济也存在弊端,一是需要具备充分完备的决策信息,二是需要不断产生充分的激励机制。中国在工业化中后期到来时,及时推进市场化改革,逐步建立并完善了社会主义市场经济体制,实现了经济体制选择的趋利避害和扬长避短。企业和消费者根据市场信息快速做出反应,并且市场主体始终包括充分的激励,这有利于满足社会多元化需求和多样化偏好。中国经济体制在不同时段的正确选择,保证了中国经济70多年的持续发展。

第四,社会主义市场经济担负后发国家现代化的制度能力。克服了金融资本悖论逻辑的社会主义市场经济,具有推动工业化和现代化的制度能力,有能力担负起后发国家现代化的使命。科兹教授认为,一个积极政府,对中国的经济高速增长来说非常的重要。在电信、能源、金融、教育和基础设施等领域,政府都起到了非常重要的作用。政府对贸易,对投资的管控都可以帮助中国不断地发展。国有企业在技术开发中扮演非常重要的作用。国有企业是经济的自动稳定器,尤其是在经济比较困难的时候,国有企业“稳定器”的作用更重要。私营企业只有一个目标就是追寻利润,而国有企业不仅需要追求利润,还要考虑到员工利益、消费者的利益、社会利益,从更加宏观的角度来给人类发展带来积极影响。要解决中国崛起道路上的障碍途径,可以建立累进税政策,可以建立强大的工会,可以设立一个更高的最低工资,增加更多的医疗和教育投资，强化环境污染治理，发展更多的可再生能源，使用公共交通，减少对汽车的依赖。所有这些都需要政府积极地起作用。中国国有企业仍需要进一步改革与发展，但这需要依据马克思主义的学说来进行指导与管理，这样国有企业也才能够继续为中国崛起带来益处。自由市场不可能解决住房问题，社会主义国家可以建造更多的经济适用房，这种项目可以满足人们最基本的需求，可以解决房地产的泡沫问题。国有企业可以担负更多的社会责任，在提高劳动者收入、保证商品质量、稳定就业、保护环境等方面，国有企业有着私有制不能具有的优势。大型国有企业对中国的崛起有很好的推动作用。

第五，社会主义市场经济担负全球化新阶段的制度能力。金融资本主导的全球化不可避免地会陷入结构性的危机，金融资本引领全球化的发展只能达到一定的阶段，金融资本自身造成对全球化的否定，当下西方以美国带头的反全球化、逆全球化的现象正是金融资本引领全球化的能力限度的表现。另外，社会主义制度经过曲折的探索，终于探索出了一个既不同于传统计划经济模式又明确拒绝新自由主义模式的社会主义市场经济道路，成为全球化新时代的一个重要的制度选择。大卫·哈维认为环保主义者认为不挑战资本而能解决环保问题，这是不可能的。而且，对资本主义的挑战，不是涉及资本主义的某一个方面，而是要挑战整个的资本系统，要去找到另外的、系统性的解决方案。萨米尔·阿明认为，在全球化的资本主义框架之内，后发国家要追上这些西方发达国家是不可能的，社会主义的转型将会不可避免地在后发国家中发生。何自力教授认为，随着发达资本主义国家经济停滞常态化的来临，世界经济格局发生了重大变化，变成了多极化的格局。多极化的时代为中国在世界经济舞台上发挥作用，提供了千载难逢的机会。中国模式和中国道路作为马克思主义指导下的一种社会主义模式，可以在世界经济乃至人类社会发展的未来道路上发挥引领作用。丁晓钦教授认为，21世纪以来中国国际地位和国际影响力日益增强，帮助其他国家应对金融危机、带动了世界经济的增长，对很多资源和出口国的经济也做出了巨大的贡献。大卫·科兹教授认为，过去几十年、几个世纪以来，全球都是由资本主义统治的，也许未来会发生变化。特朗普总统现在用咄咄逼人的政策，以寻求主宰全球。在中国领导人人类命运共同体路径上肯定还有很多类似的困难，不过还是值得我们去努力的。人类命运共同体是非常有远见卓识的使命！

四、结 论

社会主义市场经济制度，充分利用了资本的生产性逻辑，同时，土地等不动产资源的非金融化、公有制为主体的多种经济成分并存、国家的积极调节，又使社会主义市场经济具备了克服金融资本悖论逻辑的制度潜能，具有了超越新自由主义的制度竞争力,为全球化转向时代的制度竞争和制度选择指引了方向。在资本主义遇到体系性危机的时候,两种制度的博弈没有削弱,反而更加激烈。社会主义市场经济应发挥其作为社会主义的制度优势,推动全球化新阶段的发展,引领人类命运共同体的构建。程恩富强调,新中国成立以来的民富国强发展速度在全世界是较快的,改革以来更快。而国情和我国差不多的印度富强情况则相对大大落后。如果印度共产党不能掌权而不搞社会主义的话,同时如果中国不搞资本主义的话,那么在这个地球上估计印度经济社会发展是赶不上中国了。现在中外有些舆论认为印度是最大的民主国家,现在印度经济比中国弱小,可能若干年以后就赶上中国了。事实上,两国不同的发展路径依赖和制度决定这是不可能的,21 世纪印度只有总人口可能超过我国。20 世纪 40 年代后期,中国和印度的人均 GDP 差不多,而且它的自然地理条件比中国好,我国人均耕地不到印度的一半,但无论是毛泽东时代还是改革开放时代的富强发展情况,印度都比中国差得多,总体上印度比中国要差 15 年到 20 年。究其根源,在于印度是以垄断资产阶级的“民主社会主义”或“新自由主义”为指导,而我国是以马克思主义及其中国化理论为指导。萨米尔・阿明认为,现在全球范围内有一个美日欧联合的帝国主义,还有一些附属盟国,它们依然在维持其传统的帝国主义优势。苏联、后来的俄罗斯和其他一些国家为了被西方接纳而做了让步,但最终都被“毁坏”了。中国也会面临这个帝国主义联合体的各种压力。美日欧集团永远不会接受中国成为世界格局中的一个主要力量,即便中国变成资本主义国家,也是如此。帝国主义联合体的地缘战略是针对中国的,它们要消除中国的优势,始终打算把新疆和西藏从中国分裂出去。它们要中国加入金融全球化,如果中国那么做的话,将会带来灾难性的结果,中国的发展成果将会付之东流,中国将会遭遇像俄罗斯那样的结局。只要中国没有加入金融全球化,中国就可以避免目前危机所带来的一些变迁和振荡。迈克尔・哈德森教授指出,我们在俄罗斯所见到的,不是一般的生产性资本主义,而是金融资本主义。俄罗斯的寡头不是花钱来建工厂,而是把钱用来买工厂和控制工厂,然后把这些工厂又变成了房地产项目。在俄罗斯所出现这种金融资本主义情况,是我们所应该吸取的一个历史教训。西方自由主义经济学家所拒绝的不是马克思主义,而是十八九世纪的古典政治经济学。古典政治经济学是要革除土地的私人所有权的。法国共产党前领导人皮埃尔・博洛丹认为,苏联的瓦解宣告了苏维埃模式的失败。21 世纪马克思主义,想要理解世界并改造世界,就要辩证地理解资本。我们不能忽略资本主义的历史价值,另一方面也不能忽视资本主义与人类社会发展相矛盾的本质属性。大卫・科兹教授认为,自由主义和社会主义的竞争没有随着苏联解体而结束。在两大阵营的竞争中,在社会思潮、经济政策等层面的竞争中,中国担负着重要角色。马克思主义和自由主义在经济学等思潮中的竞争,也就是社会主义和资本主义之间的竞争。曾经有很长时间,西方经济学家一直不承认中国有很快速的增长,他们认为中国的快速增长是经济统计错误的结果。后来,当他们不得不承认中国的快速增长时,又认为这个快速增长应归功于私有化和自由化。他们认为国有企业和政府计划,对中国崛起是一个障碍。他们主张所有的国有企业都私有化,彻底消除政府的干预,减少公共的投资。他们认为这样才可以解决不平衡、不平等的问题,才可以解决环境污染的问题。这些主张其实都是错误的。所有的这些政策主张都会带来恰好相反的结果,会使所有的问题更加恶化。如果国企都私有化,则会进一步导致管理人员和工人之间收入差距越来越大,环境污染也会越来越严重,因为私有企业更善于规避政府的环保政策。如果政府完全不干预市场,则会导致金融资本越来越参与到投机活动之中。与此同时,会有更多的腐败现象出现,中国的经济将会不断地下滑而不是上升。如果减少公共领域的投资,这事实上也会导致私人领域的投资减少。新自由主义的观点是来自于美国、英国这些经济强大的国家,它们有很多的渠道可以让新自由主义思潮来到中国。如果中国尊崇新自由主义思潮,走上了新自由主义的道路,中国的崛起将会终止,而中国尊崇马克思主义,走社会主义的道路,则不仅自己可以拥有美好的未来,也可以为全世界指明道路!

图书在版编目(CIP)数据

海派经济学.2018年.第16卷.第4期:总第64期/程恩富,顾海良主编.—上海:上海财经大学出版社,2018.12

ISBN 978-7-5642-3225-2/F·3225

Ⅰ.①海… Ⅱ.①程… ②顾… Ⅲ.①经济学—丛刊 Ⅳ.①F0—55

中国版本图书馆CIP数据核字(2019)第046333号

□ 责任编辑 汝 涛

□ 封面设计 张克瑶

海派经济学

程恩富 顾海良 主编

上海财经大学出版社出版发行

(上海市中山北一路369号 邮编200083)

网 址:http://www.sufep.com

电子邮箱:webmaster @ sufep.com

全国新华书店经销

上海华教印务有限公司印刷装订

2018年12月第1版 2018年12月第1次印刷

787mm×1092mm 1/16 14印张 266千字

定价:24.00元